CRIME, VIOLÊNCIA E SEGURANÇA PÚBLICA: APONTAMENTOS PARA UMA POLÍTICA DE ESTADO

Walter Nunes da Silva Júnior
Olavo Hamilton
(Organizadores)

CRIME, VIOLÊNCIA E SEGURANÇA PÚBLICA: APONTAMENTOS PARA UMA POLÍTICA DE ESTADO

Ana Carolina Luz Prodanov
Bárbara Rhaíssa Pinheiro de Lima
Ciro Alexandre Gomes Beserra
Gabriel Lucas Moura de Souza
Guilherme de Negreiros Diógenes Reinaldo
Gustavo Henrique de Araújo Oliveira
Helton Edi Xavier da Silva
Ívinna Ellionay Alves dos Santos
Lucas Silveira do Rego Pinto
Maria Beatriz Maciel de Farias
Matheus Hudson Brito
Milena da Silva Claudino
Natália Galvão da Cunha Lima Freire
Olavo Hamilton Ayres Freire de Andrade
Sêmely Clície Rodrigues Batista Lira
Sophia Fátima Morquecho Nôga
Walter Nunes da Silva Júnior

Copyright © 2020
All rights reserved.

OWL – EDITORA JURÍDICA
Rua Princesa Isabel, 888, Cidade Alta
Natal-RN
Brasil
CEP 59.025-400.
editora@owl.etc.br • www.owl.etc.br

CONSELHO EDITORIAL
Ana Beatriz Ferreira Rebello Presgrave
Carlos Wagner Dias Ferreira
Edilson Pereira Nobre Júnior
Francisco Barros Dias
Francisco de Queiroz Bezerra Cavalcanti
Hallyson Rêgo Bezerra
Marcelo Alves Dias de Souza
Marcelo Navarro Ribeiro Dantas
Marcelo Pinto da Costa Neves
Marco Bruno Miranda Clementino
Maria dos Remédios Fontes Silva
Olavo Hamilton Ayres Freire de Andrade
Paulo Afonso Linhares
Walter Nunes da Silva Júnior

>   Crime, violência e segurança pública: apontamentos
> para uma política de estado /
>   Walter Nunes da Silva Júnior, Olavo Hamilton (orgs.)
> – Natal : OWL, 2020.
> 381p.
>
> ISBN: 979-8575576662
>
> 1. Criminalidade violenta. 2. Segurança pública.

SUMÁRIO

Apresentação 9
Walter Nunes da Silva Júnior

Estudo sobre a diminuição da criminalidade violenta no estado de São Paulo 27
Guilherme de Negreiros Diógenes Reinaldo
Helton Edi Xavier da Silva

    1. Considerações sobre a metodologia e fontes de pesquisa 29
        1.1 Fontes de dados sobre mortes violentas intencionais 29
        1.2 Fontes de dados sobre o sistema penitenciário 31
        1.3 Fontes de dados sobre investimentos em áreas essenciais................................. 31
        1.4 Fontes de dados sobre demografia e desenvolvimento humano e educacional. 32
    2. Apresentação e análise dos dados 33
    3. Análise crítica e correlações... 37
    4. Iniciativas e práticas implementadas em São Paulo para gerenciamento da criminalidade.... 39
    Considerações Finais.. 43
    Bibliografia... 45

Estudo sobre a criminalidade violenta nos estados de Minas Gerais e Rio de Janeiro 49
Ana Carolina Luz Prodanov
Ciro Alexandre Gomes Beserra
Gabriel Lucas Moura de Souza
Lucas Silveira do Rego Pinto
Natália Galvão da Cunha Lima Freire

    1. Considerações sobre a metodologia e fontes de pesquisa 51
        1.1 Primeira etapa: coleta de dados sobre demografia, índices locais de desenvolvimento humano e investimento em educação básica. 51
        1.1.1 Segunda etapa: Aprofundamento nas fontes de dados coletadas por estado e visualização de dados a respeito da criminalidade violenta. 52
    2. Apresentação e análise de dados 54
        2.1 Análise do estado de Minas Gerais 54
        2.2 Análise do estado do Rio de Janeiro 61
    3. Cruzamento de dados, correlações e notas críticas 66
    4. Iniciativas e práticas implementadas 68
    Considerações Finais.. 78
    Bibliografia... 80

Diagnóstico da mortes violentas intencionais nos estados do Ceará (CE), Maranhão (MA) e Pernambuco (PE) e o que ecoa das experiências desses estados para o Rio Grande do Norte (RN) 83
Gustavo Henrique de Araújo Oliveira
Matheus Hudson Brito
Sêmely Clície Rodrigues Batista Lira

1. Considerações sobre metodologia e fontes da pesquisa 85
    1.1 Fontes de dados sobre a demografia e o perfil socioeconômico dos estados 86
    1.2 Fontes de dados sobre mortes violentas intencionais 86
    1.3 Fontes de dados sobre a população carcerária dos estados 88
    1.4 Fontes de dados sobre o gasto público 88
2. Apresentação e análise de dados 88
    2.1 Ceará 89
    2.2 Maranhão 92
    2.3 Pernambuco 96
3. Correlações e análise crítica 102
4. O que a experiência em segurança pública e redução de mortes violentas intencionais nos estados do Ceará (CE), Maranhão (MA) e Pernambuco (PE) dizem ao estado do Rio Grande do Norte (RN) 106
Considerações Finais 117
Bibliografia 121

Análise e proposta: um estudo sobre a criminalidade violenta e a política de segurança pública nos estados da Paraíba, Sergipe e Alagoas 125
Ívinna Ellionay Alves dos Santos
Maria Beatriz Maciel de Farias
Milena da Silva Claudino

1. Considerações sobre a metodologia e as fontes de pesquisa 127
    1.1 Fontes de dados sobre mortes violentas intencionais 128
    1.2 Fontes de dados sobre a população carcerária 130
    1.3 Fontes de dados sobre investimentos em áreas essenciais 130
    1.4 Fontes dos dados sobre demografia e desenvolvimento humano e educacional 131
2. Apresentação dos dados: Paraíba, Alagoas e Sergipe 132
    2.1 Paraíba 132
    2.2 Alagoas 135
    2.3 Sergipe 138
3. Análise crítica e correlação dos dados 141
4. Iniciativas e práticas implementadas em Alagoas, Paraíba e Sergipe para o gerenciamento da política de segurança pública 150
Considerações Finais 152
Bibliografia 156

Política de contratação de presos pelo Estado 161
Walter Nunes da Silva Júnior

1. Punição e Prisão 162
    1.1 Finalidade da prisão 166
    1.2 Direito do preso à educação e ao o trabalho 169
2. Direito e dever social do trabalho do preso 172
    2.1 Remuneração e regime de trabalho do preso 175
    2.2 Reserva de vagas para presos em licitações 179

2.3 Política de contratação de presos pelo Estado 181
Considerações Finais 185
Bibliografia 187

A política de combate às drogas e sua relação com a insegurança pública 191
Olavo Hamilton

1. O inimigo como alvo da política de combate às drogas 195
2. O déficit de proteção à saúde pública 198
3. Combate às drogas e suas consequências para (in)segurança pública 208
Considerações Finais 217
Bibliografia 220

Encarceramento feminino e trabalho: alternativas para as apenadas potiguares 225
Milena da Silva Claudino

1. As prisões e o sistema criminal em uma perspectiva de gênero 228
2. "Guerra" às drogas e os dilemas de gênero, raça e classe sobre encarceramento 236
   2.1 O perfil das apenadas no Brasil 238
   2.2 As famílias monoparentais femininas e a prisão da mulher mãe 243
   2.3 Os ambientes prisionais projetados por e para homens 246
3. O trabalho da pessoa condenada segundo a Lei de Execução Penal e o panorama brasileiro
   248
   3.1. A previsão da Lei de Execução Penal 251
   3.2. O panorama brasileiro relativo aos nichos trabalho e educação 252
Considerações Finais 255
Bibliografia 258

Mecanismos de responsabilização pela violação às normas de encarceramento 263
Guilherme de Negreiros Diógenes Reinaldo

1. Sobre a sistemática violação de direitos fundamentais no sistema penitenciário brasileiro . 264
   1.1 Estado de Coisas Inconstitucional 266
   1.2 Herança inquisitória lusitana e Totalitarismo Socialmente Adequado 269
2. Responsabilização de indivíduos e instituições. 276
   2.1 Disciplina normativa nacional de atribuição de responsabilidade. 277
   2.2 Considerações sobre sistemas de Accountability baseados em transparência e exposição.
   283
Considerações Finais 286
Bibliografia 289

A expansão da criminalidade como fator determinante do estado de coisas inconstitucional no Rio Grande do Norte 293
Sophia Fátima Morquecho Nôga

1. O aumento da criminalidade e o encarceramento 294
   1.1 Contribuições para o aumento da criminalidade 295

1.2 Soluções pragmáticas 304
2. O estado de coisas inconstitucional como consequência da expansão da criminalidade 307
    2.1 A superlotação carcerária e a necessária política de controle à criminalidade...............308
    2.2 O ambiente penitenciário no Rio Grande do Norte como um estado de coisas contrário à constituição..310
Considerações Finais 312
Bibliografia 314

Obsolescência do modelo prisional brasileiro: um estudo sobre a viabilidade da APAC como nova forma de execução de pena 321
Maria Beatriz Maciel de Farias

1. Sistema Prisional brasileiro 323
    1.1 Contextualização histórica sobre as funções da pena e o surgimento das penitenciárias 323
2. Seletividade do direito criminal e a falência do modelo prisional...............................332
3. APAC: mais do mesmo ou solução viável?..336
    3.1 Regulamentação legal: discussão sobre a constitucionalidade da APAC 343
Considerações Finais 346
Bibliografia 347

O processamento e julgamento dos crimes violentos e seus reflexos na Segurança Pública: uma análise do cenário do Nordeste... 353
Bárbara Rhaíssa Pinheiro de Lima
Gustavo Henrique de Araújo Oliveira

1. As Mortes Violentas Intencionais no Nordeste 355
    1.1 O crescimento no número de Mortes Violentas Intencionais....................................356
    1.2 População carcerária...358
    1.3 O Tribunal do Júri em números..360
    1.3.1 Desfechos processuais mais comuns 364
    1.3.2 Tempo de tramitação nas ações do Tribunal do Júri 365
    1.3.2.1 Redistribuições 366
    1.3.2.2 Multiplicidade de sessões 367
    1.3.2.3 O resultado conforme o tempo de tramitação..367
    1.3.2.4 Decisões pela extinção da punibilidade...368
2. A compreensão dos dados..370
3. O estado do Rio Grande do Norte 373
    3.1 Número de Mortes Violentas Intencionais 374
    3.2 População carcerária...375
    3.2 Tribunal do Júri no estado do Rio Grande do Norte 378
Considerações Finais 379
Bibliografia 380

Apresentação

Walter Nunes da Silva Júnior

A Segurança pública é um direito fundamental necessário ao pleno desenvolvimento das atividades da sociedade e de cada indivíduo a ela pertencente, considerando que a pessoa humana carece de um mínimo de segurança para viver dignamente e com tranquilidade. A segurança é um pressuposto da vida em paz. Esse direito, na perspectiva do Estado se traduz no *dever de proteção*. Esse dever de proteção tem sua ideia inicial pinçada da dicção normativa do art. 5°, caput, da Constituição, ao assegurar que "Todos são iguais perante a lei, sem distinção de qualquer natureza, garantindo-se aos brasileiros e aos estrangeiros residentes no País a inviolabilidade do direito à vida, à liberdade, à segurança e à propriedade..." (Grifos acrescentados), sendo complementada pelo art. 144 da Constituição, ao aduzir que "A segurança pública, dever do Estado, direito e responsabilidade de todos, é exercida para a preservação da ordem pública e da incolumidade das pessoas e do patrimônio (...)". A expressão *Estado* deve ser compreendida aqui não apenas como União, Estados e Municípios, mais, igualmente, como todo e qualquer órgão público, especialmente a academia, que passa a ter a obrigação institucional para contribuir em relação a essa temática, com aquilo que é de sua especialidade, notadamente por meio de projetos de pesquisa e de extensão.

Mas a realidade do Estado brasileiro é inquietante, apresentando taxas de criminalidade alarmantes. De acordo com o Atlas da Violência

APRESENTAÇÃO

publicado em 2019, no ano de 2017, houve nada mais nada menos do que 65.602 homicídios no Brasil[1], o que representa a taxa de 31,6 mortes para cada cem mil habitantes, a maior taxa histórica de letalidade violenta no País (INSTITUTO DE PESQUISA ECONÔMICA APLICADA – IPEA; FÓRUM BRASILEIRO DE SEGURANÇA PÚBLICA, 2019).

No ano em referência, enquanto a taxa média de homicídios no Brasil foi de 31,6 mortes por cem mil habitantes, no Rio Grande do Norte foi de alarmantes 62,8, o que colocou o nosso estado na situação de liderança no ranking da federação. Nossa taxa foi muito superior a São Paulo, por exemplo, que foi de apenas 10,3. O que está ocorrendo no Rio Grande do Norte? O que explica esse incremento da violência em nosso meio, quando na Paraíba, estado vizinho ao nosso, no mesmo período, a taxa de homicídios foi de 31,2? O que está sendo feito lá que não está ou poderia estar sendo feito aqui?

A violência e o aumento da criminalidade nos Estados são sempre assuntos que estão no centro da atenção da sociedade, do governo e, principalmente, da mídia. O Estado brasileiro, por muitas vezes, foca suas ações de inteligência policial e investigação nos crimes de tráfico de drogas, deixando de lado a apuração dos crimes mais violentos como, por exemplo, homicídios, roubos, sequestros e latrocínios. Isso sem falar a ausência de estratégia para tratar da criminalidade de base organizativa. Essa situação somada à morosidade do judiciário compõe fatores preponderantes para gerar a sensação de impunidade na população e o aumento da criminalidade

---

[1] O conceito de homicídio adotado foi o estabelecido pelo Protocolo de Bogotá, o que exclui as mortes acidentais, as tentativas e os homicídios culposos, mas considera as mortes praticadas por agentes públicos no exercício do dever legal e todo e qualquer crime que tem como evento a morte, independentemente da tipificação, a exemplo do latrocínio.

violenta, situação que, faz algum tempo, deixou de assustar apenas as pessoas que residem nas grandes cidades.

Nesse cenário de vários atores sociais como mídia, Estado e sociedade buscando entender e explorar o fenômeno da criminalidade, é preciso compreender o aumento da violência como uma situação complexa, exigindo também dos Estados atuações complexas, articuladas e de inteligência. Por essa razão, os Estados precisam rever os seus planos de atuação na segurança pública, principalmente, aqueles em que a criminalidade violenta tem disparado nos índices, o que se verifica no cenário potiguar.

Tomando os índices de aumento da violência como norte, é possível buscar as causas do aumento dessa criminalidade violenta e atuar incisivamente nelas, assim como, espelhar-se nos países e Estados que mudaram o rumo de suas atuações na segurança pública e conseguiram reduzir os índices de criminalidade violenta. Em verdade, as questões de políticas de segurança pública são questões de escolhas e o grau de acertabilidade dessas escolhas são refletidas diretamente nos índices e nos dados que demonstram o aumento ou diminuição dessa violência.

A par disso, os índices são apenas uma representação da realidade e como toda representação ainda apresentam falhas. O que estamos querendo refletir com essa observação é que a criminalidade violenta pode ser maior do que os dados conhecidos e divulgados, tendo em vista que nem todos os crimes cometidos chegam ao conhecimento do Estado, assim como, nem todos os crimes investigados conseguem alcançar o autor do ilícito ou reunir o conjunto probatório mínimo para provar essa autoria.

APRESENTAÇÃO

Em que pese tudo isso, a organização e estudo dos índices ainda é ponto de partida para o planejamento da segurança pública e redução dos altos índices de violência, considerando que é a partir dos índices que podemos analisar criticamente o fenômeno do crescimento da violência. Ademais, é fato que os Estados precisam organizar de maneira mais ordenada e sistêmica o banco de dados das pessoas que integram o sistema prisional e das que, pelo menos, respondem a um processo criminal, inclusive para que possa haver uma uniformização do sistema utilizado pelos Estados, facilitando o cruzamento dos dados em todo o território nacional.

O foco das políticas de segurança pública deve ser no sentido de direcionar as ações para o cumprimento com algum grau de eficiência do *dever de proteção*, pautando-se naquilo que mais aflige todo e qualquer cidadão brasileiro, que tem sido privado do direito de sentir-se em segurança, sujeitando-se a levar uma vida sem paz, com receio de sair à rua para o trabalho ou o lazer e não voltar ao seu lar ou a rever os seus familiares e amigos.

A política de segurança pública comprometida em encontrar mecanismos para obter a redução da violência deve conter diretrizes, estratégias e ações embasadas em estudos, evidências e boas práticas, com a definição de indicadores e estabelecimento de metas a serem alcançadas em curto, médio e longo prazo, com a previsão de mecanismos eficientes para a avaliação periódica dos resultados dos planos traçados e, sendo o caso, a mudança de rumos.

Outro dado que merece investigação qualificada é em relação à impunidade. Embora não se tenha dados concretos, a estatística existente revela que a taxa de resolutividade de inquéritos policiais no país é muito baixa, algo em média de 20,7% (INSTITUTO SOU DA PAZ, 2017). Como aprimorar a atividade investigatória? Os Estados Unidos e países da Europa têm conseguido alto índice de eficiência na apuração de crimes de homicídio em razão da utilização do exame de DNA. Por que esse método revolucionário de investigação de crimes violentos não serve para mudar significativamente o quadro de ineficiência na apuração feitas por meio dos inquéritos policiais?

Recente pesquisa levada a efeito pelo CNJ (2019), compreendendo o período de 2015 a 2018, demonstra que em alguns estados a taxa de extinção de punibilidade é inaceitável. Nesse quesito, a situação do Rio Grande do Norte é, até mesmo, vexatória. Aqui, há o julgamento pelo júri de apenas 24% dos processos, pois em de 76% deles ocorre a extinção de punibilidade, sendo 46% são devido à morte dos agentes apontados como autores dos delitos e 20% em razão da prescrição.

Olhar especial há de ser conferido ao sistema penitenciário. Independentemente da discussão se no Brasil se prende muito ou pouco, é inconteste que no Rio Grande do Norte, assim como no Brasil, a população carcerária cresceu exponencialmente. Como se não bastassem os problemas colaterais que esse fenômeno do aumento do encarceramento gerou no mesmo período, a criminalidade, especialmente a violenta, cresceu no mesmo passo. O que fazer? O pior é que, seguindo a simetria nacional, a população carcerária no Rio Grande do Norte é composta basicamente por jovens, pessoas que estão situadas na faixa etária entre 18 e 34 anos. Isso sem falar que são os jovens também as maiores vítimas dos crimes de homicídio. Ou seja, boa parte da população jovem do país e do Estado morre

APRESENTAÇÃO

ou está presa. Isso é uma tragédia. Precisa ser feito alguma coisa, sob pena de reflexos graves quanto ao futuro.

Se de um lado o Estado encontra limites ao seu dever-poder de punir nos direitos e garantias fundamentais pertencentes aos cidadãos (dimensão subjetiva dos direitos fundamentais), de outro lado possui o dever de proteção eficiente aos bens jurídicos com maior relevância social (dimensão objetiva dos direitos fundamentais). Dessa segunda perspectiva, a dimensão objetiva dos direitos fundamentais, reside o direito fundamental à segurança pública.

Assim, para além do *poder de punir*, em razão da multifuncionalidade dos direitos fundamentais, o Estado tem o *dever-poder de* proteção do direito à vida, à liberdade, à segurança e à propriedade (arts. 5º, caput, e 144 da Constituição), obrigação que se manifesta, em um Estado Democrático de Direito sob o arquétipo do *dever de proteção eficiente*, a exigir do ente estatal o desenvolvimento de diretrizes, ações e estratégias nas mais diversas áreas, em particular quanto à prevenção no que diz respeito ao cometimento de crimes, notadamente os violentos, e à ressocialização por meio da execução penal.

A prisão como espécie de pena só se justifica se e quando revestida pelo dever de proteção eficiente, executada em sintonia com as Regras Mínimas de Mandela e demais marcos regulatórios humanísticos, não podendo o Estado agir com crueldade ou vestir a fantasia de vingador e atuar como tal (SILVA JÚNIOR 2020, 372).

Tendo em conta essas considerações, foi criado, no âmbito da Universidade Federal do Rio Grande do Norte, o Projeto de Pesquisa intitulado *Criminalidade violenta e diretrizes para uma política de segurança pública no Estado do Rio Grande do Norte*, no escopo de trazer o tema da violência e da segurança pública para ser objeto de pesquisa dos alunos da graduação e da pós-graduação da UFRN e sugerir uma política de estado na área de segurança pública adequada às necessidades e realidades do Rio Grande do Norte, formulada com suporte em pesquisas bibliográfica e documental, estudo de casos e com foco no exame das boas práticas nacionais e internacionais, contemplando as seguintes áreas: (i) diretrizes, estratégias e ações preventivas, no sentido de evitar a ocorrência de atos de violência, especialmente os que resultam em mortes e comprometem a obediência a Declaração e Programa de Ação sobre uma Cultura de Paz da Organização das Nações Unidas – ONU; (ii) diretrizes, estratégias e ações a respeito da atuação dos agentes estatais em *reação imediata* logo após a prática dos crimes violentos; (iii) diretrizes, estratégias e ações quanto à investigação na apuração dos ilícitos violentos, a fim de que se tenha mais eficiência quanto à identificações dos responsáveis; (iv) diretrizes, estratégias e ações quanto ao tratamento a ser dispensado aos crimes violentos pelo sistema de justiça, especificamente em relação ao processamento e julgamento, abrangendo os mecanismos de autocomposição, a exemplo da transação, suspensão condicional do processo, acordo de não persecução penal, colaboração premiada e o *plea bargain;* (v) diretrizes, estratégias e ações quanto à aplicação e cumprimento de medidas alternativas e penas, incluída a governança do sistema prisional e a adequação às regras mínimas definidas pela Organização das Nações Unidas – ONU, com destaque para os programas educativos e oferta de trabalho aos internos; (vi) diretrizes, estratégias e

APRESENTAÇÃO

ações às pessoas que deixam as unidades prisionais, voltadas a estabelecer rede de assistência e proteção no sentido de diminuir a reincidência.

A etapa do desenvolvimento da pesquisa publicada neste livro adotou como metodologia dividir os pesquisadores em 4 (quatro) subgrupos, a fim de serem examinados os dados da violência em alguns Estados e as políticas adotadas na área de segurança pública. Metodologicamente, foi definida a análise de dados dos 3 (três) Estados da federação eleitos como os mais importantes – São Paulo (Grupo 1), Rio de Janeiro e Minas Gerais (Grupo 2) – assim como Estados do Nordeste mais próximos do Rio Grande do Norte, notadamente os compreendidos na Quinta Região da Justiça Federal – Pernambuco, Ceará e Maranhão (Grupo 3); e Sergipe, Alagoas e Paraíba (Grupo 4).

O livro contém duas partes. Na primeira parte, são apresentadas, com abordagem crítica, as conclusões de cada um dos 4 (quatro) grupos sobre as políticas de segurança adotadas nos Estados pesquisados, sinalizando as boas práticas adotadas e com apresentação, no final, de sugestão para a adoção no Rio Grande do Norte as medidas que se mostraram positivas para a redução da criminalidade violenta. Na segunda parte, temos textos produzidos conforme as observações extraídas da pesquisa, igualmente contemplando boas práticas e iniciativas estatais que podem e devem fazer parte da política de segurança pública norte-rio-grandense.

O livro está estruturado da seguinte forma:

Capítulo 1: *Estudo sobre a diminuição da criminalidade violenta no estado de São Paulo,* da autoria de Guilherme de Negreiros Diógenes Reinaldo e Helton Edi Xavier da Silva.

Neste capítulo foram compilados e comparados dados estatísticos sobre demografia, educação, natalidade, desenvolvimento humano e criminalidade violenta no Estado de São Paulo, com o intuito de identificar possíveis causas para a redução da mortalidade violenta intencional neste ente federativo, tendo se verificado que o estado citado inicialmente apresentou sensível melhora, entre os anos 2000 e 2010, nos índices relacionados à educação básica e desenvolvimento humano. Estes avanços antecederam o período de forte declínio na criminalidade violenta, de 2012 até o presente, que, por sua vez, antecedeu a redução na população carcerária, principalmente de presos provisórios, a partir de 2016. Tal cenário leva à conclusão de que existe uma relação entre o aumento nos índices educacionais e de bem-estar social e a redução nas taxas da criminalidade violenta, o que por sua vez pode ter contribuído para a queda da população carcerária, indicando, portanto, que a evolução gradual na qualidade de vida e educacional do povo paulista contribui para redução nos índices de criminalidade. Por fim, discute-se quais políticas e iniciativas são indicadas pela literatura especializada como responsáveis por este fenômeno.

Capítulo 2: *Estudo sobre a criminalidade violenta nos estados de Minas Gerais e Rio de Janeiro*, da autoria de Ana Carolina Luz Prodanov, Ciro Alexandre Gomes Beserra, Gabriel Lucas Moura de Souza, Lucas Silveira do Rego Pinto e Natália Galvão da Cunha Lima Freire

O presente capítulo compreende pesquisa científica que compara dados estatísticos sobre demografia, índices de desenvolvimento humano e educação básica com a criminalidade violenta letal nos estados de Minas Gerais e Rio de Janeiro. A produção científica desenvolvida pretende

APRESENTAÇÃO

compreender a relação desses dados estatísticos e os impactos nos índices de violência letal destes locais. O objetivo é estabelecer diretrizes a fim de subsidiar as políticas públicas que possam ser adotadas pelo Governo do Estado do Rio Grande Norte para redução da criminalidade violenta no estado. O método consiste na análise documental, tendo como norte a sistematização crítica dos dados colhidos.

Capítulo 3: *Diagnóstico das mortes violentas intencionais nos estados do Ceará (CE), Maranhão (MA) e Pernambuco (PE) e o que ecoa das experiências desses estados para o Rio Grande do Norte (RN)*, da autoria de Gustavo Henrique de Araújo Oliveira, Matheus Hudson Brito e Sêmely Clície Rodrigues Batista Lira.

Este capítulo abrange pesquisa científica que investiga a criminalidade violenta letal e as políticas de segurança pública, educação e assistência social nos estados do Ceará, Maranhão e Pernambuco. A análise dos dados estatísticos das mortes violentas intencionais e o estudo das ações combate à violência desses estados são utilizados como fonte de investigação para possíveis críticas e sugestões ao sistema segurança pública do estado do Rio Grande do Norte. Nesse sentido, o capítulo a seguir escrito possui como objetivo traçar diretrizes e soluções para a segurança pública do sistema local com a intenção de realizar uma produção científica que contribua para o governo do estado do Rio Grande do Norte e para qualidade de vida da sociedade potiguar. Dessa forma, voltando a pesquisa acadêmica à melhoria de vida da população e ao objetivo nº 16 da Agenda 2030 da Organização das Nações Unidas (ONU), que compreende a realização da paz, da justiça e da eficácia das instituições.

Capítulo 4: *Análise e proposta: um estudo sobre a criminalidade violenta e a política de segurança pública nos estados da Paraíba, Sergipe e Alagoas*, da autoria de Ívinna Ellionay Alves dos Santos, Maria Beatriz Maciel de Farias e Milena da Silva Claudino.

O capítulo em destaque tem como objeto a análise da criminalidade violenta nos estados da Paraíba, Sergipe e Alagoas, especificamente entre os anos de 2015 e 2019. Tem por justificativa a necessidade de se aprofundar os debates a respeito do papel do Estado na redução da violência e dos índices de criminalidade. Para tanto, analisa dados sociais, prisionais, econômicos e de investimento estatal nos entes supramencionados, verificando sua relação com os índices de violência dessas localidades. Possui como objetivo principal apresentar projetos de redução da criminalidade no Rio Grande do Norte, a partir de experiências positivas dos estados citados, com o intuito de se aprimorar a política de segurança pública. Tem como método a análise documental e a pesquisa *quali-quanti*, levando em consideração a criticidade diante de dados estatísticos. Chega-se, por fim, à conclusão da necessidade de políticas estruturais tendo como principais instrumentos a qualidade educacional e a profissionalização com o fito de se diminuir a desigualdade social e, por conseguinte, a violência.

Capítulo 5: *Política de contratação de presos pelo Estado*, da autoria de Walter Nunes da Silva Júnior.

Essa parte do livro, tendo em conta a pesquisa, parte da constatação de que a prisão é um marco civilizatório quanto à forma de punição para os crimes. Substituiu as penas cruéis e infamantes, consistentes em açoite, tortura, mutilação, decapitação, enforcamento ou fuzilamento. Todavia, a má gestão dos estabelecimentos penais e a falta de investimento em políticas

APRESENTAÇÃO

adequadas quanto à assistência educacional e à oferta de trabalho para os prisioneiros tem contribuído para o seu descrédito, a ponto de forte corrente doutrinária pregar a abolição da prisão. Conquanto alvissareira a ideia, para determinados crimes, especialmente os violentos, a prisão ainda se apresenta como o *mal necessário*. Com suporte nessas premissas, o capítulo aborda a necessidade de investimento na assistência educacional e apresenta sugestões para que o Estado do Rio Grande do Norte, ao tempo em que amplie a oferta de trabalho para os presos por meio de política de recrutamento envolvendo a Assembleia Legislativa, o Poder Judiciário, o Ministério Público e os Municípios, ainda se sirva dessa iniciativa para criar fundo rotativo no desiderato de atender as despesas do sistema penitenciário.

Capítulo 6: *A política de combate às drogas e sua relação com a insegurança pública*, cuja autoria coube a Olavo Hamilton.

Neste capítulo, o autor defende que a intervenção do direito penal na questão das substâncias ilícitas, além de incrementar os danos à saúde pública, causou sérios problemas no âmbito da segurança pública, outro direito de status constitucional. Os massivos recursos financeiros investidos no combate às drogas tornaram a atividade mais arriscada e, consequência disso, mais lucrativa. Da militarização do Estado, promovida a pretexto de fazer cumprir o imperativo legal, decorreu a militarização do narcotráfico – a sociedade, de forma geral, tornou-se mais violenta e insegura. A criminalização dos psicotrópicos, portanto, tem o condão de gerar mal maior do que aquele que se propôs a evitar. Pretendia-se resolver ou, na pior das hipóteses, mitigar um problema de saúde pública. O resultado inequívoco, no entanto, é o surgimento e consolidação de um contexto social ainda mais nocivo, um grave problema de segurança pública.

Capítulo 7: *Encarceramento feminino e trabalho: alternativas para as apenadas potiguares*, da autoria de Milena da Silva Claudino.

O capítulo também parte da consideração de que o surgimento da prisão está vinculado a um processo de humanização e enfrentamento às penas cruéis. Todavia, é notório que o sistema prisional brasileiro tem sido espaço para violação de direitos, especialmente à luz da dignidade. Nesse deslinde, o cárcere feminino – frequentemente ignorado – surge com o fardo da dupla ou tripla condenação frente a um sistema que, além do racismo estrutural, desigualdade social e má gestão de recursos públicos, não foi criado por/para mulheres. Diante dessas premissas, o presente Capítulo almeja analisar o encarceramento feminino no Brasil, observando como tais prisões vinculam-se a problemas de gênero a partir de uma crítica interseccional. Ademais, pretende-se apresentar ao estado do Rio Grande do Norte alternativas com suporte nos processos emancipatórios da mulher, vinculados, sobremaneira, ao trabalho e à educação para igualdade de gênero.

Capítulo 8: *Mecanismos de responsabilização pela violação às normas de encarceramento*, da autoria de Guilherme de Negreiros Diógenes Reinaldo.

Este capítulo tem como foco debater os mecanismos legais existentes para responsabilização de indivíduos e órgãos governamentais por violações de direitos fundamentais que ocorrem em ambientes prisionais. A metodologia empregada consistiu inicialmente da constatação da existência de cenário de violações sistemáticas de direitos fundamentais

APRESENTAÇÃO

de cidadãos encarcerados por parte do estado brasileiro, o que foi feito através de estudo sobre a Arguição de Descumprimento de Preceito Fundamental de nº 347, pelo Plenário do Supremo Tribunal Federal, explicando-se como este cenário foi criado e é mantido através de um processo de adequação social ao totalitarismo, tanto das populações carcerárias, como da sociedade em geral. A segunda etapa metodológica empregada foi a de identificação dos meios legais existentes para a responsabilização de indivíduos e instituições por violações às normas de encarceramento, tanto através da disciplina normativa brasileira, como através do conceito de *Accountability* empregado em sistemas internacionais de proteção de direitos humanos, enquanto que a última etapa metodológica consistiu da reflexão sobre formas adequadas de assegurar transparência aos procedimentos e comportamentos adotados por agentes públicos encarregados da administração penitenciária, através da discussão sobre o Manual para servidores penitenciários elaborado pelo *International Centre for Prison Studies.*

Capítulo 9: *A expansão da criminalidade como fator determinante do estado de coisas inconstitucional no Rio Grande do Norte,* da autoria de Sophia Fátima Morquecho Nôga.

O capítulo aborda a precária estrutura carcerária no Rio Grande do Norte, como em todo o país, com celas superlotadas, alimentação deficiente, carência – para não dizer ausência – de condições de higiene, de salubridade, de saúde e de vida, afronta, flagrantemente, as garantias constitucionais reservadas aos custodiados. Essa reiterada vulneração de direitos em decorrência da falha estrutural do sistema penitenciário norte-rio-grandense e o nexo de causalidade entre a conduta estatal, ensejam indenização ao detento lesionado. Através da pesquisa bibliográfica e documental, contata-se que a expansão da criminalidade, aliada a outros fatores, exerce influência considerável na geração deste cenário, denominado pelo Supremo Tribunal Federal, no Recurso Extraordinário 580.252, de estado de coisas inconstitucional.

Capítulo 10: *Obsolescência do modelo prisional brasileiro: um estudo sobre a viabilidade da APAC como nova forma de execução de pena*, da autoria de Maria Beatriz Maciel de Farias.

Este capítulo tem como objeto de estudo a metodologia APAC, perpassando por um estudo sobre o sistema prisional brasileiro e analisando a seletividade do direito criminal. Possui como justificativa a busca em aprofundar o debate acerca da possibilidade de implementação de outros modelos de estabelecimentos carcerários. Analisa, pois, criticamente a adequação da instituição jurídico-criminal da APAC e sua possível compatibilização frente aos preceitos constitucionais e legais. Tem como objetivo estimular pensamentos críticos sobre uma possível redução da criminalidade no Brasil com modelos de execução da pena mais humanizados. Ademais, o método de a análise é o documental. A APAC se apresenta como instrumento importante aperfeiçoar o sistema prisional, desde que seja feita uma regulamentação legal a seu respeito.

Capítulo 11: O processamento e julgamento dos crimes violentos e seus reflexos na Segurança Pública: uma análise do cenário do Nordeste, da autoria de Bárbara Rhaíssa Pinheiro de Lima e Gustavo Henrique de Araújo Oliveira

Neste último capítulo são analisados os efeitos do exercício da jurisdição em razão das mortes violentas intencionais – MVI e a redução ou

APRESENTAÇÃO

a majoração dos crimes na região Nordeste do Brasil. Neste ínterim foi realizada a compilação de dados estatísticos referentes aos números da criminalidade, da população carcerária e do Tribunal do Júri de cada ente da federação. Somando-se à análise descritiva e crítica das estatísticas coletadas, a pesquisa pautou-se na literatura especializada sobre o tema. Assim, o trabalho pretende compreender a apontar possíveis correlações entre as MVIs e a persecução penal, no intuito de aplicá-las ao estado do Rio Grande do Norte. Apontando a necessidade do adequado processamento e julgamento dos crimes dolosos contra a vida como instrumento repressivo eficaz no combate à criminalidade violenta.

Certamente que as considerações e conclusões aqui apresentadas sobre a violência criminal como subsídios ao Estado do Rio Grande do Norte na sua atuação na área da segurança pública não são as *ideias das ideias* nem são, obviamente, indenes de críticas. Todavia, estreme de dúvidas, servem para alimentar o debate sobre tema tão importante para a qualidade de vida das pessoas, amedrontadas com essa escalada desenfreada da violência.

De qualquer sorte, a produção científica veiculada neste livro originada da pesquisa acadêmica está conectada às necessidades da sociedade, revelada pela observação empírica do cotidiano do brasileiro em geral e das notícias veiculadas pelos órgãos de comunicação nacionais e locais, papel que deve ser assumido pelas instituições de ensino de nível superior.

Acredita-se firmemente que esses estudos servirão para fazer uma reflexão crítica a respeito do aumento da violência em nosso Estado, no escopo de apresentar explicações sobre esse fenômeno social e alvitrar diretrizes, estratégias e ações pertinentes para (a) reduzir os índices de violência; (b) ampliar a sensação de segurança da população; (c) diminuir a impunidade; (d) difundir a cultura da paz.

Boa leitura a todos!!!

Walter Nunes da Silva Júnior
Juiz Federal
Professor da UFRN
Coordenador do Projeto de Pesquisa Criminalidade violenta e diretrizes para uma política de segurança pública no Estado do Rio Grande do Norte
Conselheiro do Conselho Nacional de Política Criminal e Penitenciária – CNPCP

Estudo sobre a diminuição da criminalidade violenta no estado de São Paulo

Guilherme de Negreiros Diógenes Reinaldo[1]

Helton Edi Xavier da Silva[2]

Tendo em vista a metodologia empregada pelo projeto de pesquisa "Criminalidade violenta e diretrizes para uma política de segurança pública no estado do Rio Grande do Norte", vinculado ao grupo de pesquisa "Direitos Fundamentais e a Linguagem no Direito Criminal (GEE551-19) da Universidade Federal do Rio Grande do Norte e já explicada anteriormente, os membros do grupo se dividiram em quatro subgrupos, aos quais coube a análise e coleta dos dados indicados acima em relação a certos estados da federação, cabendo ao grupo 01, que subscreve este capítulo, o estado de São Paulo, cuja justificativa metodológica para análise se dá em razão de se tratar do maior e mais rico estado da federação (INSTITUTO BRASILEIRO DE GEOGRAFIA E ESTATÍSTICA, 2017) em termos de Produto Interno Bruto, e que enfrentou no início do século XXI, período de

---

[1] Professor. Mestre e Bacharel em Direito pela UFRN. Advogado criminalista associado ao escritório Canto & Gama.
[2] Policial Rodoviário Federal. Presidente da subcomissão de elaboração do plano estadual de segurança pública do RN. Graduando em Direito pela UFRN. Especialista em Engenharia Mecânica pela UFRN.

altíssimos índices de violência intencional que, em seguida, passaram a decrescer de forma substancial (ADORNO, 2019).

São Paulo era tido como o estado mais violento do país, e hoje apresenta a menor taxa de criminalidade violenta entre os estados da federação, sendo o único que estaria com taxa de criminalidade inferior a 10 mortes por cem mil habitantes e que serão declinados no subtópico seguinte.

Como já explicado, cada um dos grupos realizou a tarefa de coletar dados gerais sobre demografia e sobre os índices locais de desenvolvimento humano e de educação básica, para inseri-los em uma planilha criada em formato ".xlt" destinada a este fim.

Em seguida, o mesmo foi feito em relação aos dados pertinentes aos índices de mortes violentas intencionais, com as estatísticas sobre cidadãos encarcerados, e, por fim, foram inseridos dados referentes aos investimentos estatais nas áreas cruciais da educação, assistência social, segurança pública e administração penitenciária. Tais dados, deveriam englobar até o ano de 2015, no mínimo.

Os detalhes sobre a metodologia empregada para viabilizar esta tarefa e considerações sobre as fontes de pesquisa, com o intuito de dar transparência aos resultados, são explicados ao longo do tópico "2".

Prosseguindo, no tópico "3", os dados obtidos e inseridos nas planilhas foram apresentados e analisados de forma individualizada, em relação ao período objeto de estudo, para em seguida, no tópico "4", serem discutidas a identificação de correlações e padrões de causalidade entre as informações coletadas e a redução da criminalidade violenta.

Por fim, cada grupo analisou as práticas e iniciativas levadas à frente nos respectivos estados objetos da pesquisa, com o intuito de extrair ideias que possam ser úteis ao enfrentamento do problema da criminalidade no Rio Grande do Norte, o que neste artigo, será feito no tópico "5".

1. Considerações sobre a metodologia e fontes de pesquisa

Antes de qualquer coisa, é imprescindível iniciar esclarecendo as dificuldades e escolhas enfrentadas em relação às fontes de pesquisa e que serão explicadas e justificadas metodologicamente de antemão.

1.1 Fontes de dados sobre mortes violentas intencionais

Nesta fase da pesquisa foram observados alguns indicadores de criminalidade do estado de São Paulo, que por apresentar uma constante redução nos seus indicadores de violência, foi o estado escolhido, nesta parte da pesquisa, como referência para compreensão dos fatores que levaram a essa redução, especialmente no que concerne às práticas de prevenção.

Foram escolhidas diferentes fontes de dados para comparação dos indicadores:

   a) o Instituto de Pesquisa Econômica Aplicada – IPEA (Atlas da Violência);
   b) a Secretaria Estadual de Segurança pública de São Paulo – SSP/SP;
   c) o Fórum Brasileiro de Segurança Pública – FBSP;
   d) o Instituto Igarapé;

O indicador utilizado por todas as instituições é o número de mortes por cem mil habitantes, conforme padrão adotado pela ONU e pela OMS. Além do parâmetro supramencionado, algumas fontes também disponibilizaram os números absolutos, os quais foram incorporados à análise.

Cada fonte acima trabalha com seus indicadores de maneira diferente. O FBSP (2019) utiliza uma unidade denominada Mortes Violentas Intencionais (MVI), a qual representa a soma das vítimas de homicídio doloso, latrocínio, lesão corporal seguida de morte e mortes decorrentes de intervenções policiais em serviço e fora (em alguns casos, contabilizadas dentro dos homicídios dolosos, conforme notas explicativas no próprio anuário). Sendo assim, a categoria MVI representa o total de vítimas de mortes violentas com intencionalidade definida de determinado território. O número de policiais mortos já está contido no total de homicídios dolosos. Todavia, é preciso esclarecer que São Paulo está classificado no grupo 02 em termos de confiabilidade dos dados (Fórum Brasileiro de Segurança Pública, 2019).

O Atlas da violência, o IPEA e a SSP/SP e o Instituto Igarapé por sua vez utilizam a taxa de homicídios por cem mil habitantes como parâmetro de avaliação da criminalidade.

Houve dificuldades na aquisição dos dados, pois nem todos disponibilizaram os dados nos mesmos períodos. Apenas entre os anos de 2011 e 2017 foi possível fazer uma comparação dos indicadores encontrados envolvendo todas as fontes, além do que nem todas as instituições disponibilizaram os números absolutos para análise. Outro problema verificado é a questão da padronização dos indicadores, pois mesmo entre aquelas instituições que trabalham com os mesmos indicadores, há divergência entre os valores.

Por fim, embora todas as fontes de pesquisa sejam referências e gozem de reconhecimento acadêmico na área de segurança pública, não foi possível que os pesquisadores, po si, aferissem o grau de confiabilidade dos dados apresentados.

1.2 Fontes de dados sobre o sistema penitenciário

Quanto ao sistema penitenciário, o acesso à informação se deu sem nenhum tipo de empecilho, e a fonte utilizada foi o Anuário Brasileiro de Segurança Pública de 2019 e os relatórios analíticos do Departamento Penitenciário Nacional (Fórum brasileiro de segurança pública, 2019).

Na categoria "Sistema Penitenciário" para o ano **2017** foram utilizados os dados da Tabela 66 do Anuário 2019 – "Pessoas privadas de liberdade: condenados e provisórios". No Anuário de 2019 não há a evolução anual desses dados por Estado, apenas para o país (Tabela 67).

1.3 Fontes de dados sobre investimentos em áreas essenciais.

Quanto aos dados sobre investimentos nas áreas da educação, assistência social, política carcerária e segurança pública, foram extraídos as previsões de despesas oriundas das leis orçamentárias anuais, que em seguida foram comparadas com os números informados pelo portal da transparência estadual, com o intuito de verificar o que efetivamente foi gasto.

1.4 Fontes de dados sobre demografia e desenvolvimento humano e educacional.

Quanto aos dados sobre demografia, os pesquisadores se depararam com a existência de hiato considerável entre os censos demográficos realizados pelo IBGE, que ocorrem a cada dez anos, tendo sido necessário recorrer ao censo local, realizado pelo governo estadual em 2018 (Sistema Estadual de Análise de Dados, 2018), para complementar tal informação, na medida em que os últimos censos nacionais realizados pelo IBGE se deram em 2010 e 2000.

Em relação à taxa de natalidade, não se encontrou nenhum tipo de obstáculo, contudo, é preciso esclarecer que se tratam de projeções extraídas da análise do censo do IBGE realizado em 2010 (Instituto Brasileiro de Geografia e Estatística, 2011).

Quanto aos dados sobre os índices de desenvolvimento locais, também apresentaram hiato substancial entre os anos de 2010 e 2017, e foram extraídos do Atlas Brasil (Ministério da Justiça, 2019).

Por fim, quanto ao Índice de Desenvolvimento da Educação Básica (IDEB), não foi encontrada nenhuma dificuldade, na medida em que os dados anuais estão disponíveis em plataforma virtual desenvolvida pelo Instituto Nacional de Estudos e Pesquisas Educacionais Anísio Teixeira (2020).

2. Apresentação e análise dos dados

Os dados foram compilados em planilha e sobrepostos em colunas referentes aos mesmos períodos. A seguir faremos algumas considerações acerca das informações disponibilizadas por cada fonte de pesquisa.

Antes de se adentrar na discussão sobre segurança pública, verificamos que o estado de São Paulo manteve estável seus índices de população rural e urbana, com 96% dos cidadãos vivendo em centros urbanos (Sistema Estadual de Análise de Dados, 2018). Além disso, quanto às taxas de natalidade, as projeções indicam uma diminuição gradual (Instituto Brasileiro de Geografia e Estatística, 2011).

Ainda quanto aos dados gerais, verifica-se que São Paulo possui um dos melhores índices de desenvolvimento humano do país (Ministério da Justiça, 2019), além de ter crescido quase dois pontos na avaliação do IDEB nos últimos 12 anos (Instituto Nacional de Estudos e Pesquisas Educacionais Anísio Teixeira, 2020).

Este cenário de diminuição da natalidade, manutenção da concentração demográfica em centros urbanos e melhoras nos índices educacionais e de desenvolvimento humano se deu de forma concomitante com a redução nos índices de criminalidade.

Em detalhes, inicialmente analisamos os dados fornecidos pelo FBSP (2019), onde extraímos um recorte do ano de 2011 até 2018 das Mortes Violentas Intencionais (MVI) por cem mil habitantes, o qual nos mostra nesse período um pico de 15,1 na sua taxa em 2012, entrando em uma forte tendência de queda nos anos seguintes, tendo como último valor indicado, 9,5 em 2018.

Gráfico 01 — Evolução da violência letal em São Paulo

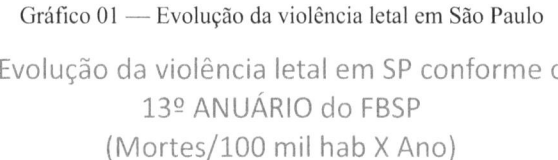

Fonte: Fórum Brasileiro de Segurança Pública (2019)

Em relação ao Atlas da violência, foi possível extrair um recorte um pouco maior dos homicídios, sendo disponibilizados dados a partir de 2007 até o ano de 2017. Nesse período, o estado de SP inicia sua taxa com valor de 15,4 homicídios a cada cem mil habitantes em 2007, experimenta uma suave queda nos quatro anos seguintes e, assim como no FBSP, tem um pico em 2012 de 15,7, entrando em decrescimento a partir desse ano e chegando a 2017 com uma taxa de 10,3 homicídios por cem mil habitantes (Instituto de Pesquisa Econômica Aplicada, 2019).

Gráfico 02 — Evolução da violência letal em São Paulo conforme o Atlas da Violência

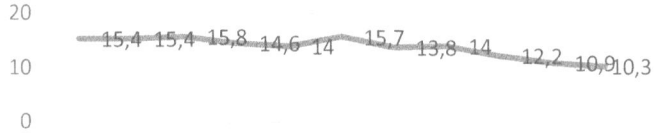

Fonte: Instituto de Pesquisa Econômica Aplicada (2019)

O IPEA, apesar de apresentar as mesmas taxas do FBSP e consequentemente o mesmo comportamento no período do recorte supramencionado, fornece informações desde o ano 2000 até o ano de 2017, o que nos permite observar que o estado de São Paulo que no ano 2000 apresentava taxa de 42,89 mortes por cem mil habitantes, vem experimentando uma redução constante desde então. Outro fato observado é que entre os anos de 2003 e 2005, o estado apresentou sua maior redução, caindo de 36,29 para 21,93 homicídios a cada cem mil habitantes.

A Secretaria de Segurança Pública do estado de São Paulo apresenta taxas consideravelmente mais baixas que as instituições anteriores, chegando a divergir em média 3 pontos em comparação com as demais instituições, durante o período de 2011 a 2018, sendo que essa diferença se acentua nos anos anteriores a esse período. Todavia seus dados seguem a mesma tendência que as demais instituições, isto é, de pico em 2012 e queda em todo período subsequente, apresentando a marca de 7,06 mortes por cem mil habitantes em 2018 (Secretaria de Governo, 2018).

Gráfico 03 — Evolução da violência letal em São Paulo conforme a SSP

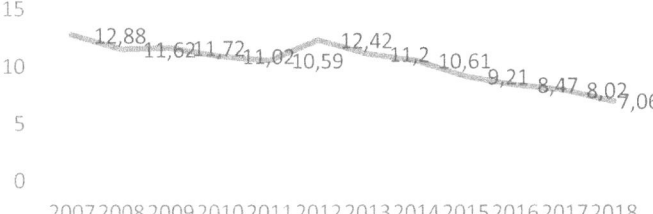

Fonte: Secretaria de Governo (2018)

Ainda quanto aos índices de mortes violentas intencionais, observamos que o instituto Igarapé apresenta seus indicadores de criminalidade no período do 2015 a 2018 muito próximos dos valores apresentados pela SSP/SP, sendo ainda menor a taxa apresentada nesse último ano, 6,5 (IGARAPÉ, 2019).

Gráfico 04 — Evolução da violência letal em São Paulo conforme o Instituto Igarapé

Fonte: Igarapé (2019)

Prosseguindo, quanto à população carcerária, o estado de São Paulo vivenciou um aumento, entre 2013 e 2015, mas que posteriormente iniciou um processo de declínio à partir de 2016. Este declínio, todavia, afetou mais drasticamente os presos provisórios, que em 2017 atingiu número inferior ao de 2012, reduzindo-se aproximadamente quatro mil presos provisórios, todavia, a população carcerária de presos definitivos aumentou em aproximadamente trinta e oito mil detentos no mesmo período.

Por fim, quanto aos índices de investimento, além da discrepância entre os valores previstos e os valores efetivamente gastos, chamou a atenção dos pesquisadores a inexistência de aumento ou diminuição sensível nos investimentos feitos durante o período ao qual foi possível ter acesso aos dados (2015 à 2018).

Em detalhes, quanto aos investimentos governamentais, houve incremento nos valores pagos em pouco mais de 2,85% em relação à educação, e 2,66% em relação à política carcerária.

Já a área da assistência social teve redução de 1,57% nos valores investidos, enquanto que a área da segurança pública obteve o mais relevante incremento, de aproximadamente 6% durante o período estudado.

3. Análise crítica e correlações.

Estando apresentados os dados e a metodologia empregada, chega-se o momento de identificar as correlações e padrões que emergem das estatísticas coletadas.

Neste sentido, embora exista divergência entre os índices apresentados e as metodologias utilizadas pelas diferentes fontes de pesquisas sobre segurança pública, todas indicam a existência de redução substancial nos indicadores sobre criminalidade no estado de São Paulo.

Em detalhes, ao analisarmos o recorte que foi inicialmente delimitado metodologicamente, entre os anos de 2010 e 2018, nota-se que todas as fontes de dados consultadas apresentaram como pico de criminalidade no estado de São Paulo o ano de 2012, em harmonia com a tendência nacional de aumento na criminalidade em centros urbanos, que se consolidaria a partir de 2013.

Todavia, apesar de ter experimentado mais cedo que os outros estados o período de pico nos índices mencionados, estes passaram a entrar em sensível e constante declínio a partir do ano de 2013, na contramão do resto do país que continuaria apresentando aumento nas taxas de criminalidade até o crítico ano de 2017, no qual o Brasil apresentou as maiores taxas negativas em relação à segurança pública de toda a série histórica.

Portanto, a primeira conclusão extraída dos dados foi a de que o estado de São Paulo representou entre os anos de 2012 e 2017 um verdadeiro ponto fora da curva em termos de gerenciamento da segurança pública.

Gráfico 05 — Comparativo das taxas de criminalidade de São Paulo, segundo as principais instituições de pesquisa e a taxa média do Brasil, segundo o IPEA.

Fonte: elaborado pelos autores

Neste cenário, ao proceder-se pela correlação dos dados estatísticos coletados, verificou-se inicialmente que o estado de São Paulo vivenciou ao longo dos anos 2000 evolução e avanços substanciais nos índices educacionais e de desenvolvimento humano, que antecederam as reduções nos índices de criminalidade que ocorreriam a partir de 2012, em contraste com o resto do país que só observaria declínio em 2018.

Por sua vez, a queda nos índices de criminalidade antecedeu as reduções na população carcerária do estado, que como mencionado no tópico anterior, consolidar-se-iam a partir do ano de 2016, concomitantemente ao aumento nos investimentos em educação, sistema carcerário, mas sobretudo, em segurança pública, como apresentado no tópico anterior.

Portanto, verifica-se a existência da seguinte correlação: o estado de São Paulo inicialmente apresentou sensível melhora, entre os anos 2000 e 2010, nos índices relacionados à educação básica e desenvolvimento humano. Estes avanços antecederam o período de forte declínio na criminalidade violenta, de 2012 até o presente, que, por sua vez, antecedeu a redução na população carcerária, principalmente de presos provisórios, a partir de 2016.

Em outras palavras, as estatísticas sobre o estado paulista podem indicar o seguinte ciclo: o aumento nos índices educacionais e de bem-estar social levam à redução nas taxas da criminalidade violenta, o que por sua vez leva à queda da população carcerária.

Este contexto indica que a evolução gradual na qualidade de vida e educacional do povo paulista guarda estreita relação com a redução nos índices de criminalidade.

4. Iniciativas e práticas implementadas em São Paulo para gerenciamento da criminalidade.

Ao lado da análise sobre os dados estatísticos e políticas de investimentos, é útil ao objetivo deste capítulo discutir as práticas implementadas no estado de São Paulo para gerenciamento da criminalidade.

E dentre a miscelânea de iniciativas que foram levadas à frente, o ponto de destaque certamente é a união entre os diferentes níveis da administração pública (federal, estadual e municipal), direcionando o foco para os municípios, isto é, para os problemas locais de cada cidade.

Antes mesmos do período analisado pela pesquisa no tocante aos dados estatísticos, os municípios emergiram como atores importantes no desenho, implementação e acompanhamento de políticas de segurança pública. Essa posição dos municípios é nova e seguiu de perto o envolvimento das capitais e das cidades das regiões metropolitanas em seu esforço por conter a escalada da violência urbana e mais particularmente a escalada da criminalidade, sobretudo em suas grandes e problemáticas periferias. O quadro era, por volta do começo da década de 1990, complicado, pois assinalava o incremento do domínio territorial de quadrilhas de criminosos, em estreita relação com o tráfico de drogas, com o contrabando de armas, com o desemprego de jovens e com as deficiências históricas dos serviços públicos nessas regiões (Souza, 2009, pp. 179).

A presença do município na segurança também esteve diretamente ligada às ideias de governo local, de cidadania participativa e, mais especificamente, de policiamento comunitário. De toda forma, esse processo ainda é muito recente, mas já tem feito com que os governos municipais comecem a ter uma outra ideia de seu papel e das possibilidades novas de emprego das guardas municipais (Souza, 2009, pp. 179).

Mesmo que ainda seja cedo para uma avaliação adequada desse movimento, é possível, por meio da literatura especializada, observar alguns parâmetros para a implementação de políticas locais de segurança (Sento-Sé, 2005).

Em linhas muito gerais, segundo Luís Antônio Francisco de Souza (2009, pp. 180) essas iniciativas trilham alguns marcos:

1) Identificação de parceiros, incluindo sociedade civil;
2) Fazer um diagnóstico do problema, incluindo informações estatísticas; detalhadas cobrindo um período razoavelmente longo (sociodemográficas, criminais e judiciais);
3) Discutir esse diagnóstico com os parceiros;
4) Estipular responsabilidade compartilhadas;
5) Definir prioridades e estratégias para atingi-las;
6) Definir detalhadamente formas de atuação e resultados esperados.

Mais do que simplesmente defesa social, as iniciativas levadas a cabo por esta união entre entes administrativos alerta e dá aos municípios as condições para instalar uma prevenção multifuncional dos crimes, através da coordenação entre os setores da segurança pública com a educação e assistência social.

Em detalhes, os municípios foram estimulados a implementar versões locais, com o auxílio da Secretaria de Estado da Justiça e da Defesa da Cidadania, de Centros Integrados de Cidadania que possuem como objetivo a facilitação da busca de documentos, de emprego, do acesso à justiça e de cursos de formação profissional, sobretudo para jovens e para facilitar a consecução de políticas locais de segurança, através de respostas aos seguintes questionamentos: a) como anda a questão das drogas no município?; b) como andam as áreas de exclusão social (foram mapeadas?); c) qual é o engajamento da comunidade da cidade em projetos sociais?; d) os dados sociais, demográficos e criminais do município, bem como a anatomia dos crimes recentemente ocorridos estão disponíveis para os atores? Essas questões e outras mais específicas dependem da amplitude dos projetos e da força do engajamento social na resolução dos conflitos no interior dos municípios (Souza, 2009, pp. 181).

De forma semelhante, segundo Mariano (2004) citado por Souza (2009, pp. 196), os Conselhos Comunitários de Segurança (CONSEG) trabalham o problema da violência e das questões relacionadas à segurança pública com um olhar multidimensional e um enfoque multicausal, o que colabora para prevenção da violência.

Ainda segundo Souza (2009. pp. 197-198) os CONSEG foram implantados atualmente em 522 municípios (municípios populosos admitem mais de um Conselho). São 84 CONSEG na Capital, 40 na Região Metropolitana e 660 no Interior e Litoral, totalizando 784 Conselhos e há também os Conselhos Municipais de Segurança Pública, que são subordinados à administração municipal, muitas vezes, as secretarias municipais de segurança pública são responsáveis institucionalmente pelos conselhos. Desenvolve-se uma legislação municipal que normatiza e implementa os conselhos. Esses conselhos ressaltam os aspectos locais dos moradores e da administração municipal como forma de lidar com a criminalidade.

Neste cenário, a união de forças entre os entes estatais provoca a ocupação de espaços que antes haviam sido deixados vazios e ocupados por organizações criminosas.

Todavia, ao lado da união entre esferas administrativas e do fortalecimento da prevenção multifuncional de crimes, a literatura especializada também atribui a redução nos índices de criminalidade à adoção de comportamentos antisociais e à utilização de mecanismos de vigilância.

Melhor aduziundo, a utilização de comportamentos antissociais como medidas de segurança estão apoiadas em uma realidade que apresenta crescimentos das taxas de criminalidade, problemas de administração penal, ineficiência das ações preventivas, violência policial, corrupção. Dessa forma, a justificativa para a utilização de dispositivos de segurança segregacionistas e não democráticos baseia-se na presença desses problemas sociais. Compreendida como uma sociedade de alto risco, as buscas por proteção se refletem em comportamentos de isolamento e distanciamento mútuos. A busca por segurança passa a ser também a busca pela homogeneidade, pelo convívio com iguais, o que teria o efeito de afastar todo e qualquer perigo advindos da diferença, da pluralidade que não estabelece comportamentos padrões compartilhados. É isso que se busca em um residencial fechado onde os moradores possuem rendas semelhantes, hábitos parecidos e uma rotina à qual há identificação (Souza, 2009, pp. 184).

Desta forma, a implementação de sistemas eletrônicos de vigilância e a segregação dos espaços de convivência, apesar de colaborarem para a redução dos índices de criminalidade, intensificam processos de utilização do Direito Penal como ferramentas de gerenciamento da miséria, através da estigmatização de determinados grupos sociais que habitam certas regiões das cidades, são oriundos de classes sociais mais pobres, e, portanto, tornam-se os "clientes especiais" do sistema penal, através de incursões policiais constantes nestas regiões, marcadas pelo abuso de autoridade

Considerações Finais

Na análise dos dados estatísticos sobre demografia, educação, natalidade, desenvolvimento humano e criminalidade violenta, verifica-se a existência do seguinte padrão: o estado de São Paulo inicialmente apresentou sensível melhora, entre os anos 2000 e 2010, nos índices relacionados à educação básica e desenvolvimento humano. Estes avanços antecederam o período de forte declínio na criminalidade violenta, de 2012 até o presente, que, por sua vez, antecedeu a redução na população carcerária, principalmente de presos provisórios, a partir de 2016.

Em outras palavras, as estatísticas analisadas sobre o estado paulista podem indicar o seguinte ciclo: a melhora dos índices educacionais e de bem-estar social guardam estreita relação com a redução nas taxas da criminalidade violenta, o que por sua vez contribuem para queda da população carcerária. Este contexto indica que a evolução gradual na qualidade de vida e educacional do povo paulista afeta substancialmente a redução nos índices de criminalidade.

Tal cenário revelado pelos dados estatísticos encontram resguardo na análise das práticas e iniciativas instauradas no estado, através da união entre os diferentes níveis administrativos (municípios, estado e União), com foco nos problemas locais de cada cidade.

Esta distribuição de tarefas e responsabilidades entre diferentes entes permitiu a construção de uma rede pública de prevenção multifuncional de crimes, coordenando ações de segurança pública com ações de educação e assistência social, através da instalação de conselhos comunitários.

Todavia, deve ser levado em consideração que práticas nocivas à vida em sociedade também foram empregadas, especificamente, a massificação da vigilância sobre os indivíduos e, sobretudo, a adoção de comportamentos antissociais, através da segregação e divisão do espaço público entre classes, o que deve ser objeto de aprendizado por parte do Rio Grande do Norte, ao olhar para o exemplo do estado de São Paulo.

Bibliografia

ADORNO, Sérgio; NERY, Marcelo Batista. **Crime e violências em São Paulo: retrospectiva teórico-metodológica, avanços, limites e perspectivas futuras**. Cad. Metrop., São Paulo , v. 21, n. 44, p. 169-194, Apr. 2019 . Disponível em <http://www.scielo.br/scielo.php?script=sci_arttext&pid=S2236-99962019000100169&lng=en&nrm=iso>. Acesso em 11 de fevereiro de 2020.

BRASIL. Congresso Nacional (1950). **CONVENÇÃO INTERAMERICANA SOBRE A CONCESSÃO DOS DIREITOS POLÍTICOS DA MULHER.** Decreto Legislativo nº 28.011, de 19 de abril de 1950. Rio de Janeiro.

BRASIL. Instituto Brasileiro de Geografia e Estatística. **CONTAS REGIONAIS 2017**. Disponível em: <https://agenciadenoticias.ibge.gov.br/agencia-sala-de-imprensa/2013-agencia-de-noticias/releases/26025-contas-regionais-2017-apenas-rio-de-janeiro-sergipe-e-paraiba-tiveram-queda-de-volume-no-pib>. Acesso em: 14 nov. 2019.

BRASIL. Instituto Brasileiro de Geografia e Estatística. Ministério da Economia (Ed.). **Sinopse do Censo Demográfico de 2010.** Brasília: Ibge, 2011. 265 p.

BRASIL. Instituto de Pesquisa Econômica Aplicada. **Atlas da Violência.** Brasília: Ministério da Justiça, 2019. 117 p.

IGARAPÉ, Instituto. **O que explica a grande queda no índice de homicídios no Brasil?** Rio de Janeiro: Instituto Igarapé, 2019. 7 p.

FÓRUM BRASILEIRO DE SEGURANÇA PÚBLICA (Brasil). **Anuário Brasileiro de Segurança Pública 2019.** São Paulo: Fórum Brasileiro de Segurança Pública, 2019. 218 p.

SÃO PAULO. Secretaria de Governo. Portal da Transparência. 202. Disponível em: www.transparencia.sp.gov.br. Acesso em: 11 fev. 2020.

SÃO PAULO. Sistema Estadual de Análise de Dados. Secretaria de Governo. **População de São Paulo (1980 - 2018).** 2018. Disponível em: <http://www.bibliotecavirtual.sp.gov.br/temas/sao-paulo/sao-paulo-populacao-do-estado.php>. Acesso em: 27 fev. 2020.

SENTO-SÉ, J. T. (org.) **Prevenção da violência: o papel das cidades.** Rio de Janeiro: Civilização Brasileira, 2005.

SOUZA, Luís Antônio Francisco de; MARCHIOR, Thaise; SCHMIDT, Naiara Conservani; SILVA, Douglas Guimarães. Políticas Locais de SOUZA, Luís Antônio Francisco de. **Políticas de segurança pública no estado de São Paulo**. São Paulo: Cultura Acadêmica, 2009.

ANA CAROLINA LUZ PRODANOV
CIRO ALEXANDRE GOMES BESERRA
GABRIEL LUCAS MOURA DE SOUZA
LUCAS SILVEIRA DO REGO PINTO
NATÁLIA GALVÃO DA CUNHA LIMA FREIRE

Estudo sobre a criminalidade violenta nos estados de Minas Gerais e Rio de Janeiro

Ana Carolina Luz Prodanov[1]

Ciro Alexandre Gomes Beserra[2]

Gabriel Lucas Moura de Souza[3]

Lucas Silveira do Rego Pinto[4]

Natália Galvão da Cunha Lima Freire[5]

---

[1] Graduanda em Direito pela Universidade Federal do Rio Grande do Norte (UFRN). Monitora da disciplina de Direito Processual Penal I. Aluna voluntária de Iniciação Científica no projeto "Criminalidade violenta e diretrizes para uma política de segurança pública no Estado do Rio Grande do Norte".

[2] Graduando em Direito pela Universidade Federal do Rio Grande do Norte (UFRN). Monitor da disciplina de Direito Processual Penal I. Aluno voluntário de Iniciação Científica no projeto "Criminalidade violenta e diretrizes para uma política de segurança pública no Estado do Rio Grande do Norte".

[3] Graduado em Direito pela Universidade Federal do Rio Grande do Norte (UFRN). Pós-graduado em Direito Processual Penal. Professor Universitário (graduação e pós-graduação) Pesquisador voluntário nos grupos "Criminalidade violenta e diretrizer para uma política de segurança pública no Estado do Rio Grande do Norte" e "Direito Criminal como corpo normativo constitutivo do sistema de proteção dos direitos e garantias fundamentais, nas perspectivas subjetiva e objetiva", todos vinculados à Universidade Federal do Rio Grande do Norte (UFRN). Advogado criminalista.

[4] Graduando em Direito pela Universidade Federal do Rio Grande do Norte (UFRN). Monitor da disciplina de Direito Processual Penal I. Aluno voluntário de Iniciação Científica no projeto "Criminalidade violenta e diretrizes para uma política de segurança pública no Estado do Rio Grande do Norte".

[5] Graduada em Direito pela Universidade Federal do Rio Grande do Norte (UFRN), com extensão em Direito Penal Econômico pela Escola Paulista da Magistratura (EPM). Pós-graduanda em Direito Penal e Processual Penal pela Academia Brasileira de Direito Constitucional (ABDConst). Pesquisadora voluntária nos grupos "Para além das escolhas de determinação judicial de pena: entre o dogmático e o empírico", "Criminalidade violenta e diretrizer para uma política de segurança pública no Estado do Rio Grande do Norte" e "Direito Criminal como corpo normativo constitutivo do sistema de proteção dos direitos e garantias fundamentais, nas perspectivas subjetiva e objetiva", todos vinculados à Universidade Federal do Rio Grande do Norte (UFRN). Advogada criminalista.

O presente capítulo é resultado de estudo desenvolvido pelo projeto de pesquisa "Criminalidade violenta e diretrizes para uma política de segurança pública no estado do Rio Grande do Norte", aliado ao grupo de pesquisa "Direitos Fundamentais e a Linguagem no Direito Criminal" (GEE551-19), da Universidade Federal do Rio Grande do Norte (UFRN).

Neste projeto, pretende-se analisar a segurança pública em cada estado, sendo analisados os investimentos em políticas de segurança pública e a relação com a criminalidade violenta letal. Nesse sentido, a produção científica busca verificar as boas práticas realizadas pelos estados, que consequentemente refletiram na diminuição da violência letal nestes locais, e, assim, possibilite soluções para a redução dos indicadores de crimes violentos letais no estado do Rio Grande do Norte e no Brasil. A análise será observada a partir do estudo dos dados dos estados de Minas Gerais e Rio de Janeiro.

Assim sendo, a pesquisa foi desenvolvida com os dados mais atuais acerca da criminalidade violenta letal, da população carcerária e dos números que reproduzem os investimentos em segurança pública. As informações coletadas foram analisadas com o objetivo de identificar as boas práticas adotadas pelos estados, no propósito de reduzir a criminalidade violenta letal, bem como aquelas medidas que não se mostraram eficazes.

Ademais, destaca-se que a escolha pelos estados do Rio de Janeiro e Minas Gerais se dá em razão da proximidade geográfica, bem como de outras similitudes entre esses dois entes. Ainda, importa destacar que a pesquisa desenvolvida não está adstrita a critérios apenas quantitativos, tendo em vista que a pesquisa analisa os inter-relacionamentos entre os investimentos em educação, assistência social, políticas carcerárias, segurança pública e os índices de criminalidade violenta. Contudo, o critério qualitativo demonstra-se necessário a fim de subsidiar as melhores soluções. Posto isso, na sequência será desenvolvida a análise da metodologia e das fontes de pesquisa.

1. Considerações sobre a metodologia e fontes de pesquisa

Em um primeiro momento, antes de iniciar a apresentação dos dados obtidos, objeto deste capítulo, cumpre esclarecer as justificativas metodológicas da pesquisa realizada.

Decerto, a criminalidade violenta é multifatorial, razão pela qual o recorte das fontes de pesquisa é dificultado. Diante da impossibilidade de exaurimento da matéria, optou-se pela realização da pesquisa em etapas pré-definidas, cuja sequência se passará a expor.

1.1 Primeira etapa: coleta de dados sobre demografia, índices locais de desenvolvimento humano e investimento em educação básica.

Neste momento da pesquisa, buscou-se verificar a existência de relações entre certos investimentos estatais e o aumento ou diminuição dos índices de criminalidade no local.

Importava, portanto, como primeiro passo, localizar as mais diversas informações orçamentárias disponíveis em dados públicos. Quanto ao estado de Minas Gerais, valeu-se esta pesquisa das seguintes fontes:

      a) Portal da Transparência do Estado de Minas Gerais;
      b) Plano Plurianual de Ação Governamental – Planejamento e Orçamento;

c) Lei de Diretrizes Orçamentárias – Planejamento e Orçamento;
d) Lei Orçamentária Anual – Planejamento e Orçamento;
e) Plano Mineiro de Desenvolvimento Integrado (PMDI).

Foi verificado, durante a pesquisa, que o estado de Minas Gerais não possui Fundo de Segurança, mas sim Taxa de Segurança Pública. Por este motivo, restou em certo grau prejudicada a identificação de vínculos do orçamento (se o investimento se vinculava a educação ou assistência social, a título de exemplo).

Quanto ao estado do Rio de Janeiro, encontrou-se maior dificuldade para localização do Plano Plurianual, Lei das Diretrizes Orçamentárias e Lei Orçamentária Anual, pois não constava no Portal da Transparência, por ocasião da busca (informações relativas ao ano de 2020).

Entretanto, de modo diverso ao estado de Minas Gerais, os valores orçamentários já liquidados no ano de 2020 eram facilmente acessíveis, de maneira que é possível comparar o valor orçamentário total previsto e o efetivamente executado.

Foram utilizadas as seguintes fontes:
a) Portal da Transparência do Estado do Rio de Janeiro;
b) Lei de Diretrizes Orçamentárias – Através da Secretaria da Fazenda;
c) Lei Orçamentária Anual – Através da Secretaria da Fazenda;

1.1.1 Segunda etapa: Aprofundamento nas fontes de dados coletadas por estado e visualização de dados a respeito da criminalidade violenta.

Após a fase de coleta de dados, iniciou-se o aprofundamento na análise de dados orçamentários para, posteriormente, confrontá-los com os dados de criminalidade violenta, no mesmo período.

Observou-se, no estado de Minas Gerais, que o Plano Mineiro de Desenvolvimento Integrado traçava estratégias de atuação, estando vigente o PMDI previsto para o período de 2011-2030. Da pesquisa deste documento, foi possível extrair informações diversas, úteis à pesquisa, tais como a participação do Estado de MG no PIB brasileiro, a taxa de desemprego, a variação líquida do nível de emprego formal etc.

Trata-se de um ponto adicional, inexistente na pesquisa do estado do Rio de Janeiro.

A respeito do Rio de Janeiro, verificou-se ao longo do período analisando, mudanças na destinação de determinados investimentos, e até mesmo a extinção de fundos, a exemplo do Fundo de Prevenção, Fiscalização e Repressão a Entorpecentes.

Especificamente quanto à segurança pública, foi possível visualizar que no estado do Rio de Janeiro já existem, atualmente, diversos fundos (Fundo Especial da Acadepol, Fundo Especial Da Polícia Civil, Fundo Especial da Secretaria de Segurança Pública e Fundo Especial da Polícia Militar do Estado do RJ), acrescendo-se recentemente o Fundo Estadual de Investimentos e Ações de Segurança Pública de Desenvolvimento Social.

Os indicadores a respeito da criminalidade violenta, tanto para Minas Gerais quanto para o Rio de Janeiro, foram extraídos, fundamentalmente, da base de dados mantida pelo IPEA, do 13º Anuário do Fórum Brasileiro de Segurança Pública (especialmente, a unidade denominada Mortes Violentas Intencionais) e do Atlas da Violência (IPEA + FBSP).

Já os dados que dizem respeito à população carcerária, por estado, foram extraídos da consulta ao Levantamento Nacional de Informações

Penitenciárias (INFOPEN), do Departamento Penitenciário Nacional (DEPEN), além dos índices apresentados pelo Anuário Brasileiro de Segurança Pública, ano de 2019, relativos ao Sistema Prisional.

Os resultados obtidos na primeira e segunda etapa foram compilados em uma planilha, elaboradas para cada ente federado que se propôs a pesquisa a analisar, e subdivididas por áreas específicas e origem, para checagem comparativa.

2. Apresentação e análise de dados

A partir da metodologia acima delineada, realizou-se a disposição dos dados coletados, ainda brutos, em planilhas individualizadas para cada unidade federativa, especificando determinadas áreas de análise - perfil demográfico, taxa da criminalidade violenta letal, população carcerária, dentre outras - e estabelecendo uma sincronia entre os períodos, de forma a alcançar uma análise dos dados absolutos bem como de sua evolução no tempo.

Com lastro nessa disposição dos dados, realizou-se interpretação individualizada, abordando os Estados de Minas Gerais (item 2.1) e Rio de Janeiro (item 2.2), para posteriormente travar um possível diálogo entre as aludidas análises estaduais.

2.1 Análise do estado de Minas Gerais

A análise voltada para a segurança pública deve ser pensada de forma articulada, a partir da relação de interdependência entre aspectos sociais e institucionais. Em suma, uma política de segurança pública representa "o conjunto de ações delineadas em planos e programas e implementados como forma de garantir a segurança individual e coletiva" (Carvalho; Silva, 2011, pp. 60) , e bem por isso o olhar o intérprete não deve ser individual, setorizado, mas sim amplo e multifacetado.

Zaluar (2007, pp. 31-48) também enfatiza as transformações pelas quais o Brasil passou nestas últimas décadas e que estariam ligadas ao aumento da criminalidade. Transformações econômicas, políticas e culturais que levaram a uma ruptura no tecido social na medida em que alterou os meios de desenvolvimento das novas identidades sociais, sobretudo a dos jovens.

Por tais razões, a análise dos dados cujo objetivo final é traçar uma reflexão sobre a segurança pública deve, invariavelmente, ter como ponto de partida alguns marcadores sociais, quais sejam, o mapeamento da divisão populacional, a taxa de natalidade e o índice de desenvolvimento humano na região.

Desta forma, no que tange à distribuição geográfica da população mineira, de acordo com os últimos indicadores divulgados pelo Instituto Brasileiro de Geografia e Estatística (IBGE), datados de 2010, o estado ainda conservava cerca de 14,7% de sua população residindo na zona rural. Assim, no último censo geográfico, a população mineira somava 19.597.330 (dezenove milhões quinhentos e noventa e sete mil e trezentos e trinta) pessoas, das quais apenas 2.882.114 (dois milhões oitocentos e oitenta e dois mil cento e catorze) eram domiciliadas na zona rural da região. Ressalte-se, outrossim, que se estima uma população de 21.168.791 (vinte e um milhões cento e sessenta e oito mil setecentos e noventa e um) pessoas para o ano de 2019.

População Total, por Gênero, Rural/Urbana - Estado - Minas Gerais

População	População (1991)	% do Total (1991)	População (2000)	% do Total (2000)	População (2010)	% do Total (2010)
População total	15.743.152	100,00	17.891.494	100,00	19.597.330	100,00
População residente masculina	7.803.384	49,57	8.851.587	49,47	9.641.877	49,20
População residente feminina	7.939.768	50,43	9.039.907	50,53	9.955.453	50,80
População urbana	11.786.893	74,87	14.671.828	82,00	16.715.216	85,29
População rural	3.956.259	25,13	3.219.666	18,00	2.882.114	14,71

Fonte: PNUD, Ipea e FJP

Fonte: PNUD, IPEA e FJP[6]

Inclusive, no que concerne à natalidade nota-se, entre os anos de 2015 e 2019, uma tendência global a diminuição, saindo de 13, 26 (2015) para 12,7 (2019).

Quanto aos dados representativos da qualidade de vida na unidade federativa mineira, nota-se que no índice de desenvolvimento humano (IDH) há uma progressividade elogiável, tendo saído de 0.624 no ano 2000 para 0.731 no ano 2010, data, repise-se, do último censo do IBGE (d'onde se colhe o dado). Tal avanço, inclusive, mostra-se acima da média nacional, visto que o índice nacional no mesmo período teve um aumento de 0,612

---

[6] Disponível em: http://www.atlasbrasil.org.br/2013/pt/perfil_uf/minas-gerais

para 0,727 (15,9%), ao passo que o aumento mineiro representa, em porcentagem, um incremento de 17,16%.

Fonte: IBGE

Tal indicativo fez com que o Estado de Minas Gerais ocupasse o 9º lugar no ranking geral de IDH entre as unidades federativas.

Especificamente no aspecto atinentes à criminalidade, importante dado é trazido pelos números das Mortes Violentas Intencionais (MVI), categoria que corresponde à soma das vítimas de homicídio doloso, latrocínio, lesão corporal seguida de morte e mortes decorrentes de intervenções policiais em serviço e fora de determinado território. Observa-se a existência de um retrocesso numérico, como demonstra as últimas edições do Anuário Brasileiro de Segurança Pública (anos 2017 e 2018), uma vez que em valores absolutos o ano de 2017 apresenta 4.136 (quatro mil cento e trinta e seis) casos, ao passo que o ano de 2018 apresenta 3.234 (três mil duzentos e trinta e quatro) casos. A exposta diminuição no número de Mortes Violentas Intencionais representa uma variação negativa de 21,5%. Tal decréscimo está bem acima da média nacional (-10%) e figura entre os três melhores índices quando comparado aos demais Estados.

Variação da taxa de Mortes Violentas Intencionais, Brasil - 2017-2018

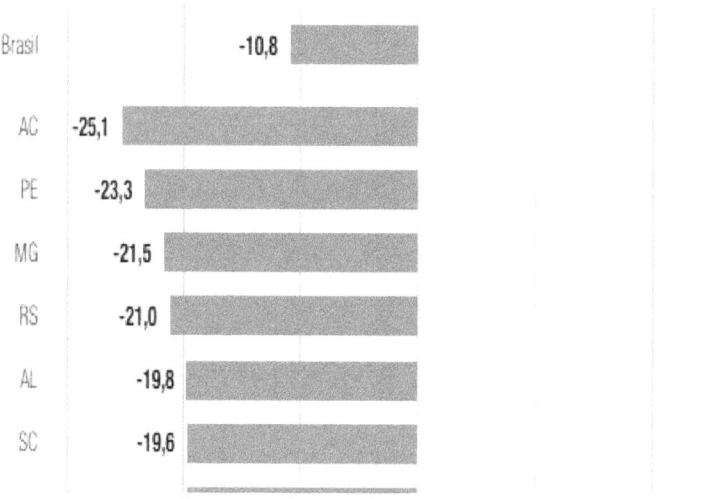

Fonte: Anuário Brasileiro de Segurança Pública, 2019.

Do Atlas da Violência (2019) se extrai um comparativo com maior abrangência de tempo, abarcando o decénio de 2007 a 2017. Nota-se, dos aludidos dados, que o Estado de Minas Gerais apresentou um pico de violência (MVI) nos anos de 2012 a 2014, quando então se iniciou um decréscimo considerável, culminando no cenário já destacado acima, qual seja, uma redução nos números de Mortes Violentas Intencionais bastante superior à média nacional.

TABELA 2.1
Brasil: taxa de homicídio por UF (2007-2017)

	Taxa de Homicídio por 100 mil Habitantes											Variação %		
	2007	2008	2009	2010	2011	2012	2013	2014	2015	2016	2017	2007 a 2017	2012 a 2017	2016 a 2017
Brasil	25,5	26,7	27,2	27,8	27,4	29,4	28,6	29,8	28,9	30,3	31,6	24,0%	7,4%	4,2%
Acre	19,5	19,6	22,1	22,5	22,0	27,4	30,1	29,4	27,0	44,4	62,2	219,4%	126,9%	39,9%
Alagoas	59,5	60,3	59,3	66,9	71,4	64,6	65,1	62,8	52,3	54,2	53,7	-9,8%	-16,9%	-0,9%
Amapá	27,0	34,2	30,3	38,8	30,5	30,6	34,1	36,2	48,7	48,0	47,7%	32,6%	-1,4%	
Amazonas	21,1	24,8	27,0	31,1	36,5	37,4	31,3	32,0	37,4	36,3	41,2	95,3%	10,1%	13,5%
Bahia	26,0	33,2	37,1	41,7	39,4	43,4	37,8	40,0	39,5	46,9	48,8	87,8%	12,5%	3,9%
Ceará	23,2	23,9	25,3	31,8	32,7	44,6	50,9	52,3	46,7	40,6	60,2	159,7%	34,9%	48,2%
Distrito Federal	29,2	31,8	33,8	30,6	34,6	36,0	30,0	29,6	25,5	25,8	20,1	-31,1%	-44,3%	-21,4%
Espírito Santo	53,3	56,4	56,9	51,0	47,1	46,6	42,2	41,4	36,9	32,0	37,9	-29,0%	-18,7%	18,5%
Goiás	26,0	30,7	32,1	33,0	37,4	45,4	46,2	44,3	45,3	45,3	42,8	64,3%	-5,7%	-5,6%
Maranhão	18,0	20,3	22,0	23,1	23,9	26,5	31,8	35,9	35,3	34,6	31,1	73,1%	17,7%	-10,1%
Mato Grosso	30,5	31,7	33,3	32,0	32,8	34,5	36,4	42,1	36,8	34,7	32,9	7,9%	-4,4%	-5,2%
Mato Grosso do Sul	30,5	29,9	30,7	26,8	27,2	27,3	24,3	26,7	23,9	25,0	24,3	-20,2%	-10,9%	-2,9%
Minas Gerais	20,9	19,6	18,7	18,6	21,6	23,0	22,9	22,8	21,7	22,0	20,4	-2,7%	-11,4%	-7,5%
Pará	30,3	39,1	40,2	46,4	40,0	41,4	42,7	42,7	45,0	50,8	54,7	80,7%	32,2%	7,5%
Paraíba	23,7	27,5	33,5	38,6	42,6	40,0	39,6	39,3	38,3	33,9	33,3	40,7%	-16,7%	-1,7%
Paraná	29,5	32,5	34,6	34,3	32,1	33,0	26,7	26,9	26,3	27,4	24,4	-17,3%	-26,1%	-11,0%
Pernambuco	53,0	50,9	45,0	39,5	39,2	37,3	33,9	36,2	41,2	47,3	57,2	7,8%	53,6%	21,0%
Piauí	12,5	11,6	12,2	13,2	14,0	16,6	18,8	22,4	20,3	21,8	19,4	55,6%	17,1%	-10,9%
Rio de Janeiro	41,6	35,7	33,5	35,4	29,7	29,4	31,2	34,7	30,6	36,4	38,4	-7,8%	30,5%	5,5%
Rio Grande do Norte	19,1	23,0	25,5	25,6	33,0	34,8	42,9	47,0	44,9	53,4	62,8	228,9%	80,4%	17,7%
Rio Grande do Sul	19,8	21,9	20,5	19,5	19,4	22,1	20,8	24,3	26,2	28,6	29,3	47,6%	32,4%	2,5%
Rondônia	27,2	32,1	35,8	34,9	28,5	33,1	27,9	34,1	33,9	39,3	30,7	12,9%	-7,3%	-22,0%
Roraima	27,9	25,4	28,0	26,9	29,6	30,7	43,8	31,8	40,1	39,7	47,5	69,9%	54,7%	19,6%
Santa Catarina	10,4	13,4	13,2	12,8	12,9	11,9	13,5	14,0	14,2	15,2	14,2	45,7%	18,4%	6,9%
São Paulo	15,4	15,4	15,8	14,6	14,0	15,7	13,8	14,0	12,2	11,0	10,5	-33,8%	-34,3%	-5,6%
Sergipe	25,7	27,8	32,3	32,7	35,0	41,6	44,0	49,4	58,1	64,7	57,4	123,3%	37,8%	-11,3%
Tocantins	16,6	18,5	22,4	25,8	26,7	23,6	25,5	33,2	37,6	35,9	116,0%	44,4%	-4,5%	

Fonte: IBGE/Diretoria de Pesquisas, Coordenação de População e Indicadores Sociais, Gerência de Estudos e Análises da Dinâmica Demográfica e MS/SVS/CGIAE - Sistema de Informações sobre Mortalidade - SIM. O número de homicídios na UF de residência foi obtido pela soma das seguintes CIDs 10: X85-Y09 e Y35-Y36, ou seja: óbitos causados por agressão mais intervenção legal. Elaboração: Fórum Ipea e FBSP.

Fonte: Atlas da Violência

Destaque importante deve ser feito para os dados acerca das MVCI (mortes violentas com causa indeterminada), categoria conceituada pelo Atlas da violência (2019, p. 88) da seguinte forma:

> Essa última categoria se refere à situação em que o óbito se deu por uma causa não natural, sendo que os profissionais envolvidos no sistema de informações sobre mortalidade (isto é, médicos legistas, gestores da saúde, policiais, incluindo peritos criminais etc.) não conseguiram informar a motivação primeira que desencadeou todo o processo mórbido, ou seja não conseguiram identificar a motivação do incidente.

Certas Unidades Federativas se destacaram em 2017 na proporção das mortes violentas que não tiveram a motivação determinada, figurando entre elas – inclusive com posição de destaque – o Estado de Minas Gerais, o qual, quando da análise da taxa de MVCI por 100 mil habitantes, surge entre os estados com pior qualidade na classificação. O estado mineiro, nesse ponto, vai na contramão da tendência nacional, que é justamente da variação negativa (redução) dessa taxa demonstrativa de incerteza quanto à causa da morte violenta.

Brasil: taxa de mortes violentas por causa indeterminada por UF, por 100 mil habitantes (2007-2017)

	Taxa de Mortes por Causa Indeterminada por 100 mil Habitantes											Variação %		
	2007	2008	2009	2010	2011	2012	2013	2014	2015	2016	2017	2007 a 2017	2012 a 2017	2016 a 2017
Brasil	6,0	6,4	6,9	5,1	5,4	5,2	4,9	4,7	4,8	5,0	4,7	-21,4%	-8,9%	-5,3%
Acre	0,6	1,0	1,9	1,6	1,5	0,7	1,4	1,3	0,9	1,2	1,4	154,2%	119,5%	18,1%
Alagoas	0,1	0,4	0,9	0,7	0,3	0,4	0,6	0,3	0,4	0,3	0,6	332,9%	48,5%	71,9%
Amapá		0,5	0,5	1,0	1,5	3,6	4,8	4,4	4,4	0,8	0,6		-82,5%	-18,3%
Amazonas	1,2	1,5	0,9	1,3	2,0	1,2	0,6	1,1	1,5	0,8	0,5	-58,3%	-55,8%	-35,4%
Bahia	11,9	14,4	14,6	9,1	10,5	12,5	9,9	11,0	11,6	9,7	8,2	-31,0%	-33,9%	-15,4%
Ceará	4,6	3,6	4,8	4,9	6,5	5,9	3,8	3,1	6,2	6,7	5,5	19,3%	-7,1%	-18,8%
Distrito Federal	0,6	0,6	0,4	0,4	0,7	0,7	0,9	1,2	1,4	0,9	0,5	-19,9%	-32,3%	-51,0%
Espírito Santo	2,4	4,3	3,7	3,0	3,8	4,6	4,3	4,9	5,7	6,0	3,6	45,7%	-21,9%	-41,0%
Goiás	2,7	4,0	3,1	2,7	1,9	2,5	1,7	1,5	1,7	1,9	1,8	-33,2%	-27,4%	-5,8%
Maranhão	1,8	1,7	1,9	1,6	2,0	2,2	1,9	1,9	2,0	2,0	1,2	-31,7%	-45,9%	-40,8%
Mato Grosso	3,9	3,2	3,6	3,6	3,8	3,8	4,3	4,1	3,6	3,4	2,6	-34,4%	-32,7%	-25,4%
Mato Grosso do Sul	2,9	1,8	2,0	2,7	2,5	1,8	3,0	2,7	2,3	4,7	2,2	-25,5%	21,1%	-53,3%
Minas Gerais	5,6	6,1	7,4	6,4	7,3	5,7	6,5	7,0	6,6	7,4	7,5	33,1%	31,2%	1,8%
Pará	1,9	2,2	2,3	1,9	1,5	1,6	2,1	1,9	1,9	2,3	1,6	-18,9%	-3,6%	-32,3%
Paraíba	1,9	1,3	1,3	2,0	1,4	1,3	2,3	1,7	1,2	1,0	0,9	-50,7%	-29,9%	-3,3%
Paraná	2,7	2,5	2,7	2,8	3,4	3,6	3,4	3,5	3,2	2,7	3,1	13,7%	-12,7%	13,8%
Pernambuco	6,4	6,8	7,1	7,3	6,8	6,2	7,9	6,0	9,0	9,1	6,7	4,5%	8,0%	-26,3%
Piauí	2,2	3,8	2,9	1,7	2,1	3,0	2,9	3,3	3,5	2,1	2,8	24,6%	8,0%	28,7%
Rio de Janeiro	20,2	20,5	22,6	8,8	10,5	9,7	10,3	5,5	5,7	7,9	8,2	-59,4%	-15,7%	3,4%
Rio Grande do Norte	11,6	10,7	14,0	3,7	6,3	7,8	5,4	5,5	4,8	5,6	7,0	-40,1%	-11,2%	24,0%
Rio Grande do Sul	4,2	3,7	4,7	4,8	3,7	4,0	2,5	2,9	2,3	2,3	1,1	-73,9%	-71,7%	-50,4%
Rondônia	1,8	1,9	3,1	2,6	1,8	2,1	1,5	0,9	1,5	1,0	1,3	-24,5%	-37,8%	32,0%
Roraima	2,2	6,5	5,5	5,6	3,3	6,6	6,8	11,5	4,2	5,8	5,7	164,9%	-13,1%	-1,6%
Santa Catarina	2,1	2,6	1,9	1,5	1,4	0,9	1,0	1,2	0,7	1,2	1,7	-16,3%	98,7%	48,7%
São Paulo	5,3	5,4	5,9	6,2	6,1	5,3	4,8	5,3	5,0	5,1	5,8	10,1%	8,5%	13,4%
Sergipe	5,1	4,2	4,6	4,3	2,7	2,8	3,0	4,1	4,6	3,3	3,4	-33,4%	22,0%	-25,7%
Tocantins	1,0	2,2	3,2	2,3	0,9	1,6	1,5	4,2	1,4	2,3	2,1	122,4%	31,2%	-9,4%

Fonte: IBGE, Diretoria de Pesquisas, Coordenação de População e Indicadores Sociais. Gerência de Estudos e Análises da Dinâmica Demográfica e MS/SVS/CGIAE - Sistema de Informações sobre Mortalidade - SIM. O número de mortes por causa indeterminada na UF de residência foi obtido pela Causa CID-BR-10: 111, ou seja, eventos cuja intenção é indeterminada. Elaboração Diest/Ipea e FBSP.

O elemento acima destacado é de extrema relevância já que, nos termos apontados pelo próprio Atlas, o elevado número de mortes violentas com causa indetermina suscita a hipótese de os indicadores de homicídios restarem subestimados nessas localidades (Atlas da Violência, 2019, p. 89).

No que toca à população carcerária do Estado de Minas Gerais, os dados disponíveis no DEPEN (Departamento Penitenciário Nacional) apontam para uma oscilação, as vezes em acréscimo, as vezes em decréscimo, do número de presos, que em 2017 somavam 74.805 (setenta e quatro mil oitocentos e cinco) pessoas; em 2018 esse número alcançou 78.844 (setenta e oito mil oitocentos e quarenta e quatro) e no ano seguinte – 2019 - teria retraído para 74.844 (setenta e oito mil oitocentos e quarenta e quatro) internos. Atualmente, porém, o portal BNMP (Banco Nacional de

Mandados de Prisão), do Conselho Nacional de Justiça, indica que são 78.142 pessoas privadas de liberdade no Estado Mineiro. Nota-se, portanto, uma variação pendular nos últimos anos, tendo o ano de 2019 como destaque em razão da diminuição considerável da população penitenciária.

Além da diminuição do número absoluto de presos nos relatórios do ano de 2019, chama atenção a vertiginosa queda nos indicadores de presos sem condenação, que em 2017 somavam 35.068 casos; em 2018 36.978 e em 2019 teria diminuído para 29.082.

Por fim, no que toca aos investimentos – detidamente aqueles que interessam mais proximamente à segurança pública – chamou atenção a diminuição, nos últimos quatro anos, dos investimentos na área de assistência social, que saiu de 647.341.800,00 em 2015 para 265.886.563,00 em 2019. Por outro lado, os investimentos na área de Política Carcerária bem como de Segurança Pública experimentaram sensível incremento entre os anos de 2015 a 2019, respectivamente na porcentagem de 30% e 26%.

Especificamente quanto à segurança pública, no Estado de Minas Gerais não há Fundo de Segurança, mas sim uma Taxa de Segurança Pública.

2.2 Análise do estado do Rio de Janeiro

Através das fontes elencadas no capítulo 2, verificou-se que no ano de 2019, os investimentos do estado do Rio de Janeiro sofreram, de maneira geral, incremento. Na área de educação, foram destinados R$ 8.710.678.563,00, aproximadamente 620 milhões a mais do que se injetou na mesma área no ano de 2018. O somatório de investimentos nas áreas de política carcerária e de segurança pública também superou os anos anteriores.

Entretanto, o drástico corte nos investimentos destinados à assistência social chama atenção. O montante, no ano de 2019, sofreu redução de quase 50%, quando comparado ao que se praticara nos anos de 2015, 2016, 2017 e 2018.

A respeito dos dados gerais, o Rio de Janeiro não apresentou taxa de crescimento populacional significativa, quando analisados os anos de 2018, 2019 e projeções para 2020 (IBGE), mantendo-se estável.

Quanto aos resultados do índice de desenvolvimento da educação básica (IDEB, disponibilizados pelo INEP), tem-se que no ano de 2018, foi o RJ o único estado da federação a não atingir as metas em nenhum segmento dos ensinos fundamental e médio.

Conforme já destacado anteriormente, o estado do Rio de Janeiro possui Fundo de Segurança Pública, instituído pela Lei Ordinária nº 8637/2019. Os objetivos elencados, nos termos do Art. 1º da referida lei, são a garantia de recursos para projetos, atividades e ações na área de segurança pública e prevenção à violência, sendo que o repasse desses recursos teria como prioridade as regiões com maior índice de violência.

O indicador assinalado para o Fundo de Segurança Pública para o repasse de verbas, a fim de verificar os dados de violência por região, é o Instituto de Segurança Pública do Estado do Rio de Janeiro – ISP/RJ.

Analisando os dados do ISP/RJ, com recorte no indicador estratégico de Crimes Violentos Letais e Intencionais, ponto central da pesquisa realizada, constatou-se um total de 4.166 incidências deste tipo de delito no ano de 2019, o que representa redução de 20% das incidências no ano imediatamente anterior.

Até a finalização da pesquisa e coleta de dados, o índice apontava, no ano de 2020, 1.078 ocorrências, contabilizadas no período de 1 de janeiro - 31 de março. A exceção do mês de janeiro – que apresentara taxa de crimes violentos letais com recuo de 11% -, os demais meses contabilizados já indicavam um aumento de casos, quando em contraposição com o mesmo período, no ano de 2019.

Para melhor compreensão:

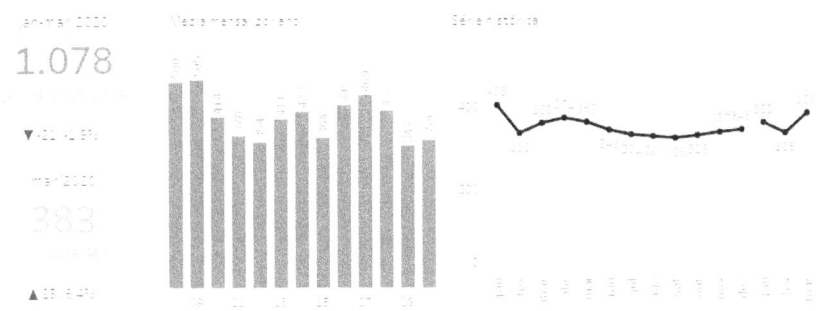

(Resumo gráfico da área do Estado do Rio de Janeiro, indicador estratégico Crimes Violentos e Letais. Fonte da informação e do resumo gráfico: ISP/RJ)

O Atlas da Violência (IPEA), ao analisar as taxas de mortalidade de jovens por crimes violentos, apontou o Rio de Janeiro entre as unidades da federação que, no ano de 2017, superou a taxa nacional. Com cálculo por 100 mil habitantes, o estado apresentou, no ano supracitado, taxa de 92,6 de homicídios de jovens, um incremento de 5,6% quando comparado com o ano de 2016.

Os dados explicitavam a necessidade de políticas públicas voltadas ao desenvolvimento infanto-juvenil, dentre as quais, o acesso à educação.

Ainda que os investimentos na área, nos anos subsequentes, tenha sofrido incremento, os resultados da educação pública, como demonstrado pelo IDEB, não foram satisfatórios.

O Rio de Janeiro, ainda de acordo com o Atlas da Violência, destacou-se na proporção das mortes violentas que não tiveram motivação determinada, sendo um dos estados com pior qualidade na classificação. Esse tópico dificulta a qualidade da informação, sendo um indicativo de que as taxas de homicídios podem estar subestimadas na região (IPEA, 2019).

Ao tratar da temática, o Governo do Estado do Rio de Janeiro, em estudo sobre as cricunstâncias relacionadas à letalidade violenta no Estado do Rio de Janeiro, assim justificou o desastroso resultado[7]:

> O fato de não conseguirmos identificar, nos sistemas de informação da PCERJ, dados específicos sobre as circunstâncias que levaram à morte de tantas vítimas não significa dizer que não se saiba sobre o assunto: muitas dessas respostas são de conhecimento próprio dos investigadores e dos operadores legais. No entanto, tal conhecimento não é sistematizado, já que a lógica do Sistema de Controle Operacional é que sejam inseridas apenas as informações que sirvam como provas no âmbito do inquérito policial. Dito de outra forma, são informações tácitas, conhecidas por quem lida com os casos, e, como tais, não são retidas de maneira sistêmica com o objetivo de construir conhecimento para uso interno.

Um dos pontos apresentados pelo Atlas, como canal causal para o incremento da insegurança pública, notadamente no que se refere aos crimes violentos, é a difusão de armas de fogo. Nesse sentido, alguns dados se sobressaem quanto ao Rio de Janeiro: conforme o que se apurou na "CPI

---

[7] "Circunstâncias de Letalidade Violenta", disponível em https://www.isp.rj.gov.br:4431/Conteudo.asp?ident=137.

das Armas", realizada pela Assembleia Legislativa do Estado do Rio de Janeiro e presidida pelo Dep. Marcelo Freixo[8], em 10 anos, foram extraviadas ou roubadas no estado 17.662 armas de fogo.

Apurou-se na CPI, ainda, que do total de armas ilegais apreendidas no estado, 86% eram legais em um primeiro momento, e posteriormente, utilizadas para práticas delituosas (68% haviam sido legais em um primeiro momento, comercializadas em território nacional, e 18% tinham sido desviadas das Forças Armadas). O resultado é similar ao que apresenta o Instituto Sou da Paz, em relatórios[9].

O número é ainda mais significativo quando os dados de letalidade violenta, apresentados pelo ISP/RJ, apontam que 81,2% desses delitos tiveram como meio empregado uma arma de fogo, e que da totalidade de crimes violentos cometidos no ano de 2019, 4004 foram homicídios dolosos e 1814 mortes por intervenção de agentes do estado:

(Fonte: ISP/RJ)

O Censo do Sistema Prisional, do Grupo de Monitoramento e Fiscalização do Sistema Carcerário[10], em atenção ao que determina a

---

[8] Disponível em: https://www.marcelofreixo.com.br/cpi-das-armas
[9] Disponível em: http://soudapaz.org/transparencia/
[10] Disponível em: http://gmf.tjrj.jus.br/censo-sistema-prisional

Resolução 214/2015 do CNJ, tornou públicos os dados da população carcerária do Rio de Janeiro.

Até o mês de fevereiro de 2020, a população carcerária na região era de 52.920 pessoas, das quais 21.518 correspondem a presos provisórios e 18.367 estão em cumprimento de pena em regime fechado.

Por também se relacionar com esse número absoluto de prisões, a política de segurança pública implementada no estado, visando coibir a criminalidade violenta, será abordada no tópico 4 deste capítulo.

3. Cruzamento de dados, correlações e notas críticas

Em uma análise comparativa, no intuito de observar eventuais semelhanças entre os dados obtidos no Estado de Minas Gerais com os obtidos no Estado do Rio de Janeiro, elegeu-se nesta pesquisa os dados de Mortes Violentas Intencionais (MVI) como um primeiro marcador.

A partir disso, a visualização dos aspectos atinentes à criminalidade violenta se torna mais clara. Enquanto em Minas Gerais verificou-se uma redução numérica, com decréscimo acima da média brasileira, passando a figurar entre os três melhores índices do país, o Rio de Janeiro superou em números a média nacional.

Em Minas Gerais, o indicador demontrou um pico de violência no período compreendido entre 2012 e 2014, passando, após esse lapso temporal, a uma redução considerável no número de mortes violentas.

Por outro lado, o Rio de Janeiro não apresentou, até a data de finalização desta pesquisa, um padrão quanto aos números de criminalidade, oscilando entre tímidas reduções e crescimentos – a título exemplificativo, a coleta de dados indicou que, no ano de 2020, as ocorrências já superavam o mesmo período, em anos anteriores.

Quanto à motivação das mortes violentas, ambos apresentaram dados preocupantes. Isto porque figuram entre os estados com pior qualidade na classificação, com alta proporção de mortes violentas sem motivação determinada, o que pode indicar taxas subestimadas de homicídios. O tema é deveras preocupante, como se colhe da literatura específica:

> Portanto, a análise da evolução dos registros sobre mortalidade violenta no Estado do Rio de Janeiro indicou haver uma substancial deterioração na qualidade desses dados a partir de 2007, sendo que o aumento abrupto das mortes indeterminadas correspondem em grande parte a homicídios não reconhecidos (CERQUEIRA, 2012, pp. 232).

No que tange à população carcerária, de acordo com as informações disponibilizadas pelo DEPEN e pelo portal BNMP, do Conselho Nacional de Justiça, o estado mineiro apresentou oscilações entre crescimento e diminuição da população carcerária. O ano de 2019 mereceu destaque, pela significativa redução de população penitenciária em Minas Gerais.

Também se destacava a vertiginosa queda nos indicadores de presos sem condenação, com redução de quase 8 mil presos provisórios custodiados no sistema, quando confrontados os números de 2018 com os de 2019.

Os dados da população carcerária do Rio de Janeiro foram obtidos por meio do Censo do Sistema Prisional, do Grupo de Monitoramento e Fiscalização do sistema carcerário. Ainda que em números absolutos a população carcerária do Rio de Janeiro fosse inferior à de Minas Gerais, o primeiro estado apresenta, a cada ano, números em escala crescente, ao passo que o segundo, conforme já se pontou, sinaliza redução.

O mesmo ocorre quanto ao número total de presos provisórios, que no mês de fevereiro de 2020, no Rio de Janeiro, atinguiu a marca de 21.518 pessoas encarceradas sem condenação.

Postas as questões quanto à criminalidade violenta e números relacionados à população carcerária de cada Estado, uma perspectiva sobre os investimentos também se faz necessária.

Em Minas Gerais, foi observada redução, nos últimos quatro anos, dos investimentos em áreas que dialogam com a segurança pública, a exemplo de assistência social. O mesmo fenômeno foi percebido no estado do Rio de Janeiro, com redução nos investimentos da área em quase 50%, quando observado o montante de 2019, em comparativo aos anos de 2015, 2016, 2017 e 2018.

Dirvergem, por outro lado, na forma de arrecadação para a segurança. O Estado de Minas Gerais não possui Fundo de Segurança Pública, como corre no Rio de Janeiro, mas apenas uma Taxa de Segurança Pública. Por esta razão, restou de certo modo prejudicado o comparativo entre os vínculos do orçamento.

4. Iniciativas e práticas implementadas

Para além do olhar acerca dos dados estatísticos e diretrizes de investimentos já deduzido acima, imperiosa é a análise das práticas implementadas no estado de Minas Gerais no que toca à segurança pública.

De acordo com o que dispõe a secretaria de justiça e segurança pública do estado, em seu site oficial, seis programas governamentais estão em atuação na pasta. São eles: central de acompanhamento de alternativas penais (Ceapa); Se Liga; Programa de Inclusão Social de Egressos do Sistema Prisional (PrEsp); Selo Prevenção Minas; Programa Mediação de Conflitos; Fica Vivo!.

O Ceapa, criado em 2002, objetiva contribuir para o fortalecimento e a consolidação das penas e medidas alternativas à prisão no Estado de Minas Gerais, pautando ações de responsabilização com liberdade. Chama a atenção que, além da viabilização das tradicionais penas/medidas de prestação de serviços à comunidade, o projeto também desenvolve grupos de conscientização e responsabilização masculina para aqueles incursos na Lei 11.340/06 (Lei Maria da Penha); realiza trabalhos especificados (temáticos) por tipo de delito cometido (drogas, trânsito, meio ambiente) e, o que desponta como alvissareiro, se propõe a realizar projetos de Justiça Restaurativa.

O projeto Se Liga, por sua vez, volta-se ao acompanhamento de adolescentes e jovens (12 a 24 anos) egressos das medidas socioeducativas em meio fechado (semiliberdade e internação). O objetivo é amparar o jovem egresso do sistema socioeducativo, integrando-o à rede de proteção e promovendo a mediação entre o jovem e o mercado de trabalho, ponto eleito como crucial pelo projeto. Saliente-se que o projeto não tem nenhum condão punitivo, sendo de livre adesão e possibilitando acompanhamento por até um ano.

O PrEsp (Projeto de inclusão social de regressos do Sistema Prisional) tem igual preocupação narrada no projeto Se Liga, qual seja, oferecer mecanismos que minorem a vulnerabilidade social do sujeito egresso de qualquer instituição punitiva, seja ela socioeducativa ou propriamente prisional. Assim, o mencionado programa de inclusão atenta-se para a inclusão social de homens e mulheres que recém libertos do sistema prisional, seus familiares e – o que merece nota – também os pré-egressos - pessoas que estão a seis meses de alcançarem uma progressão do regime semiaberto para o regime aberto, foco de extrema importância diante das dificuldades representadas pela transição de regime no cumprimento das penas privativas de liberdade.

Interessante notar que o PrEsp conta com louvável estratégia de captação de público para acompanhamento (que é sempre voluntário, frise-se). Chega-se até o projeto a partir da apresentação para assinatura do livro que controla o cumprimento do livramento condicional, de encaminhamento pela rede de apoio ou, também, pelo comparecimento espontâneo.

Moderna iniciativa do estado de Minas Gerais é o programa Selo de Prevenção Minas, que formaliza diretriz atual da segurança pública, qual seja, o reconhecimento da importância dos municípios no enfrentamento e prevenção à criminalidade. O programa, iniciado em 2019, capacita os municípios e fomenta a participação social, construindo coletivamente ações no âmbito dos fatores geradores de violências. Está estruturado em dois eixos: o Selo Prevenção Minas Certifica e o Selo Prevenção Minas Em Curso. O primeiro, eixo Certifica, é formado a partir de um ciclo no qual o município constrói um Diagnóstico Municipal de Segurança Cidadã, um Plano Municipal de Prevenção à Criminalidade e põe em prática medidas de prevenção à criminalidade. Já o segundo eixo, o eixo Em Curso, objetiva difundir as técnicas e conhecimentos adquiridos pela Política Estadual de

Prevenção Social à Criminalidade, desde o ano de 2002, através da realização de formações e da disponibilização de materiais de orientação para as instituições municipais interessadas em qualificar sua atuação em prevenção ao crime e às violências.

É importante destacar que desde a metade da década de 1990 o art. 144 da Constituição da República passou por um giro hermenêutico responsável por realocar as responsabilidades dos entes federativos na temática de segurança pública. Nesse sentido, Ludmila Ribeiro e Luiza Bastos (2012, pp. 74) relatam a nova visão o município como protagonista nessa seara, evidenciando que a gestão municipal poderia realizar uma série de ações com o objetivo de prevenir a incidência do crime na localidade, sem que isso significasse ferir a separação de competências e atribuições previstas no texto constitucional para estados e união. É exatamente dessa nova perspectiva que o programa citado colhe inspiração.

> Para isso, o governo do estado repassa aos municípios o aporte financeiro para a realização da iniciativa, disponibiliza equipe técnica e compartilha diretrizes metodológicas. [...] A prefeitura de Belo Horizonte, assim como as demais prefeituras envolvidas, são, segundo a SPEC, parceiras imprescindíveis para a implantação e desenvolvimento da política de prevenção (WILLADINO et al., 2011, p.136-137).

O Programa Mediação de Conflitos (PMC) faz parte da Política Estadual de Prevenção Social à Criminalidade desde 2005, estando presente m todos os municípios mineiros com mais de 200 mil habitantes e nos 14 mais populosos de Minas Gerais. O escopo do projeto é fomentar uma compreensão de política de segurança pública com viés cidadão, pautado na participação e construção pelos próprios atores sociais. Tomando como exemplo a violência contra a mulher, constrói-se estratégias de prevenção e proteção junto àquelas que buscam o atendimento, considerando o contexto ao qual ela se insere. Além disso, o programa conta ainda com a mediação comunitária, relacionada à esfera pública e de acordo com a dinâmica social de cada localidade (Lopes, 2016).

De acordo com dados do governo do estado mineiro, em 2019, foram realizados 32.903 atendimentos pelo PMC. Do total, 71% foram atendimentos a mulheres. Entre os casos de violência atendidos, 45% envolvem relatos de "violência doméstica e familiar contra a mulher" e 17% "violência intrafamiliar".

Por fim, e com maior destaque, o projeto Fica Vivo! ocorre desde 2003, instituído através Decreto Nº 43.334/2003, atuando na prevenção e na redução de homicídios dolosos de adolescentes e jovens (12 a 24 anos) em localidades estratégicas que apontem maior concentração desse fenômeno. O programa Fica Vivo! articula dois eixos de atuação: Proteção Social e Intervenção Estratégica. Conforme se extrai de (Silva, B.F.A. et al., 2018), o programa é inspirado em experiências bem-sucedidas empreendidas em cidades como Boston e Bogotá, sendo visto como inovador no que se refere ao pensamento e prátca de políticas de segurança pública no Brasil. Como ferramentas, oferece oficinas (culturais, esportistas, etc) vistas como meios de se atingir os destinatários do projeto.

Merece destaque a conclusão da literatura especializada quanto ao projeto, demonstrando em números o sucesso. Nesse sentido, ainda nas lições de Bráulio Figueiredo Alves Silva e outros (2018, pp. 6), tem-se que:

> Os resultados indicam que, por ano, o programa pode ter evitado em média a ocorrência de 65 homicídios, o que permite fazer uma estimativa de 650 mortes evitadas ao longo dos dez anos de funcionamento do programa. Isso

corresponde a 43% do total de homicídios observados nas áreas onde o programa atua entre 2005 e 2015.

O projeto Fica Vivo! apresenta considerável capilaridade social, ou seja, atinge a comunidade jovem local com forte impacto e grande acessibilidade. Tal mérito, segundo Lopes (2016), se deve a uma de suas frentes de atuação, voltada à proteção social, que é responsável pela formação de redes sociais comunitárias capazes de atuar preventivamente à criminalidade a partir da mobilização de jovens expostos ao fenômeno da violência. Essa rede comunitária se desenvolve em torno de oficinas, cuja principal característica é o de ser um mecanismo de atendimento e inclusão dos jovens neste programa., com responsáveis por oficinas, em sua maioria, moradores das mesmas comunidades onde atuam.

De todo o relato acima delineado, percebe-se que os projetos do governo estadual mineiro encontra sintonia fina com os modernos parâmetros de segurança pública, notadamente quanto à inserção social e protagonismo dos sujeitos como mecanismo de prevenção; fomento à justiça restaurativa; preocupação focada na comunidade adolescente e jovem; e descentralização do tema, com incentivo à participação das esferas municipais.

No ano de 2014, o governo do Estado do Rio de Janeiro buscou reforçar a segurança de locais estratégicos, desenvolvendo o programa Lapa Presente. O uso de mão de obra policial apresentou resultados expressivos: dados do governo estadual indicam que, no período de 2014 a 2018, 5.473 pessoas foram presas em flagrantes pela operação[11].

---

[11] Disponível em: https://agenciabrasil.ebc.com.br/geral/noticia/2018-01/governo-do-rj-diz-que-operacao-na-lapa-reduziu-70-dos-roubos-na-regiao

Deste programa, originou-se a Operação Segurança Presente, com início no ano de 2015, em uma parceria entre a Secretaria de Estado de Governo e o Sistema Fecomércio/RJ. O convênio (Convênio nº 001/2016) previa um investimento anual de R$ 47 milhões, a serem divididos igualmente entre as duas partes.

A Lei Orçamentária Anual previu, para o ano de 2020, a aplicação de R$ 223 milhões no programa, além da destinação de R$ 50 milhões já realizada no ano de 2019. Dos dados apresentados por ocasião do anúncio, extrai-se que apenas no primeiro semestre de 2019 foram cumpridos 635 mandados de prisão[12] através do programa.

Sem embargo, do início da Operação até a presente data, não houve no Rio de Janeiro um padrão de decréscimo total dos crimes violentos letais intencionais (ISP/RJ). Tal estatística não permite afirmar, portanto, que opção pelo Segurança Presente seja apta a reduzir os índices de criminalidade violenta, como se observa no gráfico abaixo, considerando o período de vigência (2015 – 2020):

Tabela de dados - Indicador estratégico: Crimes Violentos Letais Intencionais - Área: Todos

	jan	fev	mar	abr	mai	jun	jul	ago	set	out	nov	dez	Total
2003	615	599	634	610	625	562	552	514	532	506	543	567	6.859
2004	594	561	547	536	628	516	522	541	530	541	592	554	6.662
2005	632	635	710	544	528	510	607	586	549	522	520	485	6.889
2006	498	545	636	612	565	492	498	491	543	567	550	591	6.586
2007	540	500	670	590	436	485	470	541	464	510	548	585	6.359
2008	554	531	550	492	436	425	438	458	464	582	542	525	5.997
2009	566	579	623	572	536	456	418	447	454	441	455	511	6.058
2010	472	432	513	445	379	368	339	364	382	429	372	430	4.973
2011	429	377	396	416	381	327	339	384	335	331	351	361	4.437
2012	343	411	413	351	357	331	318	306	344	332	335	406	4.247
2013	410	399	423	436	440	382	314	427	398	392	429	485	4.932
2014	482	503	525	467	455	396	388	386	356	389	358	430	5.135
2015	451	344	398	364	357	290	317	349	357	392	350	396	4.365
2016	426	432	485	491	329	403	591	405	447	502	487	499	5.337
2017	505	533	532	459	446	413	390	417	472	510	477	463	5.622
2018	497	467	534	492	438	392	425	379	403	396	393	364	5.180
2019	403	336	380	372	362	343	331	327	323	329	337	343	4.166
2020	360	335	383										1.078

(Resumo gráfico da área do Estado do Rio de Janeiro, indicador estratégico Crimes Violentos e Letais. Fonte da informação e do resumo gráfico: ISP/RJ)

---

[12] Disponível em: http://www.rj.gov.br/NoticiaDetalhe.aspx?id_noticia=643

Apesar do aumento no investimento de educação, e da pouca alteração nos dados gerais do estado, além do aumento da população carcerária e dos mandados de prisões, acelerados por programas como o Segurança Presente, o Rio de Janeiro não logrou um decréscimo ritmado no que tange aos crimes violentos.

No ano de 2018, o Governo do Estado do Rio de Janeiro, através de trabalho conjunto, realizado pela Secretaria de Segurança Pública e pelo Instituto de Segurança Pública, tornou público um relatório com dados, fundamentalmente, demonstrando as circunstâncias relacionadas à letalidade violenta no Estado.

O estudo levava em consideração quatro títulos criminais, sendo eles: homicídio doloso, latrocínio, lesão corporal seguida de morte e morte por intervenção de agente do Estado.

Conforme já se adiantou neste capítulo, o expressivo número de mortes com motivação indeterminada é um dos problemas enfrentados pelo Rio de Janeiro (o próprio estudo apontava, para o ano de 2015, aproximadamente 52,7% do total de letalidade violenta como "indeterminada").

Essa constatação dialoga, também, com a baixa taxa de elucidação dos casos. No segundo semestre de 2018, por exemplo, essa porcentagem representava apenas 19,5% da totalidade dos casos, permanecendo 80,2% em "andamento".

Ponto curioso é que, mesmo nas mortes cometidas por intervenção de agente do Estado, 70,8% permanceciam com o status "andamento", ao passo que 28,9% já eram considerados "não elucidados"[13].

A justificativa apresentada no já citado Relatório de Letalidade Violenta relacionava-se, em suma, com a "complexidade investigativa" dos crimes cometidos na Capital e na Região Metropolitana, pela "dificuldade enfrentada pela polícia em realizar investigações em áreas dominadas por grupos criminosos" e pelo "medo de retaliação", dificultando a obtenção de "testemunhos, de delação de envolvidos e até mesmo de imagens de câmeras de segurança"[14].

Nas notas conclusivas do estudo, foi informado que o levantamento era de especial importância para reforçar as atividades de análise criminal, e que estariam em curso um projeto-piloto, com o objetivo de facilitar e apoiar a sistematização de informação tácita, transformando em conhecimento compartilhado entre os policiais das unidades. Não fornceram, todavia, maioes informações a respeito do projeto, frustrando a pesquisa a respeito desta prática.

De um modo ou de outro, o Instituto de Segurança Pública apresenta as práticas no Rio de Janeiro, para a redução da criminalidade, concentradas especialmente em duas: o Programa de Polícia Pacificadora (UPP), com o objetivo de "controle dos grupos ilegais armados, restauração do monopólio pelal da força pelo Estado e a diminuição da criminalidade", cuja previsão

---

[13] Disponível em: http://www.ispdados.rj.gov.br/elucidacao.html
[14] "Circunstâncias de Letalidade Violenta", disponível em https://www.isp.rj.gov.br:4431/Conteudo.asp?ident=137.

consta no Decreto nº 45.186/2015, e a Companhia Integrada de Polícia de Proximidade.

Este último, refere-se a um projeto da PMERJ, iniciado em fevereiro de 2015 e destinado a bairros estratégicos, tendo como eixos principais a "divisão terroitorial com responsabilização operacional, o policiamento de proximidade e o policiamento orientado ao problema".

É de se considerar, assim como evidenciou um estudo realiado pelo Observatório de Segurança[15], que embora seja o Rio de Janeiro a unidade da Federação que mais investe na pasta de seguraça pública – o que viabiliza a multiplicidade de projetos, esboçados neste tópico -, os resultados obtidos são insatisfatórios, sem correspondência com o investimento.

No mesmo documento, apontam a necessidade de mudança no foco das práticas adotadas. Históricamente, como é possível inferir da presente pesquisa, o estado do Rio de Janeiro voltou-se às práticas de confronto, repressivas, com uso expressivo do contingente policial, medida que permance sendo majoritária na região.

A abordagem tem se mostrado ineficiente, posto o número crescente e bastante significativo de mortes praticadas pelos agentes do Estado, o risco aos próprios operadores e a baixa contraprestação, para além do impacto orçamentário.

Os dados de baixa elucidação de casos sinaliza para a necessidade de investimento em inteligência e investigação, destinado à desarticulação de grupos criminosos e redução de danos no curso das operações, notadamente nas comunidades – local de foco, por exemplo, das UPPs.

---

[15] Disponível em http://www.observatoriodeseguranca.org/relatorios-2/.

Considerações Finais

Consoante tudo desenvolvido no decorrer deste capítulo, pode-se concluir que a solução para os problemas da segurança pública não abrange medidas simples, nem tampouco isoladas no campo de enfrentamento da criminalidade por via da força policial. Neste sentido, faz-se necessário a adoção de planos e programas que necessitam de investimentos financeiros e que sejam pensados a curto e longo prazo.

Destarte, demonstra-se como necessária a ampla observância de aspectos sociais como escolaridade da população, oferta de serviços de saúde, medidas de assistência social, isto é, políticas que contribuem direta e indiretamente para um IDH mais elevado, bem como políticas que objetivam a redução da desigualdade no seio social.

Neste aspecto, o cenário apresentado pelos dados estatísticos do estado de Minas Gerais demonstra avanço no índice de desenvolvimento humano da sociedade mineira, inclusive acima da média nacional, associado a esse avanço observa-se a redução no número de MVI entre os anos de 2017 a 2018, seguindo um decréscimo acima da média nacional. Contudo, mostra-se necessário um avanço no tocante aos MVCI que pode representar uma subnotificação nos índices da criminalidade violenta letal, e que neste aspecto o estado de Minas Gerais se figura em destaque dentre aqueles estados com pior índice. Importante destacar a redução expressiva dos investimentos na área de assistência social, e incremento nas áreas de política carcerária e de Segurança pública, que refletem no cenário carcerário sem resultados positivos, isto é, em dados absolutos a soma de pessoas privadas de sua liberdade se apresentam ora em acréscimo, ora em decréscimo.

O estado do Rio de Janeiro no ano de 2019 incrementou investimentos na área de educação, bem como nos segmentos de segurança pública e política carcerária. Por outra via, reduziu expressivamente os investimentos na área da assistência social e, de imediato, observa-se nos primeiros meses do ano de 2020, a exceção do mês de janeiro, um aumento nos casos de crimes violentos letais em relação ao ano anterior.

Acerca do exemplo do estado do Rio de Janeiro, que no ano de 2017 superou a taxa nacional de mortalidade de jovens por crimes violentos e que no ano seguinte não apresentou nenhuma melhora nos resultados da educação pública, apesar de incrementos em investimentos na área, mostra-se necessário um forte desenvolvimento na educação infanto-juvenil de forma a traçar planos e metas que resultem em avanços nos índices da educação pública.

Portanto, cada vez mais torna-se evidente o conjunto de medidas que devem ser adotadas pelo governo para alcançar a redução dos índices de crimes violentos, não sendo suficiente a política do enfrentamento à criminalidade, sendo necessário o desenvolvimento de políticas públicas que alcancem a diminuição da desigualdade social e que introduzam o bem-estar social, associado a um modelo de segurança preventiva com destaque na inteligência e fiscalização, de modo a tornar presente o suporte estatal, principalmente, nas localidades mais vulneráveis.

Por fim, as boas práticas desenvolvidas pelos estados de Minas Gerais e Rio de Janeiro, no que se demonstrou positivo, podem ser aproveitadas pelo Governo do Estado do Rio Grande do Norte. Para além disso, é imprescindível observas as medidas que, nessas localidades, não lograram qualquer avanço na temática, evitando a repetição de equívocos, guardadas as particularidades das respectivas unidades federativas.

Bibliografia

BRASIL. Atlas da Violência 2019. Organizadores: Instituto de Pesquisa Econômica Aplicada; Fórum Brasileiro de Segurança Pública. Brasília: Rio de Janeiro: São Paulo: Instituto de Pesquisa Econômica Aplicada; Fórum Brasileiro de Segurança Pública. ISBN 978-85-67450-14-8. Disponível em: <https://www.ipea.gov.br/portal/images/stories/PDFs/relatorio_institucion al/190605_atlas_da_violencia_2019.pdf> Acesso em: 08 de maio de 2020.

BRASIL. Instituto Brasileiro de Geografia e Estatística. Ministério da Economia (Ed.). Sinopse do Censo Demográfico de 2010. Brasília: Ibge, 2011. 265 p.

CARVALHO, Vilobaldo Adelídio de; SILVA, Maria do Rosário de Fátima e. Política de segurança pública no Brasil: avanços, limites e desafios. **Rev. katálysis**, Florianópolis , v. 14, n. 1, p. 59-67, June 2011 . Available from <http://www.scielo.br/scielo.php?script=sci_arttext&pid=S1414-49802011000100007&lng=en&nrm=iso>. access on 20 May 2020.

CENSO SISTEMA PRISIONAL RIO DE JANEIRO. Disponível em: http://gmf.tjrj.jus.br/censo-sistema-prisional. Acesso em: 07 de maio de 2020.

CERQUEIRA, Daniel. Mortes violentas não esclarecidas e impunidade no Rio de Janeiro. Econ. Apl., Ribeirão Preto , v. 16, n. 2, p. 201-235, June 2012 . Available from <http://www.scielo.br/scielo.php?script=sci_arttext&pid=S1413-80502012000200001&lng=en&nrm=iso>. access on 27 May 2020.

CIRCUNSTÂNCIAS DE LETALIDADE VIOLENTA. Disponível em https://www.isp.rj.gov.br:4431/Conteudo.asp?ident=137. Acesso em: 07 de maio de 2020.

DEPARTAMENTO PENITENCIÁRIO NACIONAL. Levantamento nacional de informações penitenciárias: dezembro de 2019. Dezembro de 2019. Disponível em: https://app.powerbi.com/view?r=eyJrIjoiZTlkZGJjODQtNmJlMi00OTJhLWFlMDktNzRlNmFkNTM0MWI3IiwidCI6ImViMDkwNDIwLTQ0NGMtNDNmNy05MWYyLTRiOGRhNmJmZThlMSJ9. Acesso em: 07 maio 2020.

INSTITUTO SOU DA PAZ. Disponível em: http://soudapaz.org/transparencia/. Acesso em: 07 de maio de 2020.

LOPES, José Maurício de Almeida. Políticas de segurança pública nos estados de Minas Gerais e Pernambuco em perspectiva comparada. 2016. 148 f. (Dissertação em Sociologia) – Universidade Federal de Pernambuco, 2016.

RELATÓRIO CPI DAS ARMAS. Disponível em https://www.marcelofreixo.com.br/cpi-das-armas. Acesso em: 07 de maio de 2020.

SILVA, Bráulio Figueiredo Alves et al . Violência urbana e política pública de prevenção: avaliação do Programa Fica Vivo! no estado de Minas Gerais, Brasil. **Rev. bras. estud. popul.**, São Paulo , v. 35, n. 2, e0059, 2018 . Available from <http://www.scielo.br/scielo.php?script=sci_arttext&pid=S0102-30982018000200400&lng=en&nrm=iso>. access on 20 May 2020.

WILLADINO et.al. (orgs.). Prevenção à violência e redução de homicídios de adolescentes e jovens no Brasil. Observatório de Favelas, 2011

ZALUAR, Alba. Democratização inacabada: fracasso da segurança pública. Estudos Avançados, 21 (61), 2007, p. 31-48.

GUSTAVO HENRIQUE DE ARAÚJO OLIVEIRA
MATHEUS HUDSON BRITO
SÊMELY CLÍCIE RODRIGUES BATISTA LIRA

Diagnóstico da mortes violentas intencionais nos estados do Ceará (CE), Maranhão (MA) e Pernambuco (PE) e o que ecoa das experiências desses estados para o Rio Grande do Norte (RN)

Gustavo Henrique de Araújo Oliveira[1]

Matheus Hudson Brito[2]

Sêmely Clície Rodrigues Batista Lira[3]

Este capítulo compreende o resultado de uma investigação científica realizada pelo projeto de pesquisa intitulado "Criminalidade violenta e diretrizes para uma política de segurança pública no estado do Rio Grande do Norte", vinculado ao grupo de pesquisa "Direitos Fundamentais e a Linguagem no Direito Criminal" (GEE551-19), da Universidade Federal do Rio Grande do Norte (UFRN).

Esse projeto de pesquisa nasceu no segundo semestre de 2019 e, sob a coordenação do professor Walter Nunes da Silva Júnior, pauta suas ações na investigação científica do fenômeno da criminalidade violenta e dos

---

[1] Graduando em Direito pela Universidade Federal do Rio Grande do Norte (UFRN). Aluno voluntário de Iniciação Científica no projeto Criminalidade violenta e diretrizes para uma política de segurança pública no Estado do Rio Grande do Norte.
[2] Graduando em Direito pela Universidade Federal do Rio Grande do Norte (UFRN). Monitor da disciplina de Direito Processual Penal II. Aluno voluntário de Iniciação Científica no projeto Criminalidade violenta e diretrizes para uma política de segurança pública no Estado do Rio Grande do Norte.
[3] Advogada OAB/RN. Servidora Pública da Universidade Federal do Rio Grande do Norte (UFRN). Mestra em Direito Constitucional pela (UFRN), com ênfase na área de Constituição e garantia de direitos. Membro Colaborador dos Projetos de Pesquisa: a) O Direito Criminal como corpo normativo construtivo do sistema de proteção dos direitos e garantias fundamentais, nas perspectivas subjetiva e objetiva b) Criminalidade violenta e diretrizes para uma política de segurança pública no Estado do Rio Grande do Norte.

investimentos em políticas de segurança pública adotadas pelos estados. Desse modo, com o intuito de realizar uma produção acadêmica capaz de apontar soluções para a redução dos indicadores de crimes violentos letais no estado do Rio Grande do Norte e no Brasil, será observado o comportamento dos estados do Ceará, Maranhão e Pernambuco, a fim de apresentar críticas e sugestões aos sistemas estaduais de segurança pública.

Nesse sentido, foram utilizados os dados mais atuais sobre a criminalidade violenta letal, informados pelo Atlas da Violência de 2019 e pelo Anuário Brasileiro de Segurança Pública de 2019, e os números que reproduzem os investimentos/gastos em segurança pública nos estados pesquisados. Os dados coletados serão investigados com o intuito de destacar as experiências positivas e expiar os episódios que não devem ser repetidos em uma política de segurança pública. Assim, este capítulo será fruto da análise de dados desses três estados destacados e suas comparações com a realidade observada no Rio Grande do Norte, tudo isso a ser levantado pelos pesquisadores que compõem o grupo três do projeto de pesquisa acima descrito.

Ademais, a escolha dos estados mencionados justifica-se pela aproximação que eles possuem com o cenário posto no estado do Rio Grande do Norte, dado a proposta de propor soluções ao estado norte-rio-grandense. Portanto, os índices de criminalidade violenta letal e o comportamento de reação do governo desses estados, assim como os resultados obtidos por eles, serão abordados em correlação com os seus indicadores populacionais, sociais e de educação, a fim de extrair da experiência já vivenciada nos estados pesquisado e descrever proposições ao estado Rio Grande do Norte.

1. Considerações sobre metodologia e fontes da pesquisa

A compreensão do fenômeno da violência e a necessidade de uma releitura da Segurança Pública foram o ponto de partida para a concretização deste trabalho. Partindo-se da premissa aceita de que a violência é um fenômeno consequencial, esta pesquisa buscou analisar números estatísticos oficiais e, a partir deles, refletir sobre os índices de mortes violentas intencionais (MVI) – o parâmetro escolhido nesta obra para medição da criminalidade.

No curso da coleta dos dados, foram escolhidos os registros estatísticos informados pelos estados: as estatísticas demográficas e o perfil socioeconômico; o índice dos crimes violentos letais; as informações sobre os gastos do setor público, em especial, da área de segurança pública – incluindo aqui o fundo de segurança pública –; e, por fim, os indicativos referentes à população carcerária de cada estado.

Todos esses indicadores foram registrados em planilhas próprias do grupo de pesquisa, com a delimitação temporal mais detida a partir do ano de 2015. De posse desses dados e considerando as semelhanças entre os estados analisados, o trabalho avançou na análise correlata dos índices estatísticos para posterior avaliação crítica, tanto quanto aos números evidenciados, quanto da ausência de informações coletadas, as quais serão justificadas a seguir.

DIAGNÓSTICO DA MORTES VIOLENTAS INTENCIONAIS NOS ESTADOS DO CEARÁ (CE), MARANHÃO (MA) E PERNAMBUCO (PE) E O QUE ECOA DAS EXPERIÊNCIAS DESSES ESTADOS PARA O RIO GRANDE DO NORTE (RN)

1.1 Fontes de dados sobre a demografia e o perfil socioeconômico dos estados

Neste primeiro ponto foram eleitos como critérios norteadores da investigação científica os valores que trazem o quantitativo sobre a população dos estados, especificando o número de habitantes; a população rural e urbana; a taxa de natalidade; o Índice de Desenvolvimento Humano (IDH); o Índice de Desenvolvimento Humano Municipal (IDHM) – Educação, índice que aponta a escolaridade da população adulta em conjunto com o fluxo escolar da população jovem; e, por último, o Índice de Desenvolvimento da Educação Básica (IDEB), especificamente as notas dos anos iniciais e finais do Ensino Fundamental. Predominantemente, a fonte utilizada é do Instituto Brasileiro de Geografia e Estatísticas (IBGE), destacando-se que o IBGE reproduz os registros do IDEB de acordo com o que lhe é informado pelo Instituto Nacional de Estudos e Pesquisas Educacionais (INEP).

1.2 Fontes de dados sobre mortes violentas intencionais

Neste tópico, os indicadores da criminalidade violenta letal dos estados observados - Ceará, Maranhão e Pernambuco - foram obtidos em consulta aos números do Atlas da Violência de 2019, produzido pelo Instituto de Pesquisa Econômica Aplicada (IPEA) junto ao Fórum Brasileiro de Segurança Pública (FBSP), e pelo Anuário Brasileiro da Segurança Pública de 2019, obra exclusiva do FBSP. Além destes, foram observados os dados divulgados pelas respectivas Secretarias de Segurança Pública dos estados. Cumpre destacar, ainda em sede introdutória, que os estados analisados em conjunto apresentam um elevado grau de confiabilidade dos informações divulgadas, conforme classificação do Anuário Brasileiro de Segurança Pública (FBSP, 2019).

Individualmente, o Atlas da Violência (2019) analisa a quantidade de homicídios no país e por região informada pelo Sistema de Informações de Mortalidade (SIM/MS) e calcula a proporção do número de homicídios por 100.000 habitantes (IPEA; FBSP, 2019, p. 100). Já o Anuário Brasileiro de Segurança Pública (2019) apresenta o quantitativo das mortes violentas intencionais (MVI), que incluem homicídio, latrocínio, lesão corporal seguida de morte e as mortes decorrentes de intervenções policiais (alguns desses casos já contabilizadas como homicídios) por cada 100.000 habitantes (FBSP, 2019, p. 11).

Precisamente, o Anuário Brasileiro de Segurança Pública (2019) apresenta a identidade metodológica com o Protocolo de Bogotá, para aferir os índices proporcionais de Mortes Violentas Intencionais (MVI), segundo este toda morte violenta intencional deve ser computada, excluindo-se os homicídios tentados e os culposos[4].

Enfim, convém também destacar que as publicações dos documentos citados, o Atlas da Violência (IPEA; FBSP, 2019) e o Anuário Brasileiro de Segurança Pública (FBSP, 2019) apresentam mínima diferença no cômputo dos números absolutos de homicídios, sem prejudicar a contabilização da taxa apresentada.

---

[4] "El homicidio se define, para el presente propósito, como la muerte de una persona provocada por una agresión intencional de otra(s). En esse sentido, se excluyen los homicidios no intencionales, los accidentales y las tentativas de homicídio" (CÂMARA DE COMÉRCIO DE BOGOTÁ et al., 2015).

1.3 Fontes de dados sobre a população carcerária dos estados

Em continuidade a coleta de dados os valores pertinentes à população carcerária foram obtidas em consulta ao Levantamento Nacional de Informações Penitenciárias (INFOPEN), do Departamento Penitenciário Nacional (DEPEN) disponíveis no sítio eletrônico do Ministério da Justiça. Os registros levantados referem-se ao mês de dezembro de cada ano, conforme divulgação do órgão governamental. Além disso, convém destacar que o Anuário Brasileiro de Segurança Pública (2019) também apresenta índices referentes ao sistema prisional, informados pelo DEPEN.

1.4 Fontes de dados sobre o gasto público

Por fim, complementando os dados eleitos para a pesquisa, foram coletadas informações nos sites do governo e das secretarias de cada estado, além dos portais da transparência de cada ente, a fim de especificar o montante de gastos nas áreas de educação, saúde, segurança pública, assistência social e política carcerária, além da identificação da existência, ou não, do fundo de segurança pública.

2. Apresentação e análise de dados

As estatísticas narradas anteriormente foram compilados em planilhas elaboradas para cada ente federado, subdivididas nas áreas específicas (perfil demográfico, taxa da criminalidade violenta letal, população carcerária números brutos dos investimentos e gastos estatais). A partir de então serão feitas breves considerações sobre os índices apresentados pelos estados e suas respectiva fontes, de maneira individualizada para cada estado e, posteriormente, correlação entre as informações e os valores apresentados.

2.1 Ceará

acordo com os últimos números divulgados IBGE, no ano de 2010, o estado do Ceará ainda conservava cerca de ¼ (um quarto) de sua população residindo na zona rural, um índice significativamente inferior à média nacional à época, o qual era de 15,65%.

No que se refere aos dados que medem a qualidade de vida no estado, percebe-se que estes vem crescendo gradualmente, merecendo destaque os bons resultados educacionais. No estado do Ceará, o IDH, desde 2000, vem apresentando um crescimento superior ao do Brasil. Entre 2000 e 2010, ocorreu um salto de 0,541 para 0,682 (24,7%), enquanto o índice nacional no mesmo período teve um aumento de 0,612 para 0,727 (15,9%). Em 2017, o Ceará apresentava o melhor IDH dentre todos os estados do Nordeste, anotado em 0,735.

Há de se ressaltar também os ótimos resultados educacionais e a transformação ocorrida nesta área nos anos 2000 no estado do Ceará. Entre os anos de 2007 e 2017, ele apresentou-se como o estado brasileiro que mais avançou na quantidade de estudantes matriculados nas séries do 5º ao 9º ano, que refletem em nível adequado de aprendizado em português e matemática (SISTEMA DE AVALIAÇÃO DA EDUCAÇÃO BÁSICA, 2017).

Na mesma linha, o IDH-Educação do estado quase dobrou nas duas primeiras décadas do século XXI, apresentando um salto de 0,377 em 2000 para 0,717 em 2017. Desse modo, o reflexo dessas mudanças pôde ser percebido pelos cálculos do IDEB do estado em 2017, cuja avaliação foi 6,1, índice que o coloca em 5º lugar no ranking Brasil, atrás somente de São Paulo, Santa Catarina, Paraná e Minas Gerais.

No entanto, a evolução na educação do estado do Ceará não resultou em diminuição sensível nos índices de criminalidade. Nesse sentido, analisando-se os números dos crimes violentos letais, observa-se que houve aumento da criminalidade violenta de 2007 a 2014, e, somente após um longo período de crescimento, houve uma breve redução no biênio 2015-2016, voltando a subir nos anos seguintes.

Em detalhes, inicialmente, foram analisados os indicadores fornecidos pelo Anuário Brasileiro de Segurança Pública (2019), onde foi possível extrair um recorte, de 2011 a 2018, das MVI, o qual demonstrou um crescimento gradual das taxas, partindo de 32,4 em 2011 para 50,8 em de 2014. Já entre 2015 e 2016, o estado do Ceará apresentou uma queda de mais de 20%, com relação ao último período de alta, atingindo seu patamar mais baixo no segundo ano, com o número de 39,8 MVI por 100.000 habitantes. Contudo, os anos seguintes apresentam os registros mais altos da série histórica, com 59,1 e 52,8 MVI a cada 100.000 habitantes, nos anos de 2017 e 2018, respectivamente.

O Atlas da Violência (2019) apresenta um recorte temporal maior, trazendo informações do período que engloba os anos de 2007 a 2017. A análise dos dados somente confirma o que já havia sido demonstrado pelo Anuário Brasileiro de Segurança Pública (2019), ou seja, os números de violência no estado do Ceará foram crescendo gradativamente até o ano de 2014. O destaque negativo fica para o biênio entre 2011 e 2012, no qual se viu a taxa de 32,7 subir para 44,6 homicídios por 100.000 habitantes, um aumento de mais de 25%, o maior no período.

Reafirmando os valores já demonstrados pelo Anuário Brasileiro de Segurança Pública (2019), os anos de 2015 e 2016 representaram uma queda acentuada nos resultados, acompanhada dos maiores índices já registrados pelo estado, com 60,2 MVI por cada 100. 000 habitantes. Ademais, o aumento de estarrecedores 48,2% foi o maior entre todos os estados do país entre 2016 e 2017.

Aqui, convém relatar a descrição trazida pelo Atlas da Violência (2019) acerca das razões que levaram a esse aumento desenfreado nas terras cearenses durante o ano de 2017, in verbis:

> (...) uma "simbiose entre arma de fogo, droga ilícita e resolução violenta dos conflitos interpessoais, [onde] tem ganho cada vez mais evidência e relevância a presença forte das facções criminosas no estado, não só no interior dos presídios, mas também nos bairros populares, principalmente de Fortaleza". De fato, esse ciclo de violência ao invés de ser interrompido por políticas públicas efetivas calcadas no trabalho de inteligência policial, mediação de conflitos e na prevenção social ao crime foi alimentado por apostas retóricas no inútil e perigoso mecanismo da violência para conter a violência. (IPEA; FBSP, 2019, p. 18).

No que se refere à população carcerária do estado do Ceará, o DEPEN apresenta os números relativos aos anos de 2005 a 2017, com exceção de 2012 e 2013. A análise dos dados carcerários do estado e a correlação com os índices de violência somente revelam uma realidade nacional: prende-se muito e prende-se mal, uma vez que tanto a proporção de mortes violentas quanto o número de pessoas encarceradas nas instituições prisionais cearenses tiveram crescimento similar, desde o fim dos anos 2000.

Ao se analisar os investimentos, em especial na área de segurança pública, percebe-se que, entre o período de 2012 a 2018, eles praticamente dobraram, indo de R$ 1.467.054.576,19 para R$ 2.811.528.253,62, o que representa um incremento de 91% dos valores investidos pelo estado do Ceará na pasta. Além disso, o investimento em política carcerária, por sua vez, mais que triplicou no mesmo período, partindo de R$ 213.602.951,60 para R$ 663.123.427,46.

Nessa conjuntura, percebe-se que o estado do Ceará evolui acima da média nacional no que se refere aos registros de educação básica. Assim como, tem destinado valores consideráveis ao combate à violência no estado. Todavia, na análise dos indicadores referentes aos crimes violentos e ao cenário do sistema carcerário, pode-se inferir que a aplicação dos recursos tem sido feita de maneira pouco eficiente, visto que o incremento no orçamento destinado às essas pastas não foi acompanhado de melhora nos indicadores. Pelo contrário, conforme aumentaram os investimentos em segurança pública, as taxas de homicídio e o número de pessoas encarceradas também foram aumentando.

2.2 Maranhão

Segundo os dados colhidos junto ao IBGE, o estado do Maranhão possui a menor população entre os estados analisados neste capítulo, totalizando um número de 6.574.789 habitantes no ano de 2010, dos quais 37,07% correspondem à população rural, maior concentração dentre os estados analisado. De acordo com o cálculo de projeção populacional do IBGE para o ano de 2019, a população do estado alcançaria a marca de 7.075.181 de habitantes (IBGE, 2010).

Nesse ponto, outro dado relevante para traçar o perfil demográfico é o IDH, índice calculado em 0,639 em 2010, o segundo menor índice entre os estados da federação naquele ano. De outra forma, ainda que remanescendo entre os piores níveis, o IDHM[5] do estado apresentou ligeiro crescimento, desde o ano de 2010, alcançando a marca de 0,665 no ano de 2014 e de 0,682 em 2017.

Os indicadores educacionais do estado, seguindo a tendência do índice de desenvolvimento, apresentam uma linha sutil de crescimento. Segundo a análise dos dos números da educação básica, medido pelas notas do IDEB dos anos iniciais e finais do Ensino Fundamental, visualize-se que estas saíram, no ano de 2011, de 3,6 e 4,1 respectivamente, para 3,9 e 4,8, em 2017. Destaca-se aqui que as notas dos anos iniciais encontram-se abaixo da média nacional do período de 5,0 e 5,8, em sequência (IBGE, 2020).

Em relação aos índices da violência, o estado do Maranhão apresentou um índice de mortalidade (por cem mil habitantes) entre os anos de 2007 a 2012, em patamar bem inferior à média nacional. A alteração desse quadro ocorreu no ano de 2013, quando a taxa figurou superior à média nacional, o que perdurou até o ano de 2016, segundo o Atlas da Violência (IPEA; FBSP, 2019). A partir do ano de 2016, por sua vez, indicadores da criminalidade violenta letal apresentaram significativa

---

[5] O IDHM brasileiro segue as mesmas três dimensões do IDH Global - longevidade, educação e renda, mas vai além: adequa a metodologia global ao contexto brasileiro e à disponibilidade de indicadores nacionais. Embora meçam os mesmos fenômenos, os indicadores levados em conta no IDHM são mais adequados para avaliar o desenvolvimento dos municípios brasileiros. Assim, o IDHM - incluindo seus três componentes, IDHM Longevidade, IDHM Educação e IDHM Renda - conta um pouco da história dos municípios em três importantes dimensões do desenvolvimento humano durantes duas décadas da história brasileira. (PNUD, 2020).

redução de 12,7%, entre os anos de 2016 e 2017, e de 14,1% entre os anos de 2017 e 2018. Em valores absolutos, o maior número de mortalidade anotou 2.342 crimes violentos letais em 2016, e desde então, os cálculos passaram a decair, alcançando, em 2018, a contagem de 1.776 vítimas, conforme o Anuário Brasileiro de Segurança Pública (FBSP, 2019).

A apresentação global dos dados, entretanto, pode deixar transparecer eventuais incongruências nos números divulgados que merecem uma análise mais detida pelo pesquisador. Assim, apesar da plausível redução no número de MVI, destaca-se a recente divulgação da informação no sítio eletrônico da Secretaria de Segurança Pública[6] de que houve uma redução de 63,07% na taxa de homicídio na Grande São Luís entre os anos de 2014 (910 MVI) a 2018 (336 MVI). A redução, apesar de expressiva, revela um dado preocupante, a migração da violência para o interior do estado. Isto porque, a média de redução em todo o estado no mesmo período é de apenas 21,50% (2.158 em 2014 e 1.776 em 2018), conforme o Anuário Brasileiro de Segurança Pública (FBSP, 2019), o que sugere um aumento ocorrido fora da Grande São Luís para justificar uma redução global à menor.

Cabe mencionar aqui uma crítica à divulgação dos números feita pelo governo estadual em seu sítio eletrônico, o qual expõe, exclusivamente, cálculos atinentes à Grande São Luís, estando em indisponibilidade no sítio eletrônico da Secretaria de Segurança Pública a secção responsável pela divulgação dos resultados de MVI no interior do estado.

---

[6] Na notícia veiculada pela Assessoria de Comunicação da pasta, o Secretário Jefferson Portela teceu que "Essa é uma marca histórica que é devida em grande parte às ações diárias do programa Pacto pela Paz e a integração entre as forças de segurança estadual".

Ainda, um dado relevante para o estado do Maranhão é o aumento da população carcerária que saltou de 7.892 presos em 2015 para 12.346 em 2019. Aqui deve-se grifar que apesar do crescimento vertiginoso no período de 5 anos, o número de presos provisórios reduziu, sendo de 4.836 em 2015 e 4.433 em 2019. Em que pese a diminuta redução em números absolutos, em termos proporcionais, esses registros são dilatados, considerando o crescimento da população carcerária global. Assim, a porcentagem de presos provisórios saiu de 61,28% para 35,9% do total (INFOPEN, 2020).

Essa redução delineada aponta um indício de resposta judicial eficiente à criminalidade, substituindo as morosas instruções processuais que custavam, sem adentrar ao mérito da necessidade, a manutenção das prisões preventivas, por uma instrução mais célere, responsável também por repercutir em um maior número de cumprimento de condenações definitivas. Aqui, longe de exaltar o movimento da lei e da ordem, apenas aponta-se como um provável mecanismo favorável ao combate à criminalidade a eficácia judiciária, entendida com a instrução processual penal com a garantia dos direitos fundamentais do investigado, na qual o cumprimento da prisão cautelar vem paulatinamente reafirmando sua função de última hipótese e cedendo espaço para o cumprimento da pena após o trânsito em julgado da sentença condenatória como regra.

Já os índices de investimento do estado em segurança pública, conforme o portal da transparência do governo do Maranhão, são significativos, evoluindo de 9,1% do total dos gastos públicos, no ano de 2015, para 12,2%, no ano de 2019, com o valor global de R$ 1.816.472.108,55, enquanto que no ano de 2015 os investimentos registravam a marca de R$ 1.032.097.796,35 (MARANHÃO, 2020).

Por fim, destaca-se que os valores referentes à segurança pública não abrangem a Secretaria de Direitos da Cidadania. Nesta pasta específica, está contemplada a despesa com o fundo penitenciário estadual e a secretaria de estado de administração penitenciária, os quais, metodologicamente, também estão inseridos no âmbito da segurança pública. Além disso, convém destacar que o estado tem o Fundo Especial de Segurança Pública, com orçamento computado dentro da pasta de Segurança Pública, desde o ano de 2015.

2.3 Pernambuco

No que se refere aos números populacionais, de acordo com os dois últimos censos realizados pelo IBGE, houve um aumento da população do estado de Pernambuco. Inclusive, essas estatísticas também indicam que houve um crescimento da população urbana, em detrimento da redução da população rural. Dessa forma, coadunando-se com o fenômeno da urbanização da população brasileira e do aumento da população nas grandes cidades em razão da migração das pessoas das áreas rurais para as grandes cidades.

Segundo os dados do IBGE, em 2000, o estado de Pernambuco contava com 7.918.344 habitantes, sendo 23,49% dessa população rural e 76,51% urbana. Em 2010, o estado contava com um número total de 8.796.448 habitantes, o que representa, em relação a 2010, um aumento de 878.104 pessoas e um crescimento 11% da população, que passou também a ser de 19,83% rural e 80,17% urbana. Além disso, em 2019, estima-se uma população de aproximadamente 9.557.517 habitantes para estado de Pernambuco, segundo a progressão apontada pelo IBGE.

Já em relação ao IDH, o IBGE aponta que, em 2000, o estado de Pernambuco apresentava um índice de 0,552, ocupando a 15º no ranking Brasil, estando logo abaixo do Rio Grande do Norte. Em 2010, esse número subiu para 0,673, no entanto, o estado caiu para 19º posição no ranking Brasil, estando abaixo da média do país que possui um índice de 0,699.

O IDEB é informado segundo os números fornecidos INEP, sendo apresentado a cada dois anos. Conforme os informações do instituto mencionado, o IDEB do estado de Pernambuco vem aumentando progressivamente, apresentado os valores de 5.0 e 4.1 para os anos iniciais e os anos finais, respectivamente, no ano de 2015 e 5.2 e 4.4, no ano de 2017.

Conforme as estatísticas do Atlas da Violência (2019), em 2017, houve 65.602 homicídios no Brasil, o que representa uma taxa de aproximadamente 31,6 mortes por cada 100.000 habitantes (IPEA; FBSP, 2019, p. 5). Além disso, os dados mostram que a proporção de óbitos que tem como causa homicídios é considerada ainda mais elevada quando se toma como referencial a população jovem.

Segundo a Tabela 1.1 do Atlas da Violência de (2019), esse valor é de 51,8 % entre a população de 15 a 19 anos, de 49,4% entre a população de 20 a 24 anos e de 38, 6% entre a população de 25 a 29 anos, e as faixas etárias anteriores e posteriores a esses intervalos de idade apresenta um número abaixo da média nacional. Por meio da análise desses números estatísticos, evidencia-se que a maior vítima letal da violência no Brasil é a população jovem com idade entre 15 e 29 anos. Nesse cenário, o Atlas da Violência de (2019) adverte que:

(...)o país atravessa a maior transição demográfica rumo ao envelhecimento da população e à diminuição da presença de jovens. A esse respeito existem várias evidências internacionais que apontam para o papel da demografia e da maior participação de jovens na estrutura demográfica na dinâmica da taxa de crimes violentos e, em particular, de homicídios. Segundo projeções do IBGE, a proporção de homens jovens (entre 15 e 29 anos) diminuirá cerca de 25% entre 2000 e 2030. Este fato, por si, exercerá um papel de extrema relevância a favor da redução de homicídios no país. (IPEA; FBSP, 2019, p. 16).

Em 2017, o estado de Pernambuco teve um número de 133 jovens mortos para cada 100.000 habitantes. Desse modo, ocupando o 3º lugar no ranking nacional, ficando atrás apenas dos estados do Rio Grande do Norte e Ceará, com 151,3 e 140,2, respectivamente (IPEA; FBSP; 2019, p. 25).

Ademais, conforme o mapa do número de homicídios por 100.000 habitantes por estado (figura 2.1 do Atlas da Violência de 2019), em 2017, Pernambuco esteve entre os estados que possuem o maior valor, com aproximadamente 49 e 62,9 homicídios por 100.000 habitantes, juntamente com os estados do Acre, Pará, Ceará, Rio Grande do Norte, Alagoas e Sergipe.

O estado de Pernambuco, entre 2007 e 2017, acompanhou o comportamento da maior parte dos estados do Norte e Nordeste, com o aumento do número de homicídios e da criminalidade violenta letal e apresentando uma registro de crescimento entre 0,0 a 6, 83. Entre 2016 e 2017, esse indicador foi ainda maior, pois Pernambuco esteve entre os estados que variaram o crescimento de 12,59 a 47,80. A análise dos dados mostra que as regiões Norte e Nordeste cresce acima da média nacional e contribuem decisivamente para o aumento da taxa de homicídio no país (IPEA; FBSP; p. 14).

O Atlas da violência de 2019 aponta que o crescimento do número de homicídios no Norte e Nordeste nos anos de 2016 e 2017 pode ser atribuído à guerra (disputa) entre as facções Primeiro Comando da Capital (PCC), Comando Vermelho (CV), Família Norte, Okaida, Estado Unidos e Sindicato do Crime (IPEA; FBSP; 2019, p. 7). Particularmente em relação ao estado de Pernambuco, o Programa Pacto pela Vida (PPV), implantado em 2007, começou a declinar seus resultados positivos a partir de 2014, após a morte do ex-governador Eduardo Campos que o implementou, demonstrando que havia mais uma política de governo do que de estado, na área de segurança pública. Assim, em 2017, o estado findou por registrar um aumento de 21% na taxa de homicídios (IPEA; FBSP; 2019, p. 18-19).

Em análise crítica aos números da violência no Brasil em 2017, aponta-se como uma sugestões apresentadas pelo Atlas da Violência (2019) que muito bem se aplica ao estado de Pernambuco, a seguinte: "(...) grandes questões precisam ser pensadas; a principal delas, passa por estruturar política de estado visando a prevenção social do crime, com ações focalizadas na infância e na juventude, e nos territórios vulneráveis". (IPEA; FBSP; 2019, p. 94).

Passando agora para a análise das estatísticas apresentadas pelo Anuário Brasileiro de Segurança Pública (2019) - dados de até 2018 - é importante destacar, primeiramente, que, segundo os índices apontados por essa fonte de pesquisa, o Brasil apresentou valores positivos em relação à violência, quando se compara 2017 em relação à 2018. Nessa conjuntura, segundo o gráfico da violência em números, houve uma redução de 10,8% das MVI. O estado de Pernambuco apareceu em 2º lugar no ranking Brasil de redução, com 23,3% de queda, ficando atrás apenas do Acre (FBSP,

2019, p. 6). A tabela 1 apresenta uma redução em 23,3% o nº MVI em Pernambuco, revelando uma redução de 257 pessoas mortas, quando se compara os registros de 2017 com 2018.

São apontadas como causas dessa redução: a prisão e transferência dos principais líderes das facções atuantes no Brasil, que passaram a estar nos presídios de segurança máxima e sob um controle disciplinar mais rígido; a atuação dos trabalhos de inteligência policial dentro dos presídios para identificar os comandos; e, por fim, o próprio interesses dos grupos rivais em cessar os conflitos, dado o alto custo das matanças para as facções; (FBSP, 2019, p. 34-35).

Dessa forma, o estado apresentou um resultado positivo comparando-se 2018 a 2017. Segundo essa tabela, houve uma redução de 5.427 MVI para 5.170 MVI entre 2017 e 2018, em Pernambuco. No entanto, o número de policiais mortos em razão da violência aumentou em 50%, passando de 14 em 2017, para 21 em 2018. Em que pese a melhora observada entre 2017 e 2018, quando se compara períodos maiores, por exemplo, entre 2015 e 2018, constata-se que houve um aumento de 14,4% do número de MIV no estado de Pernambuco, conforme o gráfico 1 do Anuário Brasileiro da Segurança Pública (FBSP, 2019).

Além disso, a Tabela 2 comprova a afirmação apontada no Atlas da Violência (IPEA; FBSP, 2019) sobre o programa do governo Pacto pela Vida. Nesse passo, evidenciando que, até 2014, Pernambuco apresentava uma redução dos MVI, ao passo que de 2014 a 2017, o estado aumentava progressivamente a quantidade de MVI, que só voltou a declinar em 2018.

O Anuário Brasileiro de Segurança Pública (FBSP, 2019) também apresenta números do sistema prisional, conforme os informações fornecidos pelo DEPEN. Segundo a tabela n° 63, em 2017, o Brasil apresentava o número de 726.354 de pessoas presas ou sob custódia policial, o que representa uma taxa de 339,8 por 100.000 habitantes. Neste seguimento, o estado de Pernambuco revelou péssimos resultados, com um valor de 31.001 presos e um registro de 327,2 por 100.000 habitantes, estando próximo à média nacional. No entanto, segundo a tabela 63, tal estado possui o maior déficit de número de vagas do país, com uma razão de 2,6 de presos por vaga, sem contar que, conforme essa mesma tabela, 42,7% do percentual da população carcerária é formada por presos provisórios.

No que se refere aos valores destinados à segurança pública no estado de Pernambuco, segundo os últimos dados informados pelo Anuário Brasileiro de Segurança Pública (FBSP, 2019), houve um aumento de 12,43% de 2017 para 2018. Além disso, houve uma maior alocação de recursos destinados a ações ostensivas e preventivas. Dessa forma, de acordo com a tabela 46, houve um crescimento de 16,1% no gasto com policiamento e uma redução de 13,9% e 63,9% do gasto com a defesa civil e serviços de inteligência.

Tais informações revelam que, no ano de 2018, o estado de Pernambuco investiu mais em segurança pública, inclusive, com foco no policiamento. E, em relação aos resultados, em 2018, apresentou uma queda de 23,3% das MIV, estando no 2° lugar no ranking Brasil, dos estados que mais reduziram as MVI. Apesar disso, ainda é um estado que prende muito e prende mal, considerando que Pernambuco possui o maior déficit de vagas no sistema carcerário do país, além disso 42,7% dos detentos serem presos provisórios.

Assim, embora o estado de Pernambuco possua um sistema de policiamento modelo e tenha sido um estado exemplar na redução de MVI em 2018, em relação ao sistema carcerário, o estado ainda deixa muito a desejar. Nessa conjuntura, tem-se como necessários uma instrução e um processo criminal mais céleres, a fim de evitar o afogamento das cadeias por presos provisórios. Além disso, é preciso que o estado planeje e promova uma estruturação do seu sistema carcerário, sob pena de suportar os efeitos trágicos produzidos pelo congestionamento do sistema.

3. Correlações e análise crítica

as apresentações dos dados apurados na coleta, convém agora estudar os estados de maneira a explanar a temática central deste trabalho, a criminalidade violenta letal, buscando uma análise de forma integrada.

Comparando inicialmente os estados, é possível observar que o Ceará e Pernambuco sempre apresentaram, dentro do limite temporal pesquisado, uma taxa de homicídio superior à média nacional. O estado do Maranhão, por sua vez, só figurou neste cenário entre os anos de 2014 a 2016, acompanhando o aumento nacional dos crimes violentos intencionais.

Em números, o menor índice visualizado no estado maranhense pode ser justificado pelo desenvolvimento da região, que além de contar com uma concentração populacional menor, também é o estado, dentre os três, que possui a maior concentração da população rural, na ordem de mais de ⅓ (um terço) dos habitantes.

O comportamento de encarceramento desses estados também diverge sobremaneira. Enquanto o estado do Ceará apresenta um crescimento contínuo e próximo da linearidade com angulação mínima, no estado pernambucano, o ano de 2016 apresentou um crescimento vertiginoso da população carcerária, com um pico de 45.878 presos, enquanto que no ano anterior a marca era de 31.764 e no ano seguinte, 2017, o número reduziu para 33.085. Em um terceiro cenário, o estado do Maranhão apresentou, no período analisado um crescimento de 56,43% da sua população carcerária em um período de 4 anos, saindo da marca de 7.892 detentos para 12.346, o crescimento, apesar de linear, ocorreu de forma muito mais rápida, quando comparado ao estado do Ceará, como a maior variação de acréscimo registrada do ano de 2018 para 2019. Neste intervalo, o estado do Maranhão saiu da marca de 9.551 para 11.359 presos.

Ainda analisando o perfil carcerário, é imprescindível destacar o número de presos provisórios, dando especial destaque aos estados do Maranhão e Pernambuco, que no ano de 2019 possuíam respectivamente 35,90% e 36,41% de presos provisórios do total da população carcerária, seguindo uma tendência de redução desta proporção. O estado do Ceará, no entanto, apresenta uma taxa bem maior, quando comparado com os outros, de 46,10% de detentos provisórios. Ainda assim, todos os estados analisados apresentam um nível superior à média nacional no ano de 2019, de 29,75% (INFOPEN, dezembro/2019).

Desde então, pela diferença nos perfis carcerários não é possível desenvolver um encadeamento lógico-dedutivo entre o número da população carcerária e suas consequências na criminalidade de cada estado. Por outro ângulo, entretanto, é possível analisar as consequências de determinadas tendências. Nesta linha cabe ressaltar os índices dos anos 2016 e 2017 no estado do Pernambuco, quando o pico da população carcerária antecedeu o maior número de MVI no estado, esvaziando o ideário de que o encarceramento em massa é um meio de contenção da criminalidade.

Além da relação entre o encarceramento e o registro das MVI, é preciso analisar o vínculo entre estas e os investimentos dos estados na área da segurança pública. Inicialmente, pelos dados coletados, pode-se perceber um incremento substancial nas verbas destinadas a esta pasta.

O Ceará é o estado que apresenta o aumento mais significativo, com os investimentos na área da segurança pública praticamente dobrando no período entre 2012 e 2018, em valores os aportes saíram da cifra de R$ 1.467.054.576,19 para R$ 2.811.528.253,62. A tendência de crescimento também foi percebida no Maranhão, que contava no ano de 2015 com os gastos em Segurança Pública na ordem de R$ 1.032.097.796,35 e saltou para R$ 1.816.472.108,55 em 2019, reiterando-se neste ponto que o estado não computa na pasta os gastos com o fundo penitenciário e a secretaria de administração penitenciária. Por fim, o estado de Pernambuco anotou um acréscimo nos investimentos na pasta de Segurança Pública do valor de R$ 2.659.495.500 em 2015 para R$ 3.567.494.900 em 2019, sendo o maior em números absolutos.

Apesar de esperada, a correspondência direta entre o aumento nos investimentos na segurança pública e a redução da criminalidade não parece ser tão perceptível nos estados em análise. Exemplificando, o estado do Ceará reduziu os gastos com Segurança Pública entre comparando os anos de 2012 e 2013, sendo observado, no mesmo intervalo, um aumento de 18,9% de MVI. A partir de então o estado volta a incrementar os investimentos em Segurança Pública ano a ano, sem alterar significativamente as taxas de MVI. Estas por sua vez sofreram uma redução considerável entre os anos de 2015 com 4.130 MVI para 3.566 MVI em 2016, sem uma diferença orçamentária que justificasse aparentemente a redução da letalidade de um ano para o outro. E, por fim, desconstruindo qualquer linearidade da análise, segundo o Anuário Brasileiro de Segurança Pública (FBSP, 2019), enquanto os investimentos saltaram de R$ 2.058.899.497,92, em 2016, para R$ 2.301.099.580,70, em 2017, os registros de MVI atingiram em 2017 a marca máxima de 5.329, a maior já registrada no estado (FBSP, 2019).

Pelo exposto, o Estado do Ceará representa o cenário mais crítico entre os estados analisados, no qual o incremento de verbas públicas não alcança uma relação direta com a redução da criminalidade violenta, como se as grandezas fossem antagonicamente distintas e, em nada, uma influísse uma na outra. A redução apresentada no ano de 2018, por sua vez, mostra-se dentro do quadro de redução ocorrido à nível nacional. No mais, analisando-se tanto os índices de violência intencional, quanto os dados acerca dos sistemas penitenciários e os investimentos nestas respectivas áreas, é possível perceber o quão mal administrados são os recursos públicos e as políticas de segurança pública são ineficazes. Nunca houve tanto investimento nestas áreas e, contrariando as expectativas, o incremento nos gastos não resultou em mudanças positivas.

É urgente a necessidade de melhor planejamento e novas políticas de aplicação dos recursos de cada pasta, seguindo o exemplo de outros estados da nação, como São Paulo e Santa Catarina, cujos resultados são palpáveis e houve melhora significativa nos índices de segurança pública.

O estado do Maranhão, em sentido diverso ao estado do Ceará, aproxima-se de uma lógica entre o aumento de investimentos e a redução da criminalidade violenta letal. Isto porque, embora no quinquênio já descrito acima o estado tenha apresentado um crescimento de MVI entre 2015 e 2016, com uma diferença absoluta de 52 mortes a mais, totalizando 2.342 MVI no último ano, quando se compara os números de 2017 e 2018 as MVI do estado reduziram à marca final de 1.776 em 2018 (FBSP, 2019).

A correspondência entre o aumento de investimentos na pasta e a diminuição das MVI no período observado pode ser justificada pela melhor aplicação das verbas públicas. Neste histórico, ganha especial relevância a adoção de medidas pelo executivo estadual para promover a paz social, a cultura dos direitos humanos e o respeito às leis, através do programa denominado "Pacto pela paz", instituído pela Lei estadual nº 10.387, de 21 de dezembro de 2015.

A ideia de aproximar da comunidade da gerência da Segurança Pública mostra-se como um ponto positivo de atuação, com a capacidade de criar uma expectativa de retorno concreta.

4. O que a experiência em segurança pública e redução de mortes violentas intencionais nos estados do Ceará (CE), Maranhão (MA) e Pernambuco (PE) dizem ao estado do Rio Grande do Norte (RN)

De antemão, a pesquisa mostrou até aqui que, por mais próximos que os perfis dos estados sejam, a dinâmica da criminalidade pode ser alterada por uma multiplicidade de fatores relativos à realidade de cada localidade. Neste sentido a simples transposição de modelos fechados de Segurança Pública levaria, certamente, a perpetuação da falibilidade do sistema. Nesse passo, surge, portanto, a necessidade de analisar criticamente os projetos de combate a criminalidade violenta, por seus fundamentos, para então vê-los como aporte de aplicabilidade em outro contexto.

O Rio Grande do Norte apresenta-se com um caso particular e uma situação de grave perigo e alerta. Segundo o Atlas da Violência (2019), o estado apresentou um índice de 62,8 homicídios por 100.000 habitantes, em 2017, a maior taxa do país, (IPEA; FBSP, 2019, p. 13). O governo de Robinson Faria, que esteve no poder entre 2015 e 2018, elegeu-se com a promessa de campanha de ser o governador da segurança. No entanto, enfrentou a maior crise do estado nesse segmento de todos os tempos e, durante o seu governo, o Rio Grande do Norte alcançou o primeiro lugar do país em MVI.

Nesse sentido, a gestão de tal governador foi marcada pelo fracasso do estado no combate à criminalidade violenta letal. Em 2016, rebeliões eclodiram de dentro dos presídios e, nas ruas, ônibus e prédios públicos foram depredados, fazendo com que o transporte público e o comércio, por vezes, tivessem que interromper seu funcionamento. Esse contexto drástico demonstrou uma completa perda de controle do governo do estado sobre a violência e a grande influência da atuação das facções no território norte-rio-grandense. Por essa razão, logo em 2016, no segundo ano do governo Robinson Faria, houve uma intervenção militar e tropas da Força Nacional foram enviadas ao estado no intuito de devolver ao estado o controle sobre a situação.

Em um cenário de guerra, os soldados da Força Nacional, aparelhados por armamentos pesados, ocupavam os presídios e os pontos estratégicos das principais cidades do estado, a fim de permitir a volta da população às ruas e o retorno da paz e da tranquilidade ao estado. No entanto, em 2017, novas rebeliões eclodiram, sobretudo, no presídio de estadual de Alcaçuz e as tropas de guerra da Força Nacional retornaram ao estado. Segundo o Atlas da Violência (2019), em 2017, o Rio Grande do Norte apresentou um crescimento de 17,7% na taxa de homicídios por cem mil habitantes e o aumento dessa violência tem como um de seus fatores, a guerra entre as facções PCC e Sindicato do Crime, que iniciou-se no presídio estadual de Alcaçuz e ocupou as ruas (IPEA; FBSP, 2019, p. 19).

Ademais, em 2017, houve uma conjuntura de atraso de salários do funcionalismo público estadual e o Rio Grande do Norte enfrentou uma greve dos policiais militares, que reivindicavam o pagamento de seus salários e melhores condições de trabalho. Em síntese, segundo o Atlas da Violência (2019), atribui-se o fracasso do Rio Grande Norte, em 2017, à atuação das facções mencionadas no estado, bem como, à má condução política da situação pelo governo, dada "à falta de uma política clara e efetiva de segurança baseada em métodos de gestão e evidências científicas, como também tende a ser a regra da maioria dos estados brasileiros". (IPEA; FBSP, 2019, p. 19).

Pelo exposto, o cenário potiguar muito se aproxima da realidade dos estados do Ceará, Maranhão e Pernambuco quando analisado os elevados números de MVI, mas, conforme o Anuário Brasileiro de Segurança Pública (2019), supera esses estados quando se compara as taxas de MVI por cem mil habitantes (FBSP, 2019). A principal causa aceita insere-se no confronto das organizações criminosas nos espaços internos e a mesma causa que justificaria o aumento da média nacional de MVI, é ainda mais acentuada no estado potiguar.

No ano de 2015, o estado do Ceará elaborou o programa "Pacto por um Ceará Pacífico", cujas ações eram direcionadas em diversas linhas, como justiça, emprego e renda, saúde, entre outras. Como políticas diretamente voltadas ao combate à violência no estado, pode-se destacar a reserva de 2% das vagas de cada obra pública destinada a egressos do sistema penitenciário; a implantação das audiências de custódia pelo Tribunal de Justiça; a realização de mutirões penitenciários destinados ao interior do estado, nas regiões em que não há defensor público designado; implementação do projeto Centro Seguro, a fim de combater as ocorrências criminais na cidade de Fortaleza e de projetos voltados ao interior do estado, direcionados a crianças e adolescentes de 6 a 14 anos, buscando evitar que esta população se envolva com a criminalidade.

Contudo, conforme analisou o sociólogo César Barreira em entrevista ao jornal cearense O Povo, em julho de 2017, o Programa Ceará Pacífico encontrava-se estagnado:

> A política atual é uma política de confronto, e está sendo muito negativo. Os dados estão aí pra provar isso: o confronto não está dando resultado. Sou muito a favor da necessidade de termos polícia ostensiva, mas não se pode ter só isso. (BARREIRA, 2017).

Apesar dos esforços e das políticas adotadas pelo governo do estado, é perfeitamente possível perceber que, ao menos nos três primeiros anos de atuação efetiva do Programa, não foram atingidos os objetivos inicialmente traçados. Os índices de violência tiveram um aumento considerável nos anos de 2017 e 2018 em relação ao biênio anterior, tendo a população carcerária do estado seguido a mesma tendência de alta.

DIAGNÓSTICO DA MORTES VIOLENTAS INTENCIONAIS NOS ESTADOS DO CEARÁ (CE), MARANHÃO (MA) E PERNAMBUCO (PE) E O QUE ECOA DAS EXPERIÊNCIAS DESSES ESTADOS PARA O RIO GRANDE DO NORTE (RN)

Quando se fala no estado de Pernambuco, entende-se como um caso particular a ser avaliado para que se possa compreender quais experiências desse estado pode relevar não só para o Rio Grande do Norte como também para outros estados brasileiros. Assim, sendo o caso de Pernambuco o mais particular entre os três estados estudados neste capítulo (CE, MA, PE), considerando que o estado possuía altos registros de criminalidade violenta na década de 90 e início dos anos 2000, e, após a implantação do programa "Pacto pela Vida", em 2007, esses números foram reduzidos. Assim como, em 2014, por alguns fatores, os índices de MVI voltaram a se alarmar em Pernambuco, que passou a acompanhar o comportamento de aumento das MVI dos demais estados do Nordeste.

Nessa perspectiva, sobre a dinâmica do crime no Brasil, relembra o Anuário Brasileiro de Segurança Pública (2019) que, nas décadas de 80 e 90, os estados do Norte e Nordeste representavam cidades tranquilas e roteiros turísticos. Além disso, possuíam as menores taxas de homicídios do país e o foco da criminalidade violenta letal concentrava-se no eixo Sudeste e Centro-Oeste, à exceção de Pernambuco que também estava entre os estados que ocupavam o topo do ranking. Entretanto, após os anos 2000, este cenário foi alterado e o Sudeste e o Centro-Oeste passaram a ter as menores taxas de MIV, agora lideradas pelas regiões Norte e Nordeste (FBSP, 2019, p. 32).

Segundo o Atlas da Violência (2019), o deslocamento do eixo da criminalidade violenta para o Norte-Nordeste, sobretudo no biênio 2015-2017, foi motivado pela influência da atuação das facções criminosas nessas regiões. Especialmente, em razão da diminuição da produção de cocaína na Colômbia e o crescimento da produção boliviana e peruana, com a busca de novas rotas do tráfico que para escoar a produção para os continentes africano e europeu, atravessando o Norte e Nordeste brasileiro. Assim como, pela própria expansão do domínio das facções e a conquista por novos mercados no território nacional, iniciado desde os anos 2000 (IPEA; FBSP; 2019, p. 7-8).

O caso de Pernambuco merece alguns apontamentos singulares porque através dele é possível extrair experiências de um projeto de segurança pública, inicialmente, de grande sucesso, mas que, posteriormente, afastou-se do seus objetivos e colocou o estado de Pernambuco, novamente, entre os mais violentos do ranking Brasil. Assim, é possível retirar do programa Pacto pela Vida - PPV, vivências de erros e acertos que podem ajudar o estado do Rio Grande do Norte a sair da condição de campeão em MVI no estado brasileiro.

Em sua pesquisa de mestrado, Andréia Macêdo destaca que o "Pacto pela Vida", inicialmente, era composto por 138 projetos, divididos em seis linhas de ação[7], além disso, propunha ao estado estratégias de gestão e governança, como meta principal de redução das MVI (12% a cada ano) e estratégias de gestão democrática, com base em uma participação integrada do estado, das polícias, do Ministério Público e do Poder Judiciário, nos processos decisórios (MACÊDO, 2012, p. 18-19).

Assim como, aponta a autora que o programa possuía inspiração em modelos de sucesso implantados em Belo Horizonte, Nova York e Bogotá, objetivando, com prioridade, o desmonte de gangues e grupos de

---

[7] Andréia Macêdo expõe a seis linhas de atuação como sendo: Repressão Qualificada da Violência; Aperfeiçoamento Institucional; Informação e Gestão do Conhecimento; Formação e Capacitação; Prevenção Social; e Gestão Democrática; (MACÊDO, 2012, p. 18).

extermínio, a fim de reduzir a criminalidade violenta letal (MACÊDO, 2012, p. 19).

Nesse sentido, a pesquisadora destaca os seguintes resultados:

> Os dados oficiais da Secretaria de Defesa Social de Pernambuco apontam que, ao final do quarto ano de mandato do Governador Eduardo Campos, as taxas de Crimes Violentos Letais e Intencionais no Estado encontravam-se no vigésimo sétimo mês de redução acumulada, sendo de 26,37% em todo o Estado, de 32,66% na Região Metropolitana e de 39,22% na Capital. (MACÊDO, 2012, p. 19).

Então, de 2007 até 2013, conforme comprovam os dados já evidenciados, o estado de Pernambuco era um protagonista nacional em redução de MVI e inspirava a política de segurança pública de outros estados, (MACÊDO, 2012, p. 20-21). Dessa forma, as escolhas acertadas do programa "Pacto pela Vida" devem servir de inspiração ao Rio Grande do Norte, no combate a criminalidade letal violenta.

Além do exposto, Jorge Zaverucha e Nóbrega Júnior esclarecem que um dos pontos cruciais do sucesso do "Pacto pela Vida" foi a aumento da quantidade de efetivo de policiais e a apresentação mensal de resultados que eram acompanhados diretamente pelo governador Eduardo Campos e pelo seu secretário de planejamento, Geraldo Júlio (NÓBREGA JR; ZAVERUCHA, 2015, p. 241-242).

Destacam os autores que, na época, a ONU recomendava um efetivo de 250 policiais para cada 100.000 habitantes. E, em 2006, Pernambuco possuía um número de 199 policiais militares e 61,7 policiais civis por cada 1000.000 habitantes. Entre 2007 e 2009, o efetivo de policiais militares passou de 17.974 para 22.478, representando um aumento em 25%, portanto, constituindo um número de 255 policiais militares para cada

100.000 habitantes, acima o indicado pela ONU. Já a quantidade de policiais civis passou de 4.356 para 5.704, representando um aumento de 30% do efetivo e, por último, o número de policiais científicos passou de 557 para 838, aumentando em 50% o capital humano da polícia científica (NÓBREGA JR; ZAVERUCHA, 2015, p. 241-242).

Nesse passo, os autores mencionados relembram que, entre 2007 e 2009, houve um aumento de 195% do gasto em com a segurança pública, de forma que, segundo as informações da Secretaria de Defesa Social do estado de Pernambuco, a despesa com tal segmento passou de R$ 23 milhões para 68 milhões. Tais valores foram investidos não só na contratação de pessoas, como também em tecnologia, na inteligência policial e em equipamentos. Além disso, é oportuno destacar que o PVV, nesse período, tinha também como ação estratégica a apreensão de homicidas, o georreferenciamento de locais críticos e a sofisticação de banco de dados criminais (NÓBREGA JR; ZAVERUCHA, 2015, p. 242).

Não obstante aos excelentes resultados obtidos pelo PPV de 2007 até 2013, inclusive, honrando o estado de Pernambuco por dois anos com o prêmio da Categoria Melhoria na Entrega de Serviços Públicos da ONU, em 2012, em segundo lugar e, em 2013, em primeiro (INSTITUTO GESTÃO PE, 2015, p. 2), o programa começou a fracassar, desde 2014, com a retoma do aumento das MVI, conforme os números já analisados.

De acordo com Ratton e Daudelin citado por Paula Passos, o declínio dos resultados positivos do programa, de 2014 a 2017, se deu em razão da resistência das corporações policiais ao controle externo de suas atividades e ao afastamento do ex- governador Eduardo Campos, para concorrer às eleições presidenciais de 2014 e ao afastamento do ex-secretário de Planejamento e gestão, Geraldo Júlio, em 2012, para concorrer ao cargo de prefeito do Recife (PASSOS, 2018).

Soma-se a esse fato, a afirmação de Zaverucha citada pelo jornal eletrônico Gazeta do Povo, de que o não cumprimento da promessa de aumentar o salário dos policiais, afirmada por Eduardo Campos, que faleceu em um trágico acidente aéreo em 2014, além do adiamento da realização de concursos para contratação de novos policiais, influenciaram diretamente no relaxamento da instituição e declínio do PPV (KANDANUS, 2019).

Porém, em janeiro de 2018, foram nomeados 800 policiais civis e 400 servidores da polícia científica, e, no final de abril de 2018, concluiu-se o curso de formação com 1.281 policiais militares, que, já contratados, realizam o policiamento da região metropolitana do Recife. Além disso, no segundo semestre de 2018 houve concurso para a Polícia Militar de Pernambuco, com a previsão de contratação de mais 500 policiais (PASSOS, 2018).

Enfim, o estado de Pernambuco implantou um programa de sucesso inspirado no modelo Compstat de Nova York (PASSOS, 2018), e repercutiu em uma grande redução das MVI de 2007 a 2013. Esse modelo possui grandes escolhas de sucesso que podem servir de inspiração para o Rio Grande do Norte, a exemplo de investimentos em equipamentos, em tecnologias, no policiamento ostensivo, no aparelhamento tecnológico e humano da polícia científica, no georreferenciamento, na criação de banco de dados de criminosos, na valorização salarial da classe policial, além de treinamento e capacitações.

Do mesmo modo, é imprescindível observar as principais causas apontadas para o declínio do PPV entre 2014 e 2017, como sendo o problema da criação de uma política de segurança pública de um governo em detrimento de uma de estado, o não acompanhamento dos resultados mensais do programa diretamente pelo líder do governo, assim como, o avanço da atuação das facções criminosas no Nordeste brasileiro.

De fato, apesar das dificuldades enfrentadas por Pernambuco no período de 2014 a 2017, o PPV é um programa modelo que inspira muitos outros estados no cenário nacional e internacional, a exemplo do modelo semelhante adotado no estado da Paraíba (KANDANUS, 2019). Além disso, segundo os informações do Anuário Brasileiro da Segurança Pública (2019), em 2018, as MVI reduziram significativamente no estado de Pernambuco, o que, inicialmente, já pode ser atribuído ao resultado da oxigenação e da retomada do PPV, sobretudo, como as novas contratações de policiais em 2018. Em números, foram 1.257 mortes a menos em Pernambuco, comparando-se 2018 em relação a 2017, com esse resultado, o estado foi segundo do país que mais reduziu MVI, no ano referido, ficando atrás somente para o Acre (FBSP, 2019).

Em sentido semelhante, o estado do Maranhão também capitaneou uma política pública para combater a criminalidade e reduzir os índices de MVI, intitulada de "Pacto pela Paz". Sem esperar uma redução dos taxas da criminalidade violenta letal com meras proposições legislativas, a adoção por parte do estado de uma política pública com um título pacificador aponta o norte de atuação governamental.

Especialmente, o "Pacto pela Paz" é uma diretriz de aproximação do estado da população, com o denominado "policiamento de proximidade". Indo além, o programa "prevê ações de prevenção social voltadas para a população de áreas identificadas como críticas em termos de criminalidade, de modo a reafirmar direitos da população e dar acesso aos serviços públicos essenciais" (MARANHÃO, 2020). Trata-se de uma atuação na segurança pública no seu viés preventivo.

A ideia não é nova e em muito assemelha-se aos Conselhos Comunitários de Segurança Pública (CONSEP), mas a esta evolui quando ganha os status de Lei, a partir de quando é possível traçar uma política pública independente da discricionariedade política. No entanto, a questão ganha uma especial crítica porque o modelo citado já foi implementado no estado do Maranhão sem apresentar um avanço significativo à Segurança Pública local, haja vista que entre os anos de 2007 à 2014 a taxa MVI nos estados saltou de 18 para 35,9 mortes violentas intencionais por cem mil habitantes (IPEA; FBSP, 2019, p. 23). Nesse sentido, apontam Almeida e Avelar que:

> Através deste estudo, percebeu-se que os conselhos de segurança, criados no Estado do Maranhão, constituem-se em projetos voltados à segurança pública, e aderidos pela SSP/MA, na tentativa de minimizar os problemas de criminalidade dos municípios. A intenção é construir espaços de apoio ao serviço policial, utilizando as informações provenientes da comunidade como instrumento imprescindível neste processo.
> Portanto, não se trata de uma solução definitiva, mas sim de uma tentativa em compartilhar responsabilidades, construir conhecimentos, diminuir a violência e despertar o desejo pela paz. Verificou-se também que um dos principais problemas quanto à consolidação dos Conseps, no Estado do Maranhão, refere-se à descontinuidade do projeto por novas gestões, quando acabam alterando aspectos importantes, como: a metodologia do trabalho, as equipes de formação, as parcerias (por incompatibilidade partidária) e, até mesmo, a titulação do projeto (inicialmente conhecidos como Conselhos de Segurança Cidadã).
> Posturas como estas demonstram que, infelizmente, as ações do governo, desenvolvidas no estado, ainda são relacionadas

a esquemas estatísticos e políticos, e não ao bem coletivo dos cidadãos, que se tornam os menos favorecidos com a má administração de alguns gestores públicos. (ALMEIDA; AVELAR, 2011, p. 1723).

A aplicação de políticas de prevenção, entretanto, como dito anteriormente não pode ser simplesmente transplantada em outro estado. A experiência do estado do Maranhão apresenta contornos de aplicabilidade viáveis, mas necessita de estratégias próprias. A ideia do policiamento de aproximação, apresentou bons resultados na Grande São Luís, mas representou como efeito deletério o aumento de MVI no interior do estado, como já descrito. Neste sentido, deve-se zelar por uma política capaz de abranger todo o território estadual, o que exige um reaparelhamento e aumento do efetivo policial, especialmente, no interior do estado.

Considerações Finais

Em linhas finais, a pesquisa demonstrou a necessidade de repensar a política pública de segurança perfilha uma série de determinantes históricas de cada localidade, mas que a partir de números estatísticos é possível compreender o fenômeno da violência, em especial em sua face mais dura, o crime violento letal.

O presente capítulo visualizou que os estados analisados, Ceará, Maranhão e Pernambuco, possuem perfis semelhantes, apesar das particularidades até então constatadas. De mais a mais, cumpre destacar que a violência a nível nacional esteve em crescimento, não só quanto aos valores absolutos, mas também a expansão territorial alcançando os estados do Norte-Nordeste. Dentro deste comportamento macro, reportado principalmente ao tráfico de drogas e o conflito entre as organizações criminosas, cada estado apresentou um maior ou menor número de MVI, destacando-se aqui os estados de Pernambuco e Ceará no ano de 2017, realidade igualmente vivenciada no Rio Grande do Norte, o qual registrou a marca de 2.355 MVI, a maior na série histórica para o estado potiguar (IPEA; FBSP, 2019).

Não obstante os episódios específicos de conflito entre as facções criminosas, a política de segurança pública imprescinde uma estratégia contínua que, ainda que suscetível a acontecimentos episódicos, seja capaz de mitigar o fenômeno da criminalidade violenta.

Aqui não se põe em questionamento a função do estado, à nível federal, estadual ou municipal, como principal ente garantidor da segurança pública, mas indo muito além do combate ostensivo ao crime após a sua consumação, a necessidade de repensar a segurança pública através, também, da prevenção. Tal visão reclama um constante diálogo dos executivos com a academia, propiciando um aporte técnico-científico para o desenvolvimento dos projetos almejados e sua aposição à crítica.

Neste sentido, é preciso que todos os níveis de governo, instituições e poderes dos Estados atuem de maneira interdependente, uma vez que cada um tem suas responsabilidades e papéis essenciais no que se refere a segurança pública. O fato de as ações de um influenciar diretamente na dos outros é o que exige atuação conjunta buscando diminuir os índices de violência no país.

Dentre os projetos destacados ao longo do capítulo, o "Ceará Pacífico" (CE), o "Pacto pela Vida" (PE) e o "Pacto pela Paz" (MA) restou demonstrado, no primeiro e no segundo, a importância de ferramentas de inteligência e definição de estratégias como meio eficaz de redução da criminalidade violenta, incluindo também o fomento às carreiras policiais; no terceiro, a ideia central está vinculada à aproximação da polícia com a comunidade, o que não se limita ao policiamento por aproximação, mas inclui o debate da segurança pública com os seus destinatários, a própria sociedade.

Como exposto, o aumento no investimento na área é necessário, mas não unicamente, como demonstrado, os estados analisados despendem bilhões de reais, sem alcançar, necessariamente o resultado a menor nos números da violência, citando aqui o exemplo do estado do Ceará, onde o incremento orçamentário passado entre os anos de 2016 a 2017 não importou na redução das MVI naquele ano, mas, ao contrário, no atingimento do recorde de letalidade.

O estado de Pernambuco já perfilhou outro cenário, com a implementação do Pacto pela Vida, entre os ano de 2007 e 2013, com a progressiva redução no número de MVI. O resultado foi consequência das diretrizes do programa, que vinculadas ao aumento de investimento, proporcionaram aquisição de equipamentos, tecnologias, atuação do policiamento ostensivo, desenvolvimento da polícia científica, utilização de técnicas como o georreferenciamento, criação de banco de dados de criminosos, valorização da classe policial, além de treinamento e capacitações.

No mesmo raciocínio, o estado do Maranhão vinculou o aumento de investimentos na área de segurança pública ao "Pacto pela Paz", que apresentou resultados efetivos na redução de MVI, acompanhado de uma atuação judiciária mais eficaz, com a redução da população carcerária de presos provisórios.

Nesse esboço, identificam-se modelos da tríade de prevenção, investigação e repressão do crime como necessários e de possíveis aplicabilidades ao estado do Rio Grande do Norte, os quais necessitam do reconhecimento, em primeiro plano, da natureza de política de estado, não de governo, como forma de garantir a continuidade dos programas e o alcance de resultados a longo prazo.

O grande exemplo da necessidade de instituição dos planos de segurança como uma política de estado foi dado por Pernambuco. Enquanto sob governo de Eduardo Campos, as medidas adotadas no combate a violência se mostraram muito efetivas, resultando em diminuição sensível nos índices e, a não continuidade do projeto quando do fim do governo vigente, acabou por reverter as melhorias anteriormente obtidas.

Assim, conforme sustenta Ilona Szabó e Melina Risso, é fundamental que a atuação no combate à criminalidade violenta letal seja focado, principalmente, no modelo preventivo, investindo em inteligência e fiscalização e, desta forma, evitando que os homicídios venham a acontecer. A atuação voltada a prevenir os crimes, ao invés de reprimi-los, se mostra mais barata, efetiva e humana. (SZABÓ, RISSO; 2018, p. 29).

É impossível evitar que crimes sejam cometidos, todavia, através de atuação conjunta e buscando potencializar as medidas que já se mostraram positivas nos programas instituídos pelos estados do Ceará, Maranhão e Pernambuco é possível alterar o panorama e promover efeitos práticos no combate à criminalidade violenta letal.

Bibliografia

ALMEIDA, Jaciara Januário; AVELAR, Marta Cristina Sobrinho. Informação e Segurança Pública: análise das práticas informacionais no processo de formação dos conselhos de segurança pública nos municípios de Caxias e Codó, no Estado do Maranhão. In: Encontro Nacional de Pesquisa em Ciência da Informação, 12. Anais. Brasília: UNB, 2011, p. 1723.

BRASIL. Levantamento Nacional de Informações Penitenciárias. Infopen. Disponível em: <http://depen.gov.br/DEPEN/depen/sisdepen/infopen>. Acesso em: 16 abr. 2020.

BRASIL. Instituto Brasileiro de Geografia e Estatística (IBGE). Cidades. Disponível em:<https://cidades.ibge.gov.br/brasil/ma/pesquisa/40/30277?ano=2017&tipo=grafico&indicador=78184> . Acessado em: 16 abr. 2020.

BRASIL. Instituto Brasileiro de Geografia e Estatística (IBGE). Ministério da Economia (Ed.). Sinopse do Censo Demográfico de 2010. Brasília: IBGE, 2011.

CÂMARA DE COMÉRCIO DE BOGOTÁ (CCB); FISCALÍA GENERAL DE LA NACÍON - COLÔMBIA (FGN); MINISTERIO DE LA JUSTICIA Y DEL DERECHO - COLÔMBIA (MJD); OPEN SOCIETY FOUNDATION (OSF). Protocolo de Bogotá sobre calidad de los datos de homicidio en América Latina y el Caribe, 2015.

CEARÁ. Ceará Pacífico. Disponível em: <https://www.ceara.gov.br/ceara-pacifico/>. Acesso em: 23 abr. 2020.

FÓRUM BRASILEIRO DE SEGURANÇA PÚBLICA (FBSP). Anuário Brasileiro de Segurança Pública 2019. São Paulo: Fórum Brasileiro de Segurança Pública, 2019. Ano 13.

INSTITUTO DE PESQUISA ECONÔMICA APLICADA (IPEA); FÓRUM BRASILEIRO DE SEGURANÇA PÚBLICA (FBSP). Atlas da Violência. Brasília: Rio de Janeiro: Fórum Brasileiro de Segurança Pública, 2019.

KADANUS, Kelli. As Lições que Projeto Elogiado por Moro têm a Ensinar sobre Segurança. Net, Brasília, out. 2019. Gazeta do Povo. Disponível em: <https://www.gazetadopovo.com.br/republica/licoes-projeto-pacto-pela-vida-seguranca-publica/>. Acesso em: 21 abr. 2020.

MACÊDO, Andréia de Oliveira. "Polícia, quando quer, faz"! Análise da estrutura de governo do "Pacto pela Vida" de Pernambuco. Brasília, 2012, 164 p. Dissertação de Mestrado, Universidade de Brasília.

MARANHÃO. Pacto pela Paz. Disponível em: <https://pactopelapaz.ssp.ma.gov.br/o-que-e/>. Acesso em:17 abr. 2020.

MARANHÃO. Portal da transparência. Disponível em: <http://www.transparencia.ma.gov.br/app/despesas/por-orgao#lista>. Acesso em: 16 abr. 2020.

MARANHÃO. SSP-MA APONTA REDUÇÃO DE 72,5% EM HOMICÍDIOS NA GRANDE ILHA DE SÃO LUÍS EM 2019. Disponível em: <https://www.ssp.ma.gov.br/ssp-ma-aponta-reducao-de-725-em-homicidios-na-grande-ilha-de-sao-luis-em-2019/>. Acesso em: 14 abr. 2020.

NÓBREGA JÚNIOR, José Maria Pereira da; ZAVERUCHA, Jorge. O Pacto pela Vida, os tomadores de decisão e a redução da violência homicida em Pernambuco. Dilemas, Rio de Janeiro, v. 8. n. 2 p. 235-252, abr-mai-jun, 2015.

PERNAMBUCO. Premiações. Instituto Gestão PE e Secretaria de Planejamento e Gestão, 2015. Disponível em: <https://www.acervo.pe.gov.br/uploads/r/arquivo-publico-estadual-jordao-emerenciano/d/4/4/d448ce7baa0f04399d06b189d0e757c286227c191ad26f3d54dae55a7a2bf226/7ec2eb17-5ba0-46c9-8646-922a71967dab-premiacoes.pdf>. Acesso em: 21 abr. 2020.

PONTES, Paula. Por que o 'Pacto pela Vida' em Pernambuco fracassou. Net, mai. 2018. Pontenewsletter. Disponível em: <https://ponte.org/por-que-o-pacto-pela-vida-em-pernambuco-fracassou/>. Acesso em: 21 abr. 2020.

PROGRAMA DAS NAÇÕES UNIDAS PARA O DESENVOLVIMENTO

(PNUD). O que é o IDHM?. Disponível em: <https://www.br.undp.org/content/brazil/pt/home/idh0/conceitos/o-que-e-o-idhm.html>. Acessado em 14 abr. 2020.

RISSO, Melina; SZABÓ, Ilona. Segurança Pública Para Virar o Jogo. 1 ed. Zahar, Rio de Janeiro, 2018.

ÍVINNA ELLIONAY ALVES DOS SANTOS
MARIA BEATRIZ MACIEL DE FARIAS
MILENA DA SILVA CLAUDINO

Análise e proposta: um estudo sobre a criminalidade violenta e a política de segurança pública nos estados da Paraíba, Sergipe e Alagoas

Ívinna Ellionay Alves dos Santos[1]
Maria Beatriz Maciel de Farias[2]
Milena da Silva Claudino[3]

O presente estudo é fruto da primeira etapa da pesquisa realizada em 2019 pelo grupo de pesquisa, vinculado à Universidade Federal do Rio Grande do Norte (UFRN), Direitos Fundamentais e a Linguagem no Direito Criminal (GEE551-19). Nesse contexto, por meio do projeto de pesquisa Criminalidade violenta e diretrizes para uma política de segurança pública no Estado do Rio Grande do Norte, os pesquisadores pretendem fomentar na seara acadêmica discussões e estudos sobre a segurança pública no Brasil, com ênfase no estado do Rio Grande do Norte (RN), propondo soluções criativas ao governo do referido estado.

Destarte, pretendendo alcançar uma visão macro da problemática dos altos índices de violência vislumbrados não apenas no estado do RN,

---

[1] Graduanda do curso de Direito pela Universidade Federal do Rio Grande do Norte (UFRN). Bolsista de Iniciação Científica no projeto de pesquisa Criminalidade violenta e diretrizes para uma política de segurança pública no Estado do Rio Grande do Norte.
[2] Advogada inscrita na OAB/RN sob o nº 16.573. Graduada em Direito pela Universidade Federal do Rio Grande do Norte. Pós graduada em direito tributário pelo Instituto Brasileiro de Estudos Tributários. Membro colaboradora do projeto de pesquisa Criminalidade violenta e diretrizes para uma política de segurança pública no Estado do Rio Grande do Norte.
[3] Graduanda do Curso de Direito na Universidade Federal do Rio Grande do Norte (UFRN). Bolsista de Iniciação Científica no projeto de pesquisa Criminalidade Violenta e Diretrizes para uma Política de Segurança Pública no Estado do Rio Grande do Norte.

este capítulo se presta a realização de pesquisas direcionadas aos estados brasileiros da Paraíba, Alagoas e Sergipe. Consigne-se que tais estados foram escolhidos estrategicamente para compor, de início, os estudos comparativos entre as unidades federativas brasileiras, com enfoque no RN, visando identificar as causas e pensar soluções para a melhoria da segurança pública e a correspondente redução dos índices de mortes decorrentes dos Crimes Violentos Letais Intencionais (CVLI).

Saliente-se, por oportuno, que conforme Hermes (2014) o termo CVLI foi criado em 2006 pela Secretaria Nacional de Segurança Pública (SENASP), vinculada ao Ministério da Justiça, englobando não apenas o homicídio doloso, mas qualquer morte decorrente de crime violento e doloso. Acrescente-se, ainda, que o documento internacional sobre a qualidade dos dados de homicídio na América Latina, o Protocolo de Bogotá, também adota a nomenclatura CVLI. Ademais, os dados sobre criminalidade violenta do Rio Grande do Norte de 2003 a 2010 são disponibilizados pelo DATASUS, enquanto a partir de 2011 são disponibilizados por outra metodologia, qual seja, a METADADOS.

Isto posto, importa destacar que a escolha dos estados sob enfoque no presente trabalho deve-se à proximidade geográfica com o Rio Grande do Norte, aliada às semelhanças culturais e à redução, nesses estados, dos índices de criminalidade violenta nos últimos anos.

Outrossim, o estudo crítico em foco não se limita ao critério meramente quantitativo, haja vista que busca identificar a existência de relações entre os índices de criminalidade e o aumento ou redução de investimentos estatais nas áreas da educação, assistência social, segurança pública e administração penitenciária. Logo, o fator qualitativo também se faz imprescindível à pesquisa em tela.

Fundamental se faz esclarecer, ainda, que existem vários obstáculos a respeito da coleta de determinados dados pertinentes ao estudo em foco, especialmente quanto às fontes de pesquisa ora analisadas e que não os disponibilizam em seu acervo pelas razões que serão apresentadas oportunamente. Diante do exposto, passa-se, no momento, à análise da metodologia e das fontes de pesquisa.

1. Considerações sobre a metodologia e as fontes de pesquisa

As diretrizes metodológicas da pesquisa pretendem avaliar os dados da criminalidade violenta dos estados da Paraíba, Alagoas e Sergipe no que tange aos seguintes indicadores: a) Dados de criminalidade violenta intencional; b) Investimentos na área da segurança pública; c) Políticas de estado/investimento; d) População carcerária (valor absoluto e relativo por 100 mil habitantes); e) Desenvolvimento social e econômico.

Toma-se como pressuposto, nesse contexto, que a política da segurança pública está diretamente interligada ao fenômeno da criminalidade violenta. E esta, por sua vez, tem diversas raízes sociais, dentre as quais estão a desigualdade, a marginalização, urbanização desorganizada e a falta de acesso a direitos básicos como a educação. Tal cenário se agrava, muitas vezes, pela insuficiência de investimentos e políticas públicas.

Esse esclarecimento justifica o porquê de o presente capítulo não se deter apenas aos índices dos crimes violentos letais intencionais, mas adentrar numa compreensão mais ampla da problemática por meio de um olhar atento sobre os demais indicadores supramencionados, como as estatísticas demográficas, o perfil socioeconômico e informações sobre investimentos do setor público em áreas cruciais como a educação e a segurança pública.

Para tanto, esta pesquisa adota como marco temporal a coleta de dados dos últimos 5 (cinco) anos, no mínimo, o que corresponde a desde o ano de 2015 (dois mil e quinze), pelo menos, até o ano de 2019 (dois mil e dezenove). Ademais, os resultados obtidos foram inseridos em uma planilha do Excel para, em seguida, prosseguir-se à sua análise crítica e qualitativa, o que se deu por meio de duas formas, a saber: a primeira consiste no estudo da correlação entre os indicadores de cada estado, individualmente; a segunda é realizada com base na análise comparativa entre os três estados que compõem a pesquisa.

Diante disso, para fins organizacionais e com o fito de tecer considerações a respeito das fontes de pesquisa que foram utilizadas neste trabalho, tais informações serão dispostas, a seguir, de forma que cada subtópico trata de um dos indicadores outrora mencionados com as suas respectivas fontes.

1.1 Fontes de dados sobre mortes violentas intencionais

Neste ponto, o indicador da criminalidade violenta letal intencional toma como base de consulta o Atlas da Violência de 2019, produzido pelo Fórum Brasileiro de Segurança Pública (FBSP) e pelo Instituto de Pesquisa Econômica Aplicada (IPEA), e o Anuário Brasileiro de Segurança Pública de 2019.

Destaque-se que o Atlas da Violência de 2019 e o Anuário Brasileiro de Segurança Pública de 2019 seguem metodologias distintas para o cômputo das mortes. Assim, enquanto o primeiro leva em consideração dados fornecidos pelo sistema de saúde; o segundo faz uso dos registros policiais. No entanto, isto não implica um obstáculo a utilização de ambos os documentos, tendo em vista que, inclusive, nos três estados em análise os valores se mantêm próximos. Assim, com o fito de esclarecer as metodologias utilizadas pelo Atlas e pelo Anuário, o Atlas da Violência (2019) faz o seguinte apontamento:

> Isso significa que os dados de ambas as fontes nunca serão iguais, mas precisam ser congruentes: a magnitude do fenômeno deve ser aproximadamente a mesma, de modo que os locais apontados como mais violentos por uma devem coincidir com os locais indicados pela outra, e as tendências devem ser as mesmas (FBSP26, 2017). O gráfico 2.3 apresenta a comparação entre os dados do Atlas da Violência, oriundos do sistema de saúde (SIM/MS), e os dados do Anuário Brasileiro de Segurança Pública, editado pelo Fórum Brasileiro de Segurança Pública, com base nos registros policiais das Unidades Federativas. Verifica-se que ambas as fontes apresentam a mesma tendência e números bastante similares entre 2013 e 2017, mas se entre 2014 e 2016 a diferença entre os dois sistemas não ultrapassa 1,4%, em 2017 a diferença atinge 2,7% (2019, p. 21).

Importa salientar, também, que enquanto os estados de Alagoas e Paraíba estão no grupo 1 da classificação do Anuário Brasileiro de Segurança Pública (FBSP, 2019), em relação à confiabilidade e à qualidade dos dados sobre mortes violentas intencionais; o estado de Sergipe encontra-se no grupo 3 da referida relação, o que revela que os seus dados possuem grau inferior de confiabilidade quando em comparação com Alagoas e Paraíba.

Acrescente-se, ainda, que o Protocolo de Bogotá, documento internacional sobre a qualidade dos dados de homicídio na América Latina, adota a nomenclatura CVLI para se referir aos crimes violentos letais intencionais, excluindo, pois, homicídios tentados e culposos. Tal consideração é pertinente para a compreensão da terminologia adotada pelo Anuário Brasileiro de Segurança Pública (2019), ao se referir às mortes violentas intencionais (MVI), guardando, assim, em seu núcleo, o conceito informado pelo Protocolo mencionado.

1.2 Fontes de dados sobre a população carcerária

Quanto à taxa de encarceramento, o acesso aos dados se deu por meio da consulta aos relatórios analíticos do Departamento Penitenciário Nacional (DEPEN), o qual também serviu de base para os índices apresentados no Anuário Brasileiro de Segurança Pública (2019), e do Levantamento Nacional de Informações Penitenciárias (INFOPEN).

1.3 Fontes de dados sobre investimentos em áreas essenciais

Quanto aos dados sobre investimentos nas áreas da educação, assistência social, política carcerária e segurança pública, foram extraídas as previsões de despesas oriundas das leis orçamentárias anuais, que em seguida foram comparadas com os números informados pelo portal da transparência de cada estado em análise, isto com o intuito de verificar o que efetivamente foi gasto. No mais, também se buscou identificar a existência de um fundo de segurança pública nos estados em foco em consulta aos sites dos governos e das suas respectivas secretarias estaduais.

1.4 Fontes dos dados sobre demografia e desenvolvimento humano e educacional

No que diz respeito aos registros sobre a demografia (população urbana e rural) e o IDH (Índice de Desenvolvimento Humano), há de se destacar o seguinte empecilho: a ausência de fontes que disponibilizassem tais informações referentes aos últimos 5 anos, pois, considerando que os censos do Instituto Brasileiro de Geografia e Estatística (IBGE), principal fonte utilizada nesta etapa, são realizados a cada 10 anos e que o último ocorreu em 2010, ainda não existem dados detalhados sobre os últimos 05 anos (2015 em diante) correspondentes ao marco temporal adotado por esta pesquisa.

Importa destacar, no entanto, que apesar de o IBGE (2010) disponibilizar uma projeção demográfica de cada estado até o ano de 2020, não há qualquer subdivisão da população em urbana e rural, apenas o número absoluto da população por meio, frise-se, de uma projeção.

Em relação à taxa de natalidade não se encontrou óbice, mas é preciso frisar que também se tratam de projeções extraídas da análise do último censo do IBGE (2010). Por sua vez, as informações referentes ao Índice de Desenvolvimento da Educação Básica (IDEB) correspondem aos anos de 2015 e 2017, além de a meta esperada para o ano de 2019, foram verificadas pelo site do IBGE, o qual obtém tais informações do censo de 2017 realizado pelo Instituto Nacional de Estudos e Pesquisas Educacionais (INEP).

Por último, o Índice de Desenvolvimento Humano Municipal IDHM- Educação, que aponta o nível de escolaridade da população de jovens e adultos, se deu por meio da consulta ao Atlas do Desenvolvimento Humano no Brasil (2019), que disponibilizou os dados de 2015 a 2017, razão pela qual não serão explorados, neste trabalho, as informações de 2018 e 2019.

2. Apresentação dos dados: Paraíba, Alagoas e Sergipe

Após a realização da coleta de dados, em consulta às fontes de pesquisa retromencionadas, estes foram organizados em uma planilha do Excel contendo três abas. Assim, cada aba da planilha guarda, individualmente, as informações correspondentes aos estados da Paraíba, Alagoas e Sergipe.

Para fins didáticos, tais informações meramente numéricas neste primeiro momento de elaboração das planilhas, serão dispostas, nos subtópicos que seguem, de forma descritiva e comparativa, com o intuito de se permitir uma análise mais apurada e que seja capaz de interligar à política de segurança pública os indicadores investigados neste trabalho e já esmiuçados na metodologia.

2.1 Paraíba

No que diz respeito à estatística populacional do estado da Paraíba, conforme o último panorama apresentado pelo censo do IBGE em 2010, a população contava com 3.766,528 pessoas, dentre as quais a maior parte - aproximadamente 1/3 (um terço), 2.838,678 - residia na zona urbana da cidade. Ademais, de acordo com o Atlas do Desenvolvimento Humano no Brasil (2020), entre os anos de 2000 e 2010, o crescimento populacional corresponde à taxa média de 0,90%, lembrando que a média do país, nesse mesmo período, era de aproximadamente 1,17%.

Levando-se em consideração, ainda, as projeções a respeito da natalidade, as quais também são disponibilizadas pelo Instituto acima destacado, percebe-se que a taxa de natalidade, de 2015 a 2019, é mais em alta em 2015, com 15,31% e mais baixa em 2016, com 14,22%. No entanto, de modo geral, os índices da natalidade não sofrem muitas oscilações, de modo que de 2017 a 2019 chegou-se às seguintes porcentagens em projeção, 14,88%, 14,69% e 14,49%.

Dando seguimento, ao observar os índices que retratam a qualidade de vida no estado da Paraíba, vê-se que o IDH apresenta um crescimento significativo de 1991, com 0,382, a 2010, com 0,658, estando em 23º (vigésimo terceiro) lugar no ranking brasileiro. Por oportuno, cumpre salientar que a Paraíba, em 2010, apresentou um índice inferior ao de Sergipe (20º - vigésimo) e superior ao de Alagoas (27º - vigésimo sétimo).

Em relação ao IDHM- Educação, cuja consulta se deu por meio do Atlas do Desenvolvimento Humano no Brasil (2019), que disponibiliza os dados de 2015 a 2017, nota-se um aumento no referido índice de 0,647 em 2015, para 0,657 em 2016 e 0, 671 em 2017. Assim, coerentemente, o IDEB também apresenta uma evolução no indicador da qualidade do ensino da educação, haja vista que 2015 contou com a nota 4.9 e 2017 com a nota 5.1. Cumpre apontar, também, que de 2005 a 2016 a Paraíba vem apresentando índices superiores aos de Alagoas e Sergipe; no entanto, somente em 2017 Alagoas apresentou um índice de 5.2, superior ao da Paraíba (IBGE, 2020).

Nesse contexto, a evolução da educação do estado da Paraíba está acompanhada pela diminuição significativa das mortes violentas intencionais (MVI), em todos os anos apresentados pelo Anuário Brasileiro de Segurança Pública (2019), o qual traz um recorte temporal de 2011 a 2018.

Sendo assim, tratando em detalhes, vê-se uma redução de 44,0 em 2011, o que corresponde em dados absolutos a 1.667 mortes violentas, para 30,3 em 2018, correspondendo a 1210 mortes dessa natureza. É interessante observar que no âmbito da região Nordeste, somente os estados da Paraíba, Alagoas e Bahia apresentam uma taxa negativa da variação de MVI, o que implica dizer que, de uma forma geral, há uma redução mais significativa das MVI nesses estados. Sobre a referida variação, Alagoas apresenta uma taxa de -40,1, Paraíba, de -31,1 e Bahia de -0,2.

O Atlas da Violência (2019) traz um recorte temporal mais abrangente do que o Anuário, trazendo dados de 2007 a 2017 sobre a taxa de homicídios por 100 mil habitantes. E, com números bem próximos aos verificados no Anuário Brasileiro (2019), corrobora com o fato de que a Paraíba apresenta taxas negativas de variação de tais homicídios, pois, se conforme o Anuário a variação negativa se dá a partir de 2011, que é o primeiro ano avaliado neste documento, conforme o Atlas, de 2012 a 2017 a variação é igual a -16,7 e de 2016 a 2017 é igual a -1,7. Todavia, cumpre destacar que de 2007 a 2017, que é o período não estudado pelo Anuário de 2019, a variação não é negativa, vez que representa o total de 40,7.

Por seu turno, os dados coletados sobre a população carcerária do estado da Paraíba foram extraídos do site do INFOPEN (2020), especificamente em consulta aos relatórios referentes aos anos de 2015 a 2020. Feito tal esclarecimento, percebe-se que a população carcerária no estado em foco vem aumentando, de forma geral, de 2015 a 2019, tendo apresentado os seguintes números respectivamente: 10,532; 12,244; 12,124; 12.924 e 13.361. No entanto, cabe destacar que somente de 2016 a 2017 há uma redução de 12.244 para 12.124 presos. Já o quantitativo de presos provisórios nos permite vislumbrar um aumento significativo de 2015 para 2016, de 4.198 para 4.860 presos, ao passo em que se verifica uma redução nos anos seguintes, de 2017 a 2019, identificada pelos números a seguir: 4,520; 4.409 e 4.217.

Acrescente-se, ainda, que os investimentos realizados de 2015 a 2018 no estado da Paraíba foram consultados no portal da transparência. Assim, os investimentos nas áreas da educação, assistência social, política carcerária e segurança pública aumentaram de 2015 a 2018, ao passo em que os investimentos no Fundo de Segurança Pública diminuíram em todos os anos mencionados, na seguinte ordem: R$ 1.668.903,92; R$ 1.594.693,74; R$ 1.539.948,12 e R$ 1.504.321,16. No mais, cumpre salientar que o fundo de recuperação de presidiários tem o seu orçamento/despesa fixado nos anos de 2015 a 2018; porém, apenas no ano de 2018 foram efetivamente utilizados.

2.2 Alagoas

A população do estado de Alagoas, conforme o último censo do IBGE (2010), era de 3.120,494 pessoas em 2010, dentre as quais 822.634 habitavam na zona rural, equivalente a cerca de 1/3 (um terço) da população, mesmo fenômeno observado na Paraíba, como destacado no subtópico acima. Some-se a isso que entre 2000 e 2010 a população de Alagoas cresceu a uma taxa média anual de 1,01%, valor este superior ao verificado na Paraíba, mas inferior à média nacional de 1,17%.

No que toca à taxa de natalidade, é notória a sua redução de 2015 a 2019, lembrando que para a referida constatação é levado em consideração não os valores reais, mas as projeções do IBGE (2010). E, considerando que o referido quantitativo diminuiu de 16,41 em 2015, para 15,44 em 2019, vê-se a baixa da natalidade no estado em foco.

Alagoas ocupava, no ano de 2010, o vigésimo sétimo lugar no ranking brasileiro, mesma posição ocupada nos anos 2000. É pertinente observar que nos anos de 1991, 2000 e 2010, ao comparar os estados de Sergipe, Paraíba e Alagoas em específico, estes ocuparam, nessa ordem, as posições de primeiro, segundo e terceiro lugar no ranking (IBGE, 2010).

Por sua vez, em observância ao Atlas do Desenvolvimento Humano no Brasil (2019), o IDHM- Educação de Alagoas apresenta um aumento de 0,605 em 2015, para 0,636 em 2016, tendo este último valor se repetido em 2017. Nesse ínterim, corroborando com o IDHM-Educação, que mede a qualidade da educação por meio dos indicadores de escolaridade da população adulta e também do fluxo escolar da população jovem, o IDEB revela que a qualidade do ensino progrediu de 47 em 2015 para 52 em 2017 (IBGE, 2020).

Apesar de os dados acima revelarem uma melhora na educação entre os anos de 2015 e 2017, tal avanço não surtiu efeitos sobre os números de violência intencional nesse mesmo período. Isso posto, conforme o Anuário Brasileiro de Segurança Pública (2019), percebe-se um significativo aumento de mortes violentas em 2016 e em 2017, todavia, o quantitativo em tela voltou a diminuir em 2018. Assim, de 2015 a 2018 os dados relativos e absolutos são respectivamente iguais a 54,1% (1808); 55,9% (1878); 57,1% (1926) e 45,8% (1521).

Nessa direção, o Atlas da violência (2019) apresenta estatísticas mais baixas que as apresentadas pelo Anuário de 2015 a 2017. Pois a taxa de homicídios por 100 mil habitantes, seguida do número absoluto de mortes, nesse intervalo de tempo, foi igual a, nessa ordem: 52,3 (1.748); 54,2 (1.820) e 53,7 (1.813). Logo, em 2015, o Atlas da Violência somou 60 mortes a menos que o Anuário; em 2016, 58 mortes a menos, e, em 2017, tal diferença chegou a 113 mortes.

Diante disso, cientes de que em 2017 a diferença entre o número de mortes se mostra mais acentuada, é pertinente frisar que este fenômeno de descompasso é justificado no Atlas da Violência (2019), por diversos e possíveis fatores, vejamos:

> A diferença entre os dados provenientes do sistema da saúde, que alimentam o Atlas a Violência, e os registros policiais apresentou, em 2017, um movimento de distanciamento similar ao de 2013. Isso pode ter sido devido a vários fatores, mas, sobretudo quando números preliminares de 2018 indicam queda no número de ocorrências policiais de mortes, nos alertam para o necessário e contínuo investimento em monitoramento, avaliação e auditoria da qualidade dos dados no Brasil. A transparência e a qualidade dos dados são ferramentas fundamentais para a melhoria das condições da segurança pública brasileira (2019, p. 22).

Ademais, ainda conforme o Atlas da Violência (2019), nos intervalos de 2007 a 2017, de 2012 a 2017 e de 2016 a 2017, as taxas de homicídio por 100 mil habitantes apresentam variações negativas no estado de Alagoas, as quais são, respectivamente, iguais a -9,8%; -16,9% e -0,9%.

Nota-se, ainda, que a população carcerária de Alagoas aumentou de 2015 a 2018, sendo de 6703 em 2015 e de 7760 em 2017. De igual maneira, o número de presos provisórios aumentou de 2300 em 2015 para 2491 em

2016, porém, tal quantitativo voltou a baixar em 2017, tendo alcançado o número de 2134.

Nesse viés, é possível levantar a seguinte indagação: se o número de mortes violentas continuou aumentando no período em que o estado também elevou a sua taxa de encarceramento, seria a prisão o método mais acertado à diminuição da criminalidade? como visto, Alagoas apenas espelha nesse contexto um problema vislumbrado em vários estados brasileiros, no qual o aumento de prisões não está surtindo os efeitos pretendidos de melhoria para a política de segurança pública.

Quanto aos investimentos públicos realizados em Alagoas, de forma geral, há um aumento nos investimentos pertinentes às áreas da educação, assistência social, política carcerária e segurança pública, sendo interessante destacar que o investimento na segurança pública apenas diminuiu em 2018, pois em 2017 o valor era de R$ 1.187.695.458,8 e em 2018 passou a ser de R$ 1.184.673.156,42.

No mais, diferentemente do que ocorreu no estado da Paraíba, os investimentos no Fundo de Segurança do estado de Alagoas aumentaram, tendo tido uma baixa significativa somente no ano de 2018. Nesse compasso, vislumbra-se que em 2017 o número alcançou R$ 5.674.399,99, porém, passou a ser de R$ 2.820.474,79 em 2018.

2.3 Sergipe

A população do estado de Sergipe era, em 2010, igual a 2.068.017 pessoas (IBGE, 2010), de maneira que desse total, 547.651 moravam na zona rural, o que equivale à aproximadamente 36% da população urbana nesse período. Logo, sua população rural, proporcionalmente falando, estava acima da média apresentada nos estados da Paraíba e Alagoas, considerando que nestes a fração da população rural em relação à urbana era de aproximada ⅓.

Quanto à projeção da sua taxa de natalidade, de acordo com o censo do IBGE de 2010, Sergipe apresenta uma redução expressiva, inclusive mais acentuada do que as verificadas na Paraíba e em Alagoas. Nessa perspectiva, tendo sido de 16,03% em 2015, passou a ser de 15,09% em 2019.

Ao analisar o IDH de Sergipe, vê-se que em 2010 ele ocupava a vigésima posição no ranking brasileiro, com o índice de 0,665. é notável, ainda, que nos anos de 1991, 2000 e 2010, apesar de permanecer na frente de Alagoas e da Paraíba, Sergipe vem decaindo em sua colocação no ranking, de forma que em 1991, ocupada a 18ª; em 2000, a 19ª; e em 2010, a 20ª posição (IBGE, 2010).

O IDHM-Educação de Sergipe, conforme o Atlas do Desenvolvimento Humano no Brasil (2019, apesar de apresentar uma diminuição em 2016, voltou a progredir em 2017. Em detalhes, o referido índice foi de 0,635 em 2015, para 0,625 em 2016 e 0,64 em 2017. Já o IDEB aumentou de 46 em 2015 para 49 em 2017, apesar disso, continua inferior aos números apresentados pela Paraíba e Alagoas (IBGE, 2020).

No que diz respeito aos números relativos e absolutos - nessa ordem - de mortes causadas por violência intencional, conforme o Anuário Brasileiro de Segurança Pública (2019), estes somam um valor mais expressivo no ano de 2016, com 64% (1450), porém, tal quantitativo diminui para 55,7% (1275) em 2017 e para 49,5% (1128) em 2018.

Embora a estatística acima apresente uma redução de mortes, a qual é percebida, também, pela variação negativa da taxa de homicídios por 100 mil habitantes entre os anos de 2016 e 2017, com -11,3%, disponibilizada pelo Atlas da Violência (2019); o fato é que não se pode deixar de notar que a quantidade de homicídios é extremamente elevada no referido estado, mesmo com a diminuição de mortes a partir do ano de 2016.

Corroborando com o exposto, de acordo com o Atlas da Violência (2019), Sergipe apresenta os seguintes números relativos e absolutos de homicídios por 100 mil habitantes, no período de 2015 a 2017: 58,1 (1.303); 64,7 (1.465); e, 57,4 (1.313). Saliente-se que a taxa da variação de homicídios por 100 mil habitantes dos anos de 2007 a 2017 é positiva, sendo igual a 123,5%, mas vem apresentando uma tendência significativa de diminuição, considerando que de 2012 a 2017 baixou para 37,8% e de 2016 a 2017 alcançou a variação negativa de -11,3%.

Ademais, de acordo os registros do INFOPEN (2020) a população carcerária de Sergipe reduziu de 2015 a 2016, mas voltou a crescer de 2016 a 2019. Desse modo, de 2015 a 2019 tais dados são os seguintes: 5.194; 4.984; 5.282, 5.510 e 6.360. Nesse cenário é possível observar que a quantidade de aprisionamentos cresce ano após ano, e, adicionado a isto, Sergipe continua apresentando altos números de homicídios violentos.

Por seu turno, o número de presos provisórios em Sergipe, de 2015 a 2019, destaca-se pela redução do seu quantitativo de 2015 a 2018. Nesse viés, o número de tais presos, no recorte temporal em apreço, é de, nessa ordem, 2.942; 2.786; 2.454; 2.231 e 2.827. Nessas circunstâncias, é pertinente destacar que somente no ano de 2019 as prisões provisórias passaram a sofrer uma intensificação em sua curva de crescimento, muito embora o ano de destaque no quesito de maior quantidade de prisões continue sendo 2015 (INFOPEN, 2020).

No que diz respeito aos investimentos públicos em Sergipe, nota-se um aumento nas áreas da educação, assistência social, segurança pública e também no Fundo de Segurança Pública. No entanto, cumpre destacar que os investimentos na seara do Fundo de Segurança Pública apresentam uma redução de 2017 a 2018, mesmo fenômeno observado no estado de Alagoas, neste mesmo espaço de tempo. Sendo assim, esmiuçando os tais valores, em 2017 o investimento foi de R$ 23.451.011,30 e em 2018 foi de R$ 22.323.834,27.

3. Análise crítica e correlação dos dados

Ab initio, é certo que a prática de crimes permeia toda a humanidade - afinal a escolha do que é ou não ilícito penal é uma atividade estritamente humana, por mais que possa ter tido justificativas divinas. Não há, contudo, como apontar, de forma precisa, quando se iniciou o sistema punitivo dos povos, ou quem foi o primeiro ser humano a praticar um crime.

Entretanto, o que difere a prática de crimes na Antiguidade para os dias atuais? O que fez com que surgisse, sobretudo nos países subdesenvolvidos, organizações criminosas tão poderosas e com grau de influência expressivo inclusive nas esferas legítimas de poder? O que culminou na superlotação das penitenciárias e no aumento da prática de crimes violentos no Brasil?

Todos esses questionamentos possuem uma extensa profundidade que por si só poderiam gerar outros estudos. Contudo, não há como refletir sobre a violência e a criminalidade sem traçar alguns pontos iniciais tendo em mente essas perguntas. Isto decorre em razão do combate à criminalidade, no Brasil, ter se orientado por preconceitos e falsas premissas, generalizadas entre a população, e que repercutem entre as autoridades incumbidas daquele combate.

De acordo com Alberto Marques dos Santos (2006), tais premissas são: i) que o fenômeno criminal tem uma causa somente - seja ela de que o criminoso é vítima da sociedade ou, no outro extremo, que é um degenerado. ii) A criminalidade pode ser solucionada de forma simples e fácil. Ambas são superficiais e deixam de lado a complexidade e seriedade do tema.

Explanado tal ponto, ao tratar sobre qualquer assunto que perpassa os tópicos violência e criminalidade, deve-se estar ciente que ambos são objetos de estudo do direito criminal - o qual é formado pelo direito penal, processual penal e criminologia.

Tratando especificamente do direito penal, expõe-se que este, de acordo com Masson (2018), tem a função de limitar o poder punitivo estatal por meio da imposição de garantias ao cidadão. Ademais, tem-se que duas das suas principais características ou princípios são a fragmentariedade e a intervenção mínima.

A primeira, expõe a ideia de que o direito penal somente deve se preocupar com as ofensas mais graves aos bens jurídicos protegidos. Que as demais violações devem ser objetos de outros ramos do direito, como serem abarcadas pelo direito civil, por exemplo. Já a segunda expressa que o Estado de direito só utilize a lei penal em último caso, como *ultima ratio*.

Feitos esses breves apontamentos, percebe-se, em um raciocínio rápido: apenas as condutas que violem com mais intensidade os bens jurídicos e rompam com maior força as regras sociais e normas jurídicas é que merecem punição na esfera penal.

Outrossim, deve-se ter em mente que a definição de crime em âmbito nacional parte do legislador, formado por representantes do povo - deputados federais - e dos estados - senadores. Como regra, apenas por meio de lei federal - conforme art. 22, I, Constituição Federal[4] - que uma nova espécie de crime pode ser elaborada.

É certo que tal regra comporta exceção, sendo a mesma apresentada no parágrafo único do art. 22 da Carta Maior[5]. Segundo essa norma, estados-membros também podem legislar sobre direito penal acerca de questões específicas de interesse local. Assim, nota-se que a legitimidade do direito penal advém do processo democrático.

Tal aspecto revela, pois, que há uma escolha humana de qual atitude deve ser mais repreendida pela sociedade e assim ser passível de sanção penal. Essa escolha reflete, posteriormente, em que irá preencher as vagas das penitenciárias e em que irá recair uma maior punição.

Isto posto, torna-se evidente que o presente estudo não se preocupa com políticas públicas voltadas para uma menor incidência ou ressocialização dos poucos criminosos de colarinho branco[6], àqueles que cometem delitos tributários. Isso porque os sujeitos que cometem tais espécies de crime possuem tratamentos penais diferenciados, seja pelo

---

[4] Art. 22. Compete privativamente à União legislar sobre: I - direito civil, comercial, penal, processual, eleitoral, agrário, marítimo, aeronáutico, espacial e do trabalho.
[5] Art. 22. Parágrafo único. Lei complementar poderá autorizar os Estados a legislar sobre questões específicas das matérias relacionadas neste artigo.
[6] Tal nomenclatura refere-se aos criminosos que possuem alto status social e praticam crimes no curso de sua atividade profissional, conforme conceito trazido por Edwin H. Sutherland (2005).

legislador ou aplicador do direito, comportando maiores incidências de princípios penais, extinções de punibilidade e extinção da pena. Ademais, reitera-se que a motivação do presente estudo é verificar medidas efetivas para a redução da criminalidade violenta, e tais crimes não se encontram dentro dessa denominação.

De toda sorte, faz-se fundamental destacar exemplos de punições mais brandas quando ocorrem práticas de crime supramencionados. Fundamenta-se tal ponto com a aplicação do princípio da insignificância em casos de crime contra a ordem tributária, em que tanto para o Supremo Tribunal Federal quanto para o Superior Tribunal de Justiça, é cabível quando o montante subtraído chega até R$ 20.000 (vinte mil reais). Quando comparado ao furto simples, tal parâmetro econômico é reduzido de forma expressiva: se o valor do bem é acima de 10% do salário mínimo, o STJ rejeita a aplicação do mesmo princípio.

Nota-se, portanto, que por mais que o direito normativo tenha como fim dar um tratamento igual a todos - seja sob uma perspectiva formal ou material -, quem pratica determinados tipos de crime - os quais por mais que representem uma grande perda patrimonial - possui uma reprimenda penal muito mais branda.

Assim, é perceptível que os estudos e a coleta de dados feita neste trabalho voltam-se para outro tipo de crime, o qual é praticado em maior ocorrência por um grupo específico de pessoas: para aqueles que, de acordo com os dados apontados, têm vínculo de emprego informal, é, em grande maioria, pardo ou negro, e comete crimes violentos muitas vezes relacionados ao tráfico de drogas e delitos patrimoniais.

Deve-se ter em mente, ainda, que a temática da criminalidade violenta no Brasil passou por uma mudança na década de 1970, com o avanço da urbanização desorganizada. Antes desse período, o crime estava associado, sobretudo, à malandragem e à vadiagem. No entanto, com o passar dos anos, os ilícitos penais passaram a ser praticados com maior violência e de forma mais organizada.

Em consonância com o que é exposto por Luís Antonio Machado da Silva (1999), há corte temporal em que o passado se caracterizaria, não pela ausência de condutas criminosas, até porque, conforme já dito, a prática de crime remonta ao início da vida coletiva, mas sim por seu encapsulamento enquanto ações isoladas e intersticiais.

Já o presente corresponde a um momento em que essas práticas se organizam em empreendimentos coletivos e permanentes, evidenciando dificuldades inusitadas de manutenção da ordem pública que tornam dramaticamente insegura a vida cotidiana. Pode-se dizer, portanto, que o núcleo da percepção social destas questões é o crime comum organizado.

Outrossim, conforme exposto outrora, não deve-se pautar esta pesquisa em soluções simplistas e que só vislumbra uma frente de atuação. Isso porque os crimes possuem muitas causas, de naturezas diversas. Não há como pensar em criminalidade sem combater, ao mesmo tempo, todas as suas raízes e ramificações.

Nesse contexto, aponta-se como principais fundamentos da criminalidade 5 (cinco) espécies de causas: as de ordem social, ordem econômica, ordem cultural, estrutural e endógena.

Sobre a primeira, tem-se que o processo de urbanização do Brasil contribuiu expressivamente para o aumento da criminalidade. Em 50 (cinquenta) anos, o país deixou de ter uma população concentrada no meio rural e passou a ter uma sociedade urbana. De acordo com Ignacio Cano (2002), o deslocamento de pessoas para viver em condições subumanas aliado à desestruturação familiar e à pobreza fez com que a delinquência tivesse um grande aumento.

Acerca da segunda, fala-se que os crimes mais violentos são cometidos pela classe pobre, por mais que, segundo Robert Sampson (2016), a prática de ilícitos permeia tanto os muitos pobres - que ingressam na criminalidade por não terem o que perder - quanto os muito ricos - que se sentem impunes sobre o controle estatal.

Já sobre a terceira, qual seja, as causas de ordem cultural, apresenta-se que o crime possui dois controles sociais: o formal - consistente nas leis e no aparato repressivo - e o informal - cuja correspondência está atrelada às normas de cultura, religião, importância de opiniões alheias e costumes. Ainda, nos locais onde as instituições estão desacreditadas, e o Estado não goza da confiança da população, o homem comum não enxerga as leis como legítimas, como manifestação da sua vontade. Não tem outra motivação para obedecer às leis, a não ser o receio da punição. Já onde as instituições são sólidas e respeitadas, a adesão espiritual à lei é forte, e o controle social informal reduz sensivelmente os índices criminais.

Atrelada a essas causas e ainda dentro da ordem cultural, tem-se que, conforme exposto por Alberto Marques dos Santos (2006), há uma sociedade erotizada, que super valoriza o corpo e a beleza, estigmatiza o feio, torna o sexo artigo banal de consumo e incentiva os crimes sexuais. Uma sociedade que idolatra o consumo cria uma angústia criminogênica naquele que não pode adquirir os bens que a TV identifica com a felicidade.

Uma mídia que banaliza a violência, presente até nos desenhos animados infantis, banaliza também a violência da vida real, e torna o crime violento algum bem mais aceitável.

Passando para a quarta ordem, defende-se que a lei não deve ser utilizada como instrumento de combate à criminalidade. Contudo, sua formulação e interpretação incorretas incentivam a discriminação racial e de renda. Ademais, tem-se que na conjuntura pátria, conforme já exposto, vários ilícitos que podiam estar na seara administrativa ou civil, acabam sendo abarcados pelo direito penal.

Para alguns doutrinadores, a lei brasileira é hipócrita e protege de forma ampla os mais ricos. Ao criminalizar o descaminho, acaba por afetar a atividade de vários comerciantes pobres que não têm lugar no mercado formal de emprego. Contrapondo-se com a liberação dos *free-shops* em aeroportos, locais em que os produtos são livres de tributação.

Aliado a esse aspecto está a ausência de organização, estrutura, vagas e administração dos presídios estaduais de todo o país. Atualmente, segundo dados de 2019 do Departamento Penitenciário Nacional (Depen), o Brasil possui 748.009 (setecentos e quarenta e oito mil e nove) pessoas cumprindo penas - seja em regime fechado, aberto ou semiaberto ou até mesmo em regime provisório[7], todavia, só possui vagas para um pouco mais da metade dessas pessoas. A superlotação das penitenciárias, por si só, traz inúmeros problemas. Some-se a isso que após o cumprimento da pena o ex-presidiário não consegue encontrar vaga de trabalho - seja no mercado formal ou informal - em razão do estigma que há pelo seu passado.

---

[7] Ou seja, que ainda estão aguardando o julgamento definitivo do ilícito que lhe foi imputado.

Como quinto e último ponto encontram-se as causas endógenas, as quais estão relacionadas com as características pessoais daqueles que cometem ilícitos penais. Há, é claro, os que se voltam para o crime por maldade, por crueldade, porque sentem prazer na violência, etc. Esses são exceções à regra.

A esmagadora maioria dos indivíduos relacionados com o crime são homens entre 18 e 25 anos. Jovens do sexo masculino, por uma série de razões, são a clientela mais comum do crime, seja como agentes, seja como vítimas. Isso se deve ao fato de que o jovem é especialmente suscetível à influência forte de amigos, tem necessidade de dinheiro e geralmente não encontra empregos por não ter experiência, e tem grande necessidade de afirmação de valores individuais, em grande parte devido à cultura que ainda hoje lhe impõe o dever de ser o "provedor", o bem sucedido na sociedade.

Tendo esses pontos em mente, passa-se, no momento, à análise crítica dos dados apresentados no tópico anterior. Percebe-se, numa perspectiva global, que nos estados da Paraíba, Alagoas e Sergipe há uma redução dos números de violência intencional, de modo que todos eles alcançaram a marca de menor número de mortes no ano de 2018. Todavia, enquanto a Paraíba apresentou uma diminuição em todos os anos, Alagoas apresentou um pico no ano de 2017, contando com 1926 mortes ou 57,1%, enquanto Sergipe apresentou seu pico em 2016, com 1450 mortes ou 64%.

Nessa direção, percebe-se que Alagoas e Sergipe apresentam números de violência intencional condizentes com a situação crítica enfrentada pelo Brasil, na área da segurança pública, especialmente no ano de 2017. Diferentemente, a Paraíba revela seguir na contramão do referido cenário, pois em todos os anos analisados há uma redução das taxas absolutas e relativas dos números de violência letal intencional, o que implica num gerenciamento distinto da segurança pública.

É notória, ainda, a correlação existente entre as taxas de criminalidades e os investimentos na área da segurança pública, bem como nos setores correlatos. Assim, a Paraíba, que demonstra uma diminuição no número de casos de violência letal intencional, além de ter tido uma redução no quantitativo da sua população carcerária, apresentou um aumento de investimentos nas áreas da educação, o que implicou no crescimento dos índices do IDHM- Educação e IDEB, como também foram acrescidos investimentos para as áreas da assistência social, política carcerária e segurança pública, muito embora o valor correspondente ao Fundo de Segurança Pública tenha reduzido ao longo dos anos analisados.

Em continuidade, em Alagoas, apesar de ter havido uma redução no quadro dos casos de violência letal intencional no ano de 2018, fato é que o número da população carcerária e presos provisórios aumentou. Contudo, assim como verificado na Paraíba, houve o aumento do IDHM- Educação e IDEB, além de maiores investimentos pertinentes às áreas da educação, assistência social, política carcerária, segurança pública e no Fundo de Segurança.

O estado de Sergipe, por seu turno, que também teve uma diminuição no quesito criminalidade, apresentou em 2016 um pico no número de casos de violência letal intencional e, ao mesmo tempo, uma diminuição no IDHM-Educação. Ademais, o IDEB foi inferior ao verificado nos estados da Paraíba e Alagoas, o que pode indicar a correlação entre a situação da educação e da criminalidade. Quanto aos investimentos, da mesma forma que os demais estados em análise, houve um aumento nas áreas da educação, assistência social, segurança pública e também no Fundo de Segurança Pública. E, da mesma forma que o estado de Alagoas, ocorreu uma redução, de 2017 a 2018, nos valores correspondentes ao Fundo de Segurança Pública.

Nessa perspectiva, os três estados em discussão apresentam dados que nos levam à seguinte constatação: a diminuição na taxa dos números de mortes violentas letais intencionais, de 2015 a 2018, ainda que com picos entre 2016 e 2017, é inversamente proporcional ao aumento dos investimentos em setores essenciais à coletividade, como a segurança pública e a educação.

4. Iniciativas e práticas implementadas em Alagoas, Paraíba e Sergipe para o gerenciamento da política de segurança pública

Faz-se pertinente destacar algumas iniciativas voltadas ao gerenciamento da política de segurança pública nos estados da Paraíba e Alagoas, tendo em vista que tais práticas interferem diretamente nas estatísticas da criminalidade.

Dentre as iniciativas promissoras, o estado de Alagoas tem destaque pelo fato de a sua Secretaria de Estado de Ressocialização Social e Inclusão Social (Seris) ter sido uma das cinco secretarias de Administração Penitenciária que mais empregaram reeducandos no Brasil no ano de 2019. Segundo o seu secretário, Marcos Sérgio, a secretaria oportuniza emprego e renda a aproximadamente um mil egressos do sistema prisional. Tal fato relaciona-se diretamente ao incentivo para o exercício da atividade laboral por apenados fora das unidades prisionais, tendo sido verificado, em 2017, pelo Levantamento Nacional de Informações Penitenciárias (INFOPEN), um total de 60% de custodiados trabalhando fora dos estabelecimentos prisionais.

Saliente-se, também, que as atividades laborais para pessoas em condição de condenação, conforme previsão da Lei nº 7.210/84, a Lei de Execução Penal, têm caráter de dever social e condição para a dignidade humana. Logo, podem, ao lado das iniciativas educacionais, fazer do cumprimento de pena um processo ressocializador compromissado com a não reincidência - principalmente quando o trabalho for exercido fora do estabelecimento prisional.

Alagoas destaca-se, ainda, entre os estados que melhor remuneram os apenados em exercício de atividade laboral, de modo que 11,7% recebe entre ¾ e 1 salário mínimo mensal e 87,2% entre 1 e 2 salários mínimos (INFOPEN, 2020). Ademais, numa perspectiva de gênero, tem percentual acima da média nacional para mulheres privadas de liberdade exercendo atividade laboral.

O estado da Paraíba, por seu turno, que como visto em tópicos anteriores vem apresentando uma redução significativa no número de mortes decorrentes de violência letal intencional, implementou pertinentes políticas públicas de enfrentamento à criminalidade. Nesse contexto, com a aprovação do programa Paraíba Unidos pela Paz, através da Lei n. 11.049, de 21 de dezembro de 2017, iniciou-se um novo modelo de gestão em segurança pública, a exemplo da criação da Lei Complementar Estadual n. 111/2012, que dividiu o Estado em Regiões Integradas de Segurança Pública (Reisp) e Áreas Integradas de Segurança Pública (Aisp), com o fito de elucidar o papel da Polícia Civil, Polícia Militar e Corpo de Bombeiros Militar no combate à violência (SENA, 2019).

Sendo assim, o programa retromencionado foi perspicaz à instalação, em 24 de outubro de 2017, da UPO-Recomeçar na localidade do bairro de Mangabeira, conhecido por ser um centro de cracolândia do Varadouro, bairro da zona norte de João Pessoa. Tal UPO consiste numa unidade móvel, mais precisamente um ônibus, adquirido pelo Governo Federal, que busca não apenas reprimir o tráfico, mas, por meio de uma ação conjunta com a Pastoral Filhos da Misericórdia, dar apoio comunitário aos indivíduos da localidade em foco, por meio da oferta de banhos e alimentação, por exemplo (SENA, 2019).

Ainda sobre a discussão em foco, é pertinente apontar que o Atlas da Violência (2019, p. 94), destacou o sucesso do programa Paraíba Unidos pela Paz, deixando-o como ilustração, juntamente com iniciativas de outros estados, de uma boa prática a ser replicada nos demais estados brasileiros, com o fito de se aprimorar a política de segurança pública em uma constante dialética entre os estados da federação.

Considerações Finais

Pela história da humanidade, resta-se comprovado que eliminar o crime é um sonho impossível: em nenhum país e em nenhuma época o crime foi exterminado. O que pode ser feito, por outro lado, é a redução da criminalidade, especialmente àquela objeto de estudo deste trabalho: a violenta e organizada.

Conforme exposto ao longo deste capítulo, há diversos fatores influenciadores da conduta criminosa. Assim, nenhuma solução mostra-se eficaz quando o objetivo é atacar apenas uma dessas causas. Há, de tal maneira, a necessidade de um amplo conjunto de medidas que demandam efetivo investimento financeiro associado a medidas estruturais pensadas para curto e longo prazo.

Isto posto, o combate à criminalidade não se dá apenas por meio do investimento no setor da segurança pública em sentido stricto, pois as problemáticas que envolvem a redução da criminalidade são, sem dúvida, mais abrangentes. Logo, devem ser observados fatores como a escolaridade da população, o investimento em assistência social, saúde e demais políticas públicas que contribuam, direta ou indiretamente, para a construção de uma sociedade menos desigual em que o direito fundamental à segurança possa ser, de fato, efetivado.

Outrossim, o Estado precisa recobrar sua legitimidade e credibilidade, e não conseguirá isso se não cumprir as leis que ele mesmo impõe. A Lei de Execução Penal, por exemplo, deve ser cumprida com rigor, porém, em sua integralidade, não apenas no que concerne aos deveres, mas também nos que toca aos direitos dos apenados.

Somado a isso, urge a necessidade de comandar verdadeiramente os presídios. A curto prazo, novos estabelecimentos prisionais precisam ser construídos, sejam eles penitenciárias, colônias agrícolas, industriais ou albergues, para que seja possível oferecer melhores condições de convivência às pessoas privadas de liberdade que se encontram em ambientes superlotados. Todavia, a longo prazo, há de se pensar na implementação de políticas públicas que incluam o aumento de escolas e de projetos sociais que repercutam positivamente, e no futuro, para a diminuição de crimes e, por consequência, da necessidade de se construir novos presídios. É preciso, também, um maior rigor do sistema prisional para não permitir a manutenção de pessoas presas indevida e injustamente, pensando-se também em substituir a privação de liberdade por penas menos onerosas e mais efetivas.

Ainda, a justiça social é o remédio mais eficiente para vencer a maior parte da criminalidade violenta e contra o patrimônio. A redução das desigualdades sociais e econômicas bastaria para reduzir sensivelmente os índices de furtos, de uso e tráfico de drogas, de roubos e de homicídios. Consequentemente, um progresso econômico, com redução sensível da taxa de desemprego, e um incremento significativo na renda das classes mais baixas, seriam suficientes para minimizar duas das causas mais importantes do crime.

No Rio Grande do Norte, um dos estados com maior crescimento na taxa de homicídios em 2017, conforme o Atlas da Violência (2019), a segurança pública não sofre somente com a guerra entre organizações criminosas que, após o incidente na Penitenciária de Alcaçuz em 2017 elevou os índices de criminalidade. Trata-se, sobretudo, de reflexos da má gestão de recursos públicos, especialmente no que versa sobre a "falta de uma política clara e efetiva de segurança baseada em métodos de gestão e evidências científicas" (ATLAS DA VIOLÊNCIA, 2019, p. 19).

Assim sendo, a análise dos dados outrora discutidos no presente estudo, à luz das experiências de Sergipe, Paraíba e Alagoas, elucidam que a redução das desigualdades sociais é primordial para a construção de uma sociedade menos violenta. Esse processo demonstra para o governo potiguar a necessidade, inicialmente, da criação de uma rede de apoio às populações carentes, possibilitando acesso mais efetivo à educação infantil e fundamental.

Desse modo, a manutenção da criança nas escolas - de preferência em tempo integral -, além de, por si só, representar garantia de direitos, contribui para a diminuição do trabalho infantil - inclusive, em atividades ilícitas - e para acesso dos responsáveis, especialmente as mães, a empregos formais. Urge-se, ainda, a necessidade de diminuição da evasão escolar que deve ser devidamente acompanhada por profissionais das Secretarias de Educação e Assistência Social.

A referida análise nos leva a refletir sobre o fato de que a melhora dos índices educacionais, sobretudo na qualidade do ensino, correspondem a um decréscimo na taxa dos números de mortes violentas letais intencionais nos últimos dois anos. Logo, demonstra-se que a educação é uma forma efetiva de possibilitar redução à criminalidade e, claro, aliada a ela, a profissionalização e abertura de mais empregos formais para pessoas em situação de vulnerabilidade social.

Ademais, além de reforçar a profissionalização e promover acesso à renda às populações mais vulneráveis em geral, deve-se pensar, especificamente, as atividades laborais para pessoas em condição de privação de liberdade. Nesse passo, o trabalho, enquanto dever social e instrumento para promoção da dignidade, deve ser ofertado aos apenados para que seja possível desenvolver melhoria de renda para a família e profissionalização durante o cumpeirmento de pena, bem como viabilizar a ressocialização do apenado.

Essa experiência tem se mostrado promissora em Alagoas, estado que possui uma das cinco secretarias de Administração Penitenciária que mais empregaram reeducandos no Brasil no ano de 2019, conforme fora mencionado anteriormente.

Ainda com relação ao trabalho, deve haver destaque para a promoção de alternativas laborais às apenadas potiguares, uma vez que o RN figura entre os estados que menos oferece trabalho às mulheres em situação de cárcere, segundo INFOPEN (2017).

Torna-se claro, ainda, que para o avanço no desenvolvimento de ações não apenas de combate, mas de prevenção à violência, é necessária a qualificação da ação policial e da política penitenciária. Essa qualificação passa, ainda, por um olhar mais atento à política de segurança pública, de modo que sejam estruturadas medidas articuladas entre a União, Estados e Municípios.

Uma alternativa pode surgir por meio do exemplo da Paraíba que dividiu o estado em Regiões Integradas de Segurança Pública (Reisp) e Áreas Integradas de Segurança Pública (Aisp). Assim, observando as particularidades de cada região, poderia ser viabilizado melhor aproveitamento das capacidades da Polícia Civil, Polícia Militar, entre outros, no combate à violência no território do RN.

Bibliografia

BRASIL. Atlas da Violência 2019. Organizadores: Instituto de Pesquisa Econômica Aplicada; Fórum Brasileiro de Segurança Pública. Brasília: Rio de Janeiro: São Paulo: Instituto de Pesquisa Econômica Aplicada; Fórum Brasileiro de Segurança Pública. ISBN 978-85-67450-14-8. Disponível em: <https://www.ipea.gov.br/portal/images/stories/PDFs/relatorio_institucion al/190605_atlas_da_violencia_2019.pdf> Acesso em: 15 de abril de 2020.

BRASIL. Atlas do Desenvolvimento Humano no Brasil. Diponível em:

<http://atlasbrasil.org.br/2013/pt/consulta/>. Acesso em: 15. abr. 2020.

BRASIL. Instituto Brasileiro de Geografia e Estatística. CONTAS REGIONAIS 2017. Disponível em: <https://agenci adenoticias.ibge.gov.br/agencia-sala-de-imprensa/ 2013-agencia-de-noticias/releases/26025-contas-regionais-2017-apenas-rio-de-janeiro-sergipe-e-paraiba-tiveram-queda-de-volume-no-pib>. Acesso em: 18 out. 2019.

BRASIL. Instituto Brasileiro de Geografia e Estatística. Ministério da Economia (Ed.). Sinopse do Censo Demográfico de 2010. Brasília: Ibge, 2011. 265 p.

CANO, Ignacio. As origens da criminalidade. Disponível em: <https://super.abril.com.br/ciencia/as-origens-da-criminalidade/>. Acesso em: 18 maio 2020.

CARVALHO, Severino; SIQUEIRA, Vanessa. Com redução recorde, taxa de homicídios de 2019 em Alagoas é a menor em 20 anos. Agência Alagoas. Governo do Estado de Alagoas. Disponível em: < http://www.agenciaalagoas.al.gov.br/noticia/item/31972-com-reducao-recorde-taxa-de-homicidios-de-2019-em-alagoas-e-a-menor-em-20-anos#:~:text=Alagoas%20terminou%202019%20com%20o,uma%20redu%C3%A7%C3%A3o%20recorde%20de%2051%25. > Acesso em: 15 de abril de 2020.

CORSI, ÉTHORE CONCEIÇÃO. Pena: origem, evolução, finalidade, aplicação no Brasil, sistemas prisionais e políticas públicas que melhorariam ou minimizariam a aplicação da pena. Disponível em: <https://ambitojuridico.com.br/cadernos/direito- penal/pena-orige m-evolucao-finalidade-aplicacao-no-brasil-sistemas-prisionais-e-politicas-publicas-que-melhorariam-ou-minimizariam-a-aplicacao-da-pena/>. Acesso em: 10 maio. 2020.

DEPARTAMENTO PENITENCIÁRIO NACIONAL. Levantamento nacional de informações penitenciárias: dezembro de 2019. Dezembro de 2019. Disponível em: https://app.powerbi.com/view?r=eyJrIjoiZTlkZGJjODQtNmJlMi00OTJhL WFlMDktNzRlNmFkNTM0MWI3IiwidCI6ImViMDkwNDIwLTQ0NGM tNDNmNy05MWYyLTRiOGRhNmJmZThlMSJ9. Acesso em: 9 maio 2020.

FÓRUM BRASILEIRO DE SEGURANÇA PÚBLICA (Brasil). Anuário Brasileiro de Segurança Pública 2019. São Paulo: Fórum Brasileiro de Segurança Pública, 2019. 218 p. Disponível em: <http://www.forumseguranca.org.br/publicacoes/13-anuario-brasilei ro-de-seguranca-publica/> Acesso em: 18 de out. de 2019.

HERMES, Ivenio. CVLI: A Nomenclatura e Suas Estatísticas Valorizadoras da Vida. 2014. Disponível em: < http://j.mp/1u8P4Sj >. Publicado em: 21 jul. 2014. Acesso em 06 jul. 2019.

INSTITUTO DE PESQUISA ECONÔMICA APLICADA. Atlas da Violência. Brasília: Ministério da Justiça, 2019. 117 p. Disponível em: <http://www.ipea.gov.br/atlasviolencia/download/21/atlas-da-violencia-dos-municipios-brasileiros-2019> Acesso em: 18 de out. de 2019.

MASSON, Cleber. Direito Penal: parte geral. 12 ed. rev., atual. e ampl. Rio de Janeiro: Forense. São Paulo: Método, 2018.

MOURA, Marcos Vinicius de (org). Levantamento Nacional de Informações Penitenciárias, atualização dezembro de 2019. Brasília: Ministério da Justiça e Segurança Pública. Departamento Penitenciário Nacional, 2017. Disponível em: <http://depen.gov.br/DEPEN/depen/sisdepen/infopen/relatorios-analiticos/relatorios-analiticos> Acesso em: 10 abr. 2020.

RADAR IDHM: evolução do IDHM e de seus índices componentes no período de 2012 a 2017. – Brasília: IPEA: PNUD: FJP, 2019. Disponível em: <http://www.atlasbrasil.org.br/2013/pt/radar-idhm/>. Acesso em: 10 jan. 2020.

REPÚBLICA, Presidência da. Constituição Federal. Disponível em: <http://www.planalto.gov.br/ccivil_03/constituicao/constituicao.htm>. Acesso em: 5 maio 2020.

SAMPSON, Robert J.. O poder também abre portas para o delito. Disponível em: https://super.abril.com.br/tecnologia/o-poder-tambemabre-portas-para-o-delito/. Acesso em: 18 maio 2020.

SANTOS, Alberto Marques dos. Criminalidade: causas e soluções. Disponível em: <http://www.albertosantos.org/Criminalidade.pdf> Acesso em: 10 de maio de 2020.

SENA, Carlos Roberto Silva de. Inovação na Gestão Pública: Ações de enfrentamento à cracolândia em João Pessoa com a participação da Unidade de Polícia Ostensiva da Polícia Militar/PB e grupos da Sociedade Civil Organizada, 2019. Disponível em: <https://repositorio.ufpb.br/jspui/bitstream/123456789/16219/1/CRSS311 02019.pdf>. Acesso em 17 abr. 2020.

SILVA, Luís Antonio Machado da. Criminalidade violenta: por uma nova perspectiva de análise. Revista de Sociologia e Política, Curitiba, v. 1, n. 13, p. 1-1, Nov. 1999. Disponível em: <https://www.scielo.br/scielo.php?pid=S0104-44781999000200009&script=sci_arttext> Acesso em: 10 maio 2020.

SUTHERLAND, Edwin H. O crime de colarinho branco: versão sem cortes. Tradução Clécio Lemos. 1. ed. Rio de Janeiro: Revan, 2015.

Transparência Estado da Paraíba. Despesa Orçamentária. Disponível em: <http://transparencia.pb.gov.br/despesas/despesa-orcamentaria>. Acesso 05 jan. 2020.

Política de contratação de presos pelo Estado

Walter Nunes da Silva Júnior[1]

Na história dos povos, o crime tem se apresentado como fenômeno de variável constante, com maior ou menor taxa de incidência, independentemente do nível de desenvolvimento material ou intelectual da sociedade. Ao lado do crime, as organizações sociais, mesmo nos seus primórdios, sempre adotaram mecanismos de punição para os *comportamentos desviantes*. As penas eram direcionadas ao corpo do infrator. Eram cruéis, difamantes e torpes: açoites, torturas, mutilações variadas, marca com ferro, banimento e, ainda, a morte, por meio da decapitação, enforcamento e/ou esquartejamento.

A prisão como pena foi uma forma de humanização da punição, na medida em que destinada, precipuamente, à ressocialização ou redução de danos. Mas a prisão também tem se mostrado cruel, diante do caos instalado em muitas unidades prisionais, ademais de ineficiente quanto à missão de ressocializar ou reduzir danos.

---

[1] Juiz Federal, Mestre e Doutor, Professor Associado da Universidade Federal do Rio Grande do Norte – UFRN, Coordenador dos Projetos de Pesquisa *O Direito Criminal como corpo normativo construtivo do sistema de proteção dos direitos e garantias fundamentais, nas perspectivas subjetiva e objetiva* e a *Criminalidade violenta e diretrizes para uma política de segurança pública no Estado do Rio Grande do Norte*, Conselheiro do Conselho Nacional de Política Criminal e Penitenciária – CNPCP e membro da Academia de Letras Jurídicas do Rio Grande do Norte – ALEJURN.

Muitos não acreditam na prisão como instrumento de ressocialização ou de redução de danos, chegando vozes autorizadas a pregar a sua abolição. Infelizmente, para certos tipos de crimes, é utópico pensar na abolição da prisão.

Este capítulo foi desenvolvido tendo em consideração os estudos desenvolvidos no Projeto de Pesquisa *Criminalidade violenta e diretrizes para uma política de segurança pública no Estado do Rio Grande do Norte*, aborda a necessidade da otimização de políticas penitenciárias voltadas para a assistência educacional e à oferta de trabalho aos presos, iniciativa indispensável para a ressocialização ou redução de danos.

No final, será demonstrado que a oferta de trabalho por órgãos estatais, além de instrumento para a ressocialização ou redução de danos, pode ser utilizada como importante fonte de recursos financeiros para aplicação no sistema penitenciário, mediante a constituição de fundo rotativo irrigado com a retenção de percentual da remuneração devida ao preso pelo trabalho desempenhado.

1. Punição e Prisão

A criminalidade consiste em problema social crônico, com o condão de comprometer a qualidade de vida das pessoas. Situação que se equipara, em termos de preocupações, à recente crise sanitária decorrente da pandemia do novo coronavírus (2019-nCoV), mas com o agravante de que se trata de uma crise permanente e que tem piorado ano a ano.

Desde as épocas mais remotas da vida em sociedade sempre existiram os comportamentos desviantes e, como corolário lógico do sentimento de proteção, foram adotados mecanismos de punição.

Inicialmente, a resposta ao agente que praticava as condutas indesejadas ou consideradas injustas era sobremaneira violenta. As penas eram cruéis, difamantes e torpes: açoites, tortura, mutilações variadas, marca com ferro, banimento e, ainda, a morte, por meio da decapitação, enforcamento e/ou esquartejamento. As Ordenações Filipinas, por exemplo, contemplavam diversas dessas penas cruéis, merecendo lembrança o enforcamento e esquartejamento de Tiradentes.

Como forma de humanizar as punições, a prisão passou a ser utilizada como pena, em substituição às mutilações, açoites, banimento e mesmo à execução capital (FOUCAULT 1977). Com a disseminação da prisão como punição para os crimes, surgiram os estudos a seu respeito e a percepção quanto à necessidade de sua sistematização.

Há controvérsias quanto à origem do sistema prisional. Nelson Hungria atribui a origem aos Estados Unidos (1958, 192). Em certa medida, isso é correto, pois, os primeiros sistemas penitenciários, tais como hoje conhecemos, surgiram nos Estados Unidos, no Século XIX (BITENCOURT 2001, 57). A intenção foi criar uma política criminal voltada a estabelecer diretriz única quanto ao tratamento dispensado ao preso dentro do cárcere, com implicação, inclusive, na arquitetura dos presídios.

Nesse desiderato, no escopo de que atingido um objetivo geral e comum, foram concebidos os seguintes sistemas: (a) o pensilvânico ou celular, com o isolamento total do preso, em forma de confinamento; (b) o auburniano, com isolamento mitigado, restrito para o período noturno, e imposição do trabalho durante o dia; e (c) o progressivo, consistente em uma confluência dos dois anteriores, de inspiração inglesa ou irlandesa, com isolamento durante determinado período, passando posteriormente para a permissão do trabalho durante o dia e, finalmente, a liberdade condicional (BITENCOURT 2001, 57-95).

Em verdade, parte da doutrina identifica na prisão celular quatro estágios, desdobrando o sistema progressivo nos modelos inglês e irlandês. O sistema inglês, inicialmente colocado em prática na prisão de pentovile, também chamado de sistema de servidão previa 3 (três) períodos: (i) isolamento celular, durante 9 (nove) meses; (ii) trabalhos públicos em comum durante o dia e isolamento noturno; (iii) após o cumprimento de ¾ da pena, a liberdade condicional. O sistema irlandês acrescentou mais uma etapa, sendo concebido da seguinte forma: (a) isolamento celular; (b) trabalho comum durante o dia, com isolamento noturno; (c) serviço externo diurno e reclusão durante à noite; (d) livramento condicional, após o cumprimento de ¾ da pena (FÁVERO 1945, 368). Nós, com a edição do Código Penal de 1940, passamos a adotar o sistema progressivo irlandês.

Independentemente do sistema adotado para o tratamento do preso dentro do cárcere, a prisão em si sempre foi objeto de discussão e há quem defenda, ardentemente, a sua abolição. Nelson Hungria lembra que a ideia abolicionista tem como embrião o *correcionalismo*, diante da constatação de que a prisão "Longe de conseguir o objetivo de reabilitação, é uma incubadeira de reincidentes" (1958, 192-193).

Zaffaroni, crítico ferrenho do sistema prisional, assevera ser inquestionável que a prisão constitui notável fator criminógeno, mas que mesmo ante essa evidência se tem insistido em todo o mundo aumentar a população carcerária, "... muy especialmente em los Estados Unidos, donde desde 1860 hasta la década de 1970, la tasa de prisionización por cien mil habitantes se matuvo alrededor de cien (com ligeras variantes)" (2002, 930).

Embora reconheça que a perspectiva seja de que durante o Século XXI a prisão continuará a ser utilizada em larga escala como um campo de extermínio físico ou psíquico, de forma mais ou menos sofisticada a depender das condições econômicas do país, alvitra que seria bem menos custoso se fosse utilizada a tecnologia para exercer a vigilância e controle das pessoas punidas pela prática de crimes, em substituição à prisão.

Esse discurso é contagiante, mas, infelizmente, a humanidade ainda não encontrou solução melhor do que a prisão para lidar com situações extremas. Substituir um regime de vigilância física por uma eletrônica não é viável por diversos fatores e sequer é de todo desejável. Seria difícil limitar o monitoramento intensivo do Estado em relação ao condenado, vulnerando, ainda mais, o direito à privacidade de pessoas que não praticaram crimes, que seriam identificadas apenas pelo fato de ter mantido algum contato com aquele, isso no cenário menos alarmante, porque a situação seria mais delicada, caso implantado um sistema de escuta ou câmeras na residência de quem estivesse sob controle. De mais a mais, como alerta Roxin (2006, 7), há uma gama variada de delitos que não podem ser evitados por meio apenas do monitoramento, como são os casos de homicídios passionais, para não falar da atuação de serial killers, integrantes de organizações criminosas etc.

Desde o fim do Século XVIII para o início do Século XIX, quando foi alçada a categoria de sanção, não se conhece um único País que não adote, em maior ou menor intensidade, a prisão como pena, ou que sequer tenha se dado a fazer experimentos no sentido de efetivamente eliminá-la.

A ideia do sistema prisional é de que a prisão sirva para evitar a prática de crimes e promover a reintegração do detento à sociedade de forma paulatina e progressiva, mediante o cumprimento de etapas em regimes mais rigorosos para outros mais flexíveis, até a concessão da liberdade.

1.1 Finalidade da prisão

A prisão como pena foi concebida com o propósito de humanizar a punição. Apresentou-se como a *pena do futuro*, tendo como finalidade tratar o preso e curá-lo para o retorno à vida em sociedade.

A legislação subconstitucional brasileira, afinada com as normas internacionais então vigentes, assegurou ao preso e ao egresso o direito à assistência material, à saúde, jurídica, educacional, social e religiosa (art. 11 da Lei nº 7.210, de 11 de julho de 1984). Para todos os efeitos, na execução da pena privativa de liberdade, sem embargo da assistência jurídica que há de ser prestada a quem dela necessite, o Estado tem o dever de fornecer ao preso não apenas a alimentação, o vestuário e as instalações higiênicas do estabelecimento penal, mas também de prover o local de instalações e serviços que o atendam nas suas necessidades pessoais, até mesmo quanto à viabilização da aquisição de produtos e objetos que, embora não sejam proibidos, não sejam fornecidos pela administração carcerária (arts. 12 e 13 da Lei nº 7.210, de 1984).

A identidade da Lei de Execução Penal com o respeito à dignidade humana, consubstanciada nas normas internacionais, fez com que muitas críticas fossem lançadas, ao fundamento de que elas eram utópicas para o Brasil. O editorial do Jornal do Brasil, edição de 21 de janeiro de 1985, lançou azedas críticas à então nova lei, merecendo destaque a seguinte parte:

> Em países de populações carcerárias pouco numerosas e eficientes serviços de vigilância, prisão albergue, prisão domiciliar e penas alternativas – como prestação de serviços a hospitais e escolas, em fins de semana, são medidas de clara dimensão humanizadora, educativas e reintegradoras do criminoso à sociedade. Em um clima de criminalidade exacerbada como a que se registra no Brasil, hoje tais liberdades em muitos casos significam pura e simplesmente a devolução de pessoas de alta periculosidade às ruas e a imediata retomada do crime. Legislou-se, pois, sobre uma ficção: a existência de um sistema penitenciário aberto e um mecanismo de acompanhamento do condenado em regime de liberdade vigiada, tendo em vista a sua recuperação. Sem esses pressupostos, a humanização da pena cai na irrealidade, ou ao passar para a lei torna-se apenas um meio não declarado de esvaziar os presídios, à falta de recursos para melhorá-los (SILVA e BOSCHI 1986, 14).

Veja-se que a Lei é de 1984, época em que o país ainda passava pelas turbulências do *Regime Militar*, muito embora já tivesse se iniciado o processo de *abertura política*[2].

A esse respeito, as Regras Mínimas das Nações Unidas para o Tratamento de Presos, atualizadas em 2015, as chamadas *Regras de Mandela*, mantiveram a diretriz internacional de que o cumprimento de prisão tem como objetivo proteger a sociedade contra a criminalidade e reduzir a reincidência, pelo que as administrações, em consonância com as necessidades individuais de tratamento dos presos, nos termos da Regra 4,2 (ONU, Organização das Nações Unidas 2016, 19), devem prestar assistência nas áreas de educação, formação profissional e trabalho, bem como outras formas de assistência apropriadas e disponíveis, inclusive aquelas reparadoras, moral, espiritual, social, esportiva e de saúde.

---

[2] A (re)democratização do Brasil, historicamente, é demarcada a partir da segunda metade dos anos oitenta, ou seja, a partir de 1985. O Marco regulatório, todavia, é a Constituição de 1988.

Infelizmente, quase 40 (quarenta) anos depois, muitas das regras esposadas na LEP ainda parecem utópicas diante da realidade carcerária no âmbito estadual. Não há uma política penitenciária efetiva quanto ao cumprimento do que dispõe a legislação de regência.

Isso porque, conquanto a segurança pública esteja incorporada ao discurso político como pauta essencial de qualquer programa de governo quer federal, quer estadual e mesmo municipal, não há investimento efetivo, especialmente no que diz respeito à implementação das assistências plasmadas na lei.

O assunto não é pautado, na prática, como uma *política de estado*. No ponto, a negligência dos poderes públicos é inaceitável, muito embora se reconheça que ela reflete o pensamento de parte significativa da população brasileira, que não concorda com o gasto de recursos na melhoria do tratamento a ser dispensado aos presos.

A par disso, doutrinadores de escol sustentam que a prisão só serve para *matar espiritualmente* o ser humano, que ao ultrapassar a porta de saída se manifesta impregnado de remorso, inadaptado à vida no grupo social, mais violento e com potencialidade delitiva mais aguda do que quando entrou na prisão (ASÚA 1947, 278). Nelson Hungria lembra que o *correcionalismo* se pautava na constatação de que a prisão "Longe de conseguir o objetivo de reabilitação, é uma incubadeira de reincidentes" (1958, 192-193). Indo mais longe, Giles Playfair e Derrick Sington, em obra intitulada sugestivamente *Prisão não cura, corrompe*, asseveram "... que não pode haver solução realmente civilizada para o problema da prevenção do crime, enquanto sobreviver o sistema de prisão" (1965).

Afinal de contas, infelizmente, a parêmia *bandido bom é bandido morto* contamina a nossa sociedade em si, com reflexo no desinteresse quanto ao desenvolvimento de políticas efetivas nessa área, salvo algumas exceções. O que deveria ser a regra, passa a ser exceção.

Se essas assistências, indispensáveis para um sistema penitenciário arquitetado sob o modelo progressivo, cuja finalidade é prevenir crimes, não são prestadas da forma adequada, não parece válido se valer de estudos que partem da premissa de que uma unidade prisional não se presta para a ressocialização ou redução de danos.

Ingenieros sustenta que dois critérios falsos e simplistas têm desviado a atenção dos legisladores. Um, chamado por ele de *sentimentalistas*, acreditam que todo *delinquente* é culpa da sociedade, enquanto o outro, denominado grupo dos *pessimistas*, consideram os *criminosos* incorrigíveis. Todavia, arremata, mais adiante, que "Seja qual fôr o systema de delictos e penas vigentes, todos os estabelecimentos destinados à reforma e sequestração dos delinquentes devem converter-se em verdadeiras *clínicas criminológicas*, onde os recolhidos sejam estudados sem se poupar esforços para a readaptação social dos sujeitos reformáveis" (INGENIEROS 1934, 200).

1.2 Direito do preso à educação e ao o trabalho

Ao estabelecer os valores sociais do trabalho e, mais adiante, assegurar o direito à educação, o constituinte ressaltou a dimensão axiológica do trabalho e da educação nas suas perspectivas individual e coletiva.

Com esteio na dicção constitucional, pode-se estabelecer que, se o trabalho e a educação, por um lado, são acontecimentos importantes para o desenvolvimento social, de outro, constituem bens jurídicos inerentes à condição humana, que devem ser assegurados como forma não apenas de permitir a exteriorização da personalidade mediante a realização profissional, mas também como meio de cumprir a finalidade da pena, que é buscar a ressocialização.

Sem educação não há capacitação para o trabalho e sem formação educacional adequada, ainda que o preso seja inserido no mercado de trabalho, a sua (re)adaptação aos valores da vida em sociedade tem-se por comprometida.

Por isso mesmo, tendo em mira buscar a ressocialização dentro de um sistema de respeito à dignidade da pessoa humana, a Lei de Execução Penal assegurou ao preso a assistência educacional, que compreende a instrução escolar e a formação profissional, dispondo sobre a obrigatoriedade do ensino de primeiro grau, integrado ao sistema escolar da Unidade Federativa (arts. 17 e 18 da Lei nº 7.210, de 1984). As Regras de Mandela explicitam melhor qual o alcance do art. 18 da LEP, ao ressaltar que, sem embargo de a administração penitenciária ser obrigada a criar instrumentos para promover a educação de todo que dela possam se beneficiar "A educação de analfabetos e jovens presos deve ser compulsória", devendo ser conferida atenção especial quanto a essa questão (Regra 104, 1, segunda parte). Afinal, não se pode conceber que alguém tenha o direito de ser analfabeto, notadamente se ele está sob a custódia do estado, em razão da prática de crime, pois dentre as variáveis dissuasórias à conduta criminosa se apresenta a educação, instrumento indispensável para fomentar na pessoa o agir conforme o conjunto de normas e valores sociais.

Restou esclarecido na lei que o ensino profissional deve ser em nível de iniciação ou de aperfeiçoamento técnico, sendo ressaltado, nesse ponto, que à mulher o ensino profissional há ser adequado a sua condição (art. 19, caput e parágrafo único, da LEP). Essa ressalva em relação ao gênero feminino denota uma cultura própria da época dos anos 1980, quando a mulher ainda não tinha ingressado no mercado de trabalho para desempenhar funções que, anteriormente, eram quase exclusivamente ocupadas pelos homens. Hoje, tal disposição somente se concebe caso seja interpretada no sentido de que devem ser previstos cursos profissionalizantes gerais, independentemente do gênero, e outros que são específicos às mulheres, como é o caso do curso de corte e costura, por exemplo.

Mais adiante, o legislador alvitrou a possibilidade de as atividades educacionais serem prestadas por meio de convênio com entidades públicas ou privadas, que instalem escolas ou ofereçam cursos especializados (art. 20 da LEP), tornando obrigatória a existência de biblioteca, para uso de todas as categorias de reclusos, provida de livros instrutivos, recreativos e didáticos (art. 21 da LEP)

Esse relato dos dispositivos da LEP que, em sua redação originária, disciplinaram a assistência educacional no sistema penitenciário, evidencia como ela foi incipiente no trato da matéria.

Para ampliar e qualificar a oferta de educação nos estabelecimentos carcerários, a Presidência da República instituiu, por meio do Decreto nº 7.626, de 24 de novembro de 2011, o Plano Estratégico de Educação no âmbito do Sistema Prisional – PEESP, contemplando a educação básica de jovens e adultos, a educação profissional e tecnológica, e até mesmo a educação superior.

A política pedagógica estabelecida para o sistema prisional em nosso meio segue a orientação da ONU, que é secundada por diretriz firmada pela União Europeia, no sentido de que o foco com a assistência educacional destinada a adultos encarcerados não deve se resumir à preparação para o mercado do trabalho ou a ressocialização, porém o desenvolvimento da pessoa no seu *todo*, na qualidade de membro da sociedade (COSTELLOE e WARNER 2014, 181).

A despeito disso, segundo dados do DEPEN (2019, 56), conquanto a baixa escolaridade faça parte do perfil da população carcerária, o estudo entre as pessoas custodiadas em presídios estaduais é muito raro, na medida em que apenas 10,58% (dez vírgula cinquenta e oito por cento) deles participam de atividades educacionais. Em relação a atividades complementares, que compreende programas de remição pela leitura, esporte, lazer, cultura etc., a participação é ainda menor, alcançando 1,04% (um vírgula zero quatro por cento). De outra banda, 50% (cinquenta por cento) dos presos que estudam estão no nível fundamental.

2. Direito e dever social do trabalho do preso

O respeito aos valores sociais do trabalho e à livre iniciativa, como um dos fundamentos da democracia brasileira, em sua repercussão para o âmbito do Direito Processual Penal, garante ao preso o direito de exercer, dentro do possível, atividade profissional que lhe propicie cooperar com o sustento de sua família ou mesmo a formação de um pequeno fundo monetário, a ser utilizado para satisfazer suas necessidades futuras, principalmente para uso após a saída da prisão, em razão do cumprimento da pena ou da concessão de livramento condicional.

Com isso, se quer dizer que o preso, no sistema jurídico brasileiro, tem o direito de trabalhar – e, por consectário, de estudar e mesmo de aprender um ofício. Até porque, há de se convir, em um sistema criminal cuja finalidade maior é voltada para a *recuperação* daquele inserido na delinquência, o mecanismo eficiente a ser adotado na (res)socialização é justamente a educação, ao lado do trabalho.

Em harmonia com a dicção constitucional que viria a ser estabelecida, a LEP, anterior à Carta de 1988, já contemplava o trabalho como um direito do preso, independentemente do tipo de crime ou do regime de cumprimento da pena. Com efeito, a Lei nº 7.210, de 1984, norma de regência do cumprimento de pena ou prisão, que compreende normas de Direito Processual Penal e de Direito Penitenciário, inspirada na concepção moderna de que a pena, conquanto deva prestar-se a punir, deve ser executada no sentido de prevenir o crime, além de ter em mira orientar o preso no retorno à convivência em sociedade – mediante assistência material, à saúde, jurídica, educacional, social e religiosa –, deixa expresso que constitui direito do preso o exercício das *atividades profissionais* (art. 41, VI).

Sente-se a influência, na legislação em destaque, da doutrina esposada na teoria da *Nova Defesa Social*, de Mar Ancel (A nova defesa social: um movimento de política criminal humanista 1979), de acordo com a qual a pena tem como escopo proporcionar a (re)adaptação do condenado ao meio social, única forma efetiva de defender a sociedade da potencialidade delinquente externada com a conduta ilícita que ensejou a sanção criminal por meio da imposição da prisão.

Malgrado se admita que, em determinados crimes, sejam aplicadas restrições do direito ao desempenho de atividades laborativas específicas, o trabalho e ao estudo, na qualidade de atributos da própria condição humana, não podem ser negados, por mais hediondo que tenha sido o crime praticado, salvo quando o comportamento do preso não o recomende. Até porque não se concebe outra forma de se tentar a ressocialização do detento do que o método consistente na sua qualificação por meio da educação e a paulatina inserção no mercado de trabalho.

Sentindo essa verdade, o legislador da Lei de Execução Penal erigiu o trabalho à categoria de *dignidade humana* e de *dever social* do condenado, com finalidade não apenas educativa, mas também produtiva (art. 28, caput). Ou seja, o trabalho, para o preso, ao tempo em que é um direito, apresenta-se como um *dever social* e uma das medidas empregadas pela administração carcerária na tentativa de atingir a finalidade da pena, que é a reeducação, daí por que, na dicção do art. 31 da Lei em referência, "O condenado à pena privativa de liberdade está *obrigado* ao trabalho na medida de suas aptidões e capacidade". (Grifo acrescentado)

O preso, assim, não só tem o *direito,* como o *dever* mesmo de trabalhar, o que, visto sob outra ótica, impõe o reconhecimento de que o Estado, por meio do estabelecimento carcerário, tem a obrigação de oferecer oportunidades adequadas para que ele desempenhe atividade laborativa, independentemente do tipo de crime praticado.

O trabalho do preso é um *dever social*, pois, como se disse acima, não se apresenta apenas como instrumento para o seu desenvolvimento pessoal ou ressocialização, como igualmente para que ele, de alguma forma, produza em prol da sociedade e de sua própria família. Drauzio Varela, após 10 (dez) anos de trabalho no Sistema Penitenciário do Estado de São Paulo como médico, no livro a *Estação Carandiru*, diante da experiência adquirida e colhida das entrevistas com os presos, observou que o prisioneiro reconhece que a *mente ociosa é a moradia do demônio* e que o *corpo cansado a saudade espanta*, daí por que, "Ao contrário do que se imagina, a maioria prefere cumprir a pena trabalhando" (Estação carandiru 1999, 141).

2.1 Remuneração e regime de trabalho do preso

Para fomentar a atividade laboral dos presidiários, a lei permite que fundação ou empresa pública gerencie o trabalho, tendo como finalidade precípua a formação profissional do detento, e promova e supervisione a produção, com critérios e métodos empresariais, cuidando de providenciar a comercialização, sem prejuízo do encargo de suportar as despesas operacionais, aí incluída a remuneração adequada ao preso que presta o serviço[3]. Conforme a legislação de regência, as entidades públicas podem celebrar convênio com a iniciativa privada, no desiderato de que sejam implantadas oficinas de trabalho em setores de apoio aos presídios (art. 34, § 2º).

---

[3] O Estado, por sua vez, deve empreender campanha de conscientização para incentivar o debate do assunto perante a sociedade, a fim de conseguir sensibilizar a todos da necessidade na formação de parcerias, ainda que não seja para a implementação do pleno emprego nos presídios, pelo menos para fazer com que se compreenda a importância da abertura do mercado de trabalho para os internos, como instrumento de ressocialização e medida preventiva na área de segurança pública.

POLÍTICA DE CONTRATAÇÃO DE PRESOS PELO ESTADO

Para facilitar a comercialização, os órgãos da administração direta ou indireta da União, dos Estados, do Distrito Federal e dos Municípios podem adquirir, com dispensa de certame licitatório, os produtos produzidos pelo trabalho desempenhado pelos presos, com reversão do que for arrecado com as vendas em favor da fundação ou empresa pública constituída com o objetivo de cooperar na formação profissional do preso, nos termos do art. 34, caput, da LEP (art. 35, caput e parágrafo único).

O direito ao trabalho pode ser interno ou externo, sendo aquele próprio para os presos com cumprimento de pena em regime fechado, enquanto este para os que se encontram em regime aberto ou semiaberto. De qualquer modo, mesmo o preso em regime fechado pode desempenhar trabalho externo, quando recrutado para serviço ou obra pública realizada por órgãos da administração direta ou indireta ou entidades privadas, desde que tomadas as providências necessárias para evitar a fuga e manter a disciplina (art. 36, caput, da LEP).

Em virtude de a utilização da mão de obra carcerária representar diminuição de custos, a LEP tratou de estabelecer 10% (dez por cento) do total de empregados na obra, como limite máximo do número de presos que podem ser recrutados para trabalhar por uma mesma empresa (art. 36, § 1º).

No plano internacional, a orientação das Regras de Mandela é no sentido de que o preso não julgado tem o direito ao trabalho remunerado, com a vedação de que isso seja imposto contra a sua vontade (art. 89). O Pacto Internacional sobre Direitos Civis e Políticos tratou com mais detalhe do assunto, ao coibir, apenas, os trabalhos forçados ou obrigatórios e esclarecer que, dentre outros, assim não é entendido "qualquer trabalho ou serviço que faça parte das obrigações cívicas normais" (art. 8º, 3, c, IV).

Vê-se, assim, que o preceito interno brasileiro que impõe a *obrigatoriedade* do trabalho não está em descompasso com as diretrizes internacionais, até porque a atividade laboral é uma das formas de tratamento em busca da reinserção social do preso.

O direito ao trabalho do preso tem como corolário lógico o direito à remuneração. Com efeito, em consonância com a lei de regência, o trabalho do preso, nada obstante não esteja sujeito ao regime da Consolidação das Leis do Trabalho, deve ser remunerado, não podendo a contraprestação ser inferior a três quartos do salário mínimo (29, caput, da Lei nº 7.210, de 1984).

O que não parece em sintonia com a cláusula constitucional é o fato de a legislação infraconstitucional permitir que a remuneração do preso seja fixada em valor inferior ao do salário mínimo (29, caput, da Lei nº 7.210, de 1984). Em razão do valor do salário mínimo, é difícil imaginar que uma remuneração inferior a esse patamar respeite o conteúdo do princípio da dignidade humana. Nem se pense que impedir o recrutamento da força de trabalho carcerária por valor inferior ao mínimo retire o estímulo para a contratação pelas empresas privadas.

Isso não ocorre porque, ainda que aplicado o salário mínimo, mesmo assim é vantajoso contratar o preso sob a batuta das regras da LEP, pois, como a relação não é regida pela CLT, não há a incidência dos encargos sociais, que possuem o condão de praticamente dobrar o custo com o empregado.

Essa é uma iniciativa que tem importância social, pois, qualquer que seja a remuneração, o seu valor, ainda de acordo com a intenção do legislador, deve ser suficiente para o preso indenizar os danos causados pelo crime – caso isso conste de decisão judicial –, dar assistência à família, atender pequenas despesas pessoais e para ressarcir o Estado das despesas com a sua manutenção (art. 29, § 1º, alíneas *a* a *d*, da Lei nº 7.210, de 1984), devendo o que sobejar ser depositado em caderneta de poupança para constituição de pecúlio, para fins de liberação quando readquirido o direito à liberdade pelo interno.

Ademais de assegurada a remuneração, está resguardado o respeito à dignidade humana, pois, conquanto a relação de trabalho não receba a guarida da CLT, a própria LEP cuida de estabelecer regras específicas sobre o contrato de trabalho do preso, preceituando que a atribuição da atividade laborativa deve levar em consideração a habilitação, a condição pessoal (idade, estado de saúde, nível de escolaridade etc.) e as necessidades futuras do preso, assim como o que o mercado efetivamente oferece (art. 32, caput), devendo a jornada de trabalho não ser inferior a 6 (seis) nem superior a 8 (oito) horas, com descanso aos domingos e feriados, salvo horário especial.

Certo de que o trabalho se manifesta como um dos pilares da ressocialização e é instrumento indispensável para desenvolver o senso de identidade, autoestima e subsistência do preso, o DEPEN, no cumprimento da missão que lhe é outorgada pela LEP, a partir de 2012, criou com recursos do Fundo Penitenciário Nacional – FUNPEN, o Programa de Capacitação Profissional e Implementação de Oficinas Permanentes em Estabelecimentos Penais – PROCAP. Desde a sua implementação até o ano de 2015, por meio desse programa tinha sido repassado para os órgãos estaduais de administração prisional o equivalente a R$ 39.937.765,67 (trinta e nove milhões, novecentos e trinta e sete mil, setecentos e sessenta e cinco reais e sessenta e sete centavos) (DEPEN, Departamento Penitenciário Nacional 2019)[4], a fim de que fossem criados, mediante convênios com instituições privadas, espaços de trabalho nos presídios nas modalidades de Corte e Costura, Artefatos de Concreto, Tijolos Ecológicos, Panificação, Marcenaria e Eletricista de Instalação Predial.

2.2 Reserva de vagas para presos em licitações

Malgrado toda essa disciplina normativa e a iniciativa do DEPEN por meio do PROCAP, não são positivos os dados revelados no Levantamento Nacional de Informações Penitenciárias, coletados até junho de 2017, no que diz respeito ao número de presos em atividade laborativa.

Quanto aos presídios estaduais, no período analisado, apenas 17,5% (dezessete vírgula cinco por cento) da população prisional estavam vinculados a algum tipo de trabalho, o que representava à época 127.514 (cento e vinte e sete mil, quinhentos e quatorze) presos.

80,5% (oitenta vírgula cinco por cento) desse total desempenhavam suas funções laborais dentro dos próprios presídios, em atividades como prestação de serviço para empresas, organizações sociais e órgãos públicos, assim como serviço de apoio na limpeza e gestão no próprio presídio (2019, 60-61). Um dado em particular chama bastante a atenção.

---

[4] Impressiona é que o Rio Grande do Norte foi o único Estado da federação que não recebeu um único centavo do PROCAP.

No estudo, por incrível que pareça, foi identificado que 46, 7% (quarenta e seis vírgula sete por cento) dos presos que trabalhavam não recebiam remuneração. Ou seja, a despeito de só parcela ínfima da população carcerária exercer atividade laborativa, quase a metade não fazia jus à remuneração, em clara e escancarada situação de ilegalidade. Afora isso, 23,5% (vinte e três vírgula cinco por cento) recebiam o valor mínimo estabelecido na lei, que corresponde a ¾ (três quartos) do salário mínimo e, pior, 11,1% (onze vírgula um por cento) percebiam menos de ¾ (2019, 62).

Diante do quadro pintado pelos dados colhidos, veio a lume a Lei nº 13.500, de 26 de outubro de 2017, que, dentre outras deliberações importantes para o setor de segurança pública, enxertou o § 5º no art. 40 da Lei nº 8.666, de 21 de junho de 1993, no intuito de facultar à administração pública a inserir nos editais de certames licitatórios tendo como objeto a contratação de serviços, a exigência de que um percentual mínimo de sua mão de obra seja recrutado dentre presos ou egressos.

Em regulamentação ao disposto no artigo em referência, foi editado o Decreto nº 9.450, de 24 de julho de 2018, o qual instituiu a Política Nacional de Trabalho no âmbito do Sistema Prisional – PNAT, que estabeleceu linha de ação conjunta e articulada da União, Estados, Distrito Federal e Municípios na elaboração e implantação de políticas, programas e projetos para a inserção dos presos no mercado de trabalho e de geração de renda.

Na explicitação da articulação entre os diversos órgãos públicos para a execução do PNAT, o Decreto prevê a celebração de convênios ou instrumentos de cooperação técnica da União com o poder Judiciário,

Ministério Público, organismos internacionais, federações sindicais, sindicatos, organizações da sociedade civil e outras entidades e empresas privadas (art. 1º, § 4º, do Decreto nº 9.450, de 2018).

A partir dessa normatização, os órgãos públicos da administração direta, autárquica e fundacional federal, estadual e municipal – Legislativo, Executivo e Judiciário, portanto – devem contribuir para a ressocialização dos presos, por meio da inclusão da exigência, em todas as licitações, da reserva de percentual de vagas para serem preenchidas por presos e egressos. (SILVA JÚNIOR e HAMILTON, Direito e linguagem nas decisões criminais 2019)

Em verdade, por força do art. 5º, caput, do Decreto nº 9.450, de 2018, para a seara federal essa exigência de reserva de vagas para presos é obrigatória na contratação de serviços, inclusive de engenharia, em valor anual acima de R$ 330.000,00 (trezentos e trinta mil reais).

2.3 Política de contratação de presos pelo Estado

Na esteira da iniciativa da União tomada com a edição do Decreto nº 9.450, de 2018, criando reserva de vagas para a contratação de presos em licitações que possuem como objeto a prestação de serviços, inclusive de engenharia, cabe aos Estados e Municípios editarem atos normativos no mesmo sentido, a fim de tornar obrigação o que a Lei de Licitações prevê como faculdade, levando em consideração, ou não, o valor do serviço contratado por meio de licitação.

Essa orientação consta do Plano Nacional de Política Criminal e Penitenciária 2020-2023 – PNPCP, elaborado pelo Conselho Nacional de Política Criminal e Penitenciária, ao recomendar que os órgãos da administração direta e indireta (do Legislativo, Executivo, Judiciário, aí incluído, naturalmente, o Ministério Público) criem políticas, programas e projetos no sentido de efetuar a contratação de presos, nos termos do art. 28, § 2º, e do art. 29, § 1º, alínea *d,* ambos da LEP, com a retenção entre 25% (vinte e cinco por cento) a 30% (trinta por cento) da remuneração, para fins de recolhimento ao fundo penitenciário do respectivo estado, aplicando-se a mesma estratégia em relação à iniciativa privada.

É recomendável que, na regulamentação e elaboração de convênios, haja previsão de que a remuneração do trabalho do preso não seja em valor inferior a um salário mínimo, embora possível devido ao que prevê a LEP, com a retenção de percentual para o pagamento das despesas inerente ao encarceramento. Essa é uma forma inteligente de, a um só tempo, promover a ressocialização, o desenvolvimento individual do preso, assim como o cumprimento de um dever social, na medida em que o percentual de retenção fixado terá o condão de gerar recursos para a manutenção e aprimoramento do sistema prisional.

Não se pense que essa geração de recursos pelo trabalho do preso seja uma visão utópica. Temos boa prática nesse sentido. De fato, o Estado de Santa Catarina criou um *fundo rotativo* mediante lei estadual, com o intuito de gerir os recursos oriundos da exploração de mão de obra dos presos, em razão do desconto de 25% (vinte e cinco por cento) da remuneração. Só no ano de 2014, foi arrecado para o fundo R$ 7.886.902,63 (sete milhões, oitocentos e oitenta e seis mil, novecentos e dois reais e sessenta e três centavos); em 2018, aumentou para R$ 24.379.371,04 (vinte e quatro milhões, trezentos e setenta e nove mil, trezentos e setenta e um reais e quatro centavos), com previsão de que em 2019 chegaria à casa dos

R$ 30.000.000,00 (trinta milhões)[5]. Observe-se o que os estados que não possuem similar programa estão perdendo, em todo os sentidos.

Em reconhecimento a essa boa prática, o DEPEN, por meio da Nota Técnica nº 28, de 6 de junho de 2019 (DEPEN, Departamento Penitenciário Nacional 2019), ademais de se comprometer, na qualidade de órgão executivo da política penitenciária nacional, a promover a divulgação e disseminação do modelo de fundo rotativo, adotado no Estado de Santa Catarina, recomendou aos demais estados a apresentação de projeto de lei estadual objetivando a criação dessa fonte de recursos, com as devidas orientações sobre o seu conteúdo e outras medidas fundamentais para a necessária governança.

É preciso observar que, em compasso com o art. 144 da Constituição, a segurança pública é "... dever do Estado, direito e responsabilidade de todos..." não se trata de dever exclusivo do Estado estrito senso, na medida em que a expressão utilizada no *caput* do art. 144, interpretado em consonância com o *caput* do art. 5º, ambos da Constituição, impõe o entendimento de que essa tarefa deve ser desempenhada, de forma harmônica, pela União, como órgão central e formulador da política nacional, pelos Estados-membros e municípios, com o alinhamento dos poderes Legislativo, Executivo e Judiciário.

Assim, não apenas nas contratações dos órgãos da administração direta do Executivo devem ser reservadas essas vagas para os presos.

---

[5] No Estado de Santa Catarina, dentre outras fontes, o fundo rotativo, nos termos do Decreto Estadual nº 1.634, de 20 de setembro de 2000, é integrado pela retenção de 25% da remuneração recebida pelo preso, cujo valor mais baixo deve ser equivalente a 1(um) salário mínimo.

Devem assim proceder todos os Municípios do Estado e, ainda, os Poderes Legislativo e Judiciário, assim como o Ministério Público.

Quanto às participações da Assembleia Legislativa, do Poder Judiciário e do Ministério Público nesse programa de ampliação da oferta de trabalho para os prisioneiros, essa é uma política inteligente de retroalimentação de recursos públicos. Parte ainda que pequena da dotação orçamentária desses órgãos retorna para os cofres do Executivo, a fim de ser investido no sistema penitenciário, mediante a retenção de percentual da remuneração devida aos presos, com destinação para o fundo rotativo,

Definida política de estado desse jaez, sem dúvidas, restaria ampliada a arrecadação de recursos para atender as necessidades orçamentárias do sistema penitenciário estadual.

E tem mais. Independentemente do que prevê a Lei nº 13.500, de 2017, quanto à reserva de vagas nas licitações, em consonância com o art. 36, caput, da LEP, a administração pública, direta ou indireta, pode contratar, independentemente de licitação, desde que respeitado o limite de 10% (dez por cento), internos para a execução de serviços, sendo lícito, também nessa hipótese, reter entre 25% (vinte e cinco por cento) a 30% (trinta por cento) da remuneração devida, a título de ressarcimento das despesas com a custódia no presídio.

Tendo isso em consideração, a Justiça Federal, Seção Judiciária do Rio Grande do Norte, em convênio com o Estado do Rio Grande do Norte, desde o ano de 1994, mantém programa de trabalho destinado para presos do sistema penitenciário estadual, ao qual é assegurada a percepção de um salário mínimo, já tendo sido beneficiados mais de 50 (cinquenta) internos (Tribunal do Norte 2020).

O Estado do Rio Grande do Norte poderia tomar a iniciativa no sentido de sensibilizar os Municípios, a Assembleia Legislativa, o Poder Judiciário Estadual, o Ministério Público e outros órgãos quanto à participação de projeto similar, o que teria o condão de reverter a falta de ofertar de trabalho para a população carcerária.

Até porque cabe ao Estado em gênero dar a demonstração de que confia na ressocialização e, ademais, que está efetivamente engajado no propósito de resolver os problemas do sistema carcerário.

Considerações Finais

A prisão como pena é ideia recente na história dos povos, só tendo sido adotada em substituição às penas difamantes e cruéis como mutilações, decapitação e esquartejamento, no final do Século XVIII para o início do Século XIX. A prisão foi pensada com suporte no discurso de que a sua finalidade seria menos retribuir ou punir do que prevenir a prática de novos crimes pelo encarcerado e recuperá-lo para o retorno ao convívio com a sociedade.

Esse viés da prisão como a *pena do futuro* e de caráter humanitário foi sendo desconstruído com as evidências de que igualmente também padecia dos mesmos defeitos das anteriores. Reformas penitenciárias foram sendo implementadas logo a partir do início do Século XIX, com a concepção dos sistemas prisionais, primeiro o *pensilvânico* e, na sequência, o *auburniano* e, enfim, o progressivo inglês ou irlandês.

Desde a edição do Código Penal de 1940, o nosso sistema prisional é o progressivo de inspiração irlandesa, de modo que a finalidade declarada da pena é a prevenção e a recuperação ou redução de danos, devendo o preso, de forma paulatina e compassada, passar de regime mais rigoroso para outro mais flexível, até o momento de ser liberado para voltar a viver com o grupo social.

A despeito das críticas feitas à política de encarceramento, com parte da doutrina pregando mesmo a abolição da pena de prisão, nada obstante o estágio avançado dos equipamentos e programas tecnológicos, pensamento dessa natureza se manifesta utópico, pois, principalmente quanto aos delitos de natureza violenta, não há como substituir as paredes e grades pelo monitoramento à distância, sem que daí decorra uma fragilidade mais acentuada quanto à proteção que o Estado deve propiciar ao grupo social.

Enquanto as assistências previstas em normas internacionais e na legislação local não foram prestadas, notadamente quanto à educação e ao trabalho, não se pode dizer que a prisão em si se constitui em empecilho intransponível para a recuperação do infrator ou redução de danos.

É necessário que o Estado do Rio Grande do Norte estabeleça, em harmonia com a Assembleia Legislativa, o Poder Judiciário Estadual, Ministérios Públicos Estadual e Federal e Municípios, uma política de recrutamento de presos para a realização de serviços nos termos da Lei nº 13.500, de 2017, com a reserva de vagas para os internos nas licitações.

Independentemente dessa iniciativa, impõe-se que o Executivo Estadual, a exemplo do ajuste mantido com a Justiça Federal desde o ano de 1994, firme convênio de cooperação com os demais órgãos públicos, no escopo de que os presos sejam contratados em conformidade com o art. 36, caput, da LEP.

A par disso, com a ampliação da oferta de trabalho para os detentos, em sintonia com a Nota Técnica do DEPEN n° 28, de 2019, mostra-se mais do que necessário e urgente a criação, pelo Estado do Rio Grande do Norte, de fundo rotativo específico para a aplicação dos recursos no sistema penitenciário estadual, alimentado pela retenção de 25% ou 30% da remuneração dos presos, a título de "ressarcimento ao Estado das despesas realizadas com a manutenção do condenado ..." (art. 29, § 1°, alínea *d*).

Bibliografia

ANCEL, Marc. *A nova defesa social: um movimento de política criminal humanista.* Tradução: Osvaldo Melo. Rio de Janeiro: Forense, 1979.

ASÚA, Luis Jiménez de. *Psicoanálisis criminal.* 4ª. Buenos Aires: Editoral Losada, 1947.

BITENCOURT, Cezar Roberto. *Falência da pena de prisão: causas e alternativas.* 2ª. São Paulo: Saraiva, 2001.

BOBBIO, Norberto. *A era dos direitos.* Rio de Janeiro: Campus, 1986.

BONAVIDES, Paulo. *Curso de direito constitucional.* 4. ed. São Paulo: Malheiros, 1993.

CAMPOS, Francisco. *Código de processo penal.* 41 ed. Saraiva, s.d.

CARNELUTTI, Francesco. *As misérias do processo penal.* São Paulo: Connan Editora, 1995.

Cassirer, Ernst. *Ensaio sobre o homem: introdução a uma filosofia da cultura humana.* Tradução: Tomás Rosa Bueno. São Paulo: WMF Martins Fontes, 2012.

CHRISTIE, Nils. "Civilidade e estado." *Conversações abolicionistas: uma crítica do sistema penal e da sociedade punitiva*, nº IBCCrim (1991).

COSTELLOE, Anne, e Kevin WARNER. "Prison education across europe: policy, pratice, politcs." *London Review of Education*, 2 de julho de 2014.

DANTAS, Marcelo Navarro Ribeiro. *Reclamação constitucional no direito brasileiro*. Rio de Janeiro: Sergio Antonio Fabris Editor, 2000.

DEPEN, Departamento Penitenciário Nacional. *Nota Técnica nº 28/2019/COATR/CGCAP/DIRP/DEPEN/MJ*. 2019.

FÁVERO, Flamínio. *Medicina legal*. 3ª. Vol. 2º. São Paulo: Livraria Martins, 1945.

FOUCAULT, Michel. *Vigiar e punir: nascimento da prisão*. Tradução: Lígia M. Pondé Vassallo. Petrópolis: Vozes, 1977.

FUNES, Mariano Ruiz. *A crise nas prisões*. Tradução: Hilário Veiga Carvalho. São Paulo: Saraiva, 1953.

HULSMAN, Louk. "Temas e conceitos numa abordagem abolicionista da justiça criminal." *Conversações abolicionistas: uma crítica do sistema penal e da sociedade punitiva*, nº IBCCrim (1997).

HUNGRIA, Nelson. *Comentários ao código penal*. Vols. I, Tomo II. Rio de Janeiro: Forense, 1958.

INGENIEROS, Jose. *Criminologia*. 2ª. Tradução: Haeckel de Lemos. Rio de Janeiro: Livraria Jacyntho, 1934.

Levantamento nacional de informações penitenciárias, atualização junho de 2017. *DEPEN, Departamento Penitenciário Nacional*. Brasília: Ministério da Justiça e Segurança Pública, Departamento Penitenciário Nacional, 2019.

MATHIESEN, Thomas. "A caminho do século XXI: abolição, um sonho impossível?" *Conversações abolicionistas: uma crítica do sistema penal e da sociedade punitiva*, nº IBCcrim (1997).

PLAYFAIR, Giles, e Derrick SINGTON. *Prisão não cura, corrompe.* Tradução: Aydano Arruda. São Paulo: IBRASA - Insituição Brasileira de Difusão Cultural S. A., 1965.

RABENHORST, Eduardo Ramalho. *Dignidade humana e moralidade democrática.* Brasília: Brasília Jurídica, 2001.

Regras Mínimas das Nações Unidas para o Tratamento de Presos. *ONU, Organização das Nações Unidas.* Brasília: CNJ, Conselho Nacional de Justiça, 2016.

ROXIN, Claus. *Estudos de direito penal.* Tradução: Luís Greco. Rio de Janeiro: Renovar, 2006.

SILVA JÚNIOR, Walter Nunes da. *Curso de direito processual penal: teoria (constitucional) do processo penal.* 2. ed. Natal: OWL, 2015.

SILVA JÚNIOR, Walter Nunes da. *Poder judiciário democrático-constitucional: uma apreciação política de sua estrutura.* Natal: Dissertação (Mestrado em Direito Público) - Curso de Pós-Graduação em Direito Público, Universidade Federal de Pernambuco, Recife, 1999.

SILVA JÚNIOR, Walter Nunes da, e Olavo (orgs.) HAMILTON. *Direito e linguagem nas decisões criminais.* (Kindle). Natal: OWL, 2019.

SILVA, José Afonso da. *Curso de direito constitucional positivo.* São Paulo: Revista dos Tribunais, 1991.

SILVA, Odir Odilon, e José Antônio Paganella BOSCHI. *Comentários à lei de execução penal.* Rio de Janeiro: AIDE, 1986.

STRECK, Lênio. *Hermenêutica jurisca e(m) crise: uma abordagem hermenêutic ada construção do Direito.* Porto Alegre: Livraria do Advogado, 2001.

Súmulas do STJ. "Superior Tribunal de Justiça." 2020.

Tribunal do Norte. "Presos conseguem ressocialização em programa da JFRN." 6 de julho de 2020.

http://www.tribunadonorte.com.br/noticia/presos-conseguem-ressocializaa-a-o-em-programa-da-jfrn/390483.

VARELLA, Drauzio. *Estação carandiru.* São Paulo: Companhia das Letras, 1999.

WARAT, Luis Alberto. *O direito e sua linguagem.* 2 ed. Porto Alegre: Sergio Fabris, 1995.

ZAFFARONI, Eugenio Rúl, Alejandro ALAGIA, e Alejandro SLOKAR. *Derecho Penal: parte general.* 2ª. Buenos Aires: Ediar, 2002.

A política de combate às drogas e sua relação com a insegurança pública

Olavo Hamilton[1]

Qualquer discussão séria sobre políticas relacionadas à segurança pública deve considerar, obrigatoriamente, a análise da estratégia de combate às drogas ilícitas, seus objetivos e resultados alcançados. Se as substâncias psicoativas configuram, conforme se convencionou, um sério problema de saúde pública, as medidas jurídico-penais adotadas para sua mitigação relacionam-se mais com a violência urbana e insegurança coletiva, em uma dinâmica de causa e efeito nem sempre observadas pelos *policymakers* encarregados do tema. Impõe-se, portanto, investigar se a estratégia de combate às substâncias psicoativas consideradas ilícitas incrementa a insegurança pública – o que a tornaria não só inútil, mas sobretudo contraproducente.

Para enfrentar essa questão, deve-se partir dos objetivos declarados da criminalização das drogas, sua identificação teórica enquanto técnica de direito penal, os resultados alcançados e suas consequências sociais, principalmente para a segurança pública.

---

[1] Advogado, Conselheiro Federal da OAB, Mestre em Direito Constitucional pela Universidade Federal do Rio Grande do Norte (UFRN), Doutor em Direito pela Universidade de Brasília (UnB), Professor da Faculdade de Direito (FAD) da Universidade do Estado do Rio Grande do Norte, Membro da Comissão Nacional de Direitos Humanos da OAB.

Segundo a teoria do crime, o que justifica o emprego da violência estatal, consubstanciada na aplicação do direito penal, é a tutela dos bens jurídicos mais importantes à convivência humana e ao pleno desenvolvimento da personalidade. Por se tratar de medida extrema e gravosa, somente se faz legítima, enquanto *ultima ratio* do direito, quando manejada para consecução de determinado fim, exponencialmente mais difícil de se alcançar por outros meios.

Assim, afastando-se de qualquer construção conceitual fundada precipuamente na ética ou nos sentimentos, é possível objetivar o conceito de bem jurídico passível de tutela penal como aqueles de caráter fundamental e difícil proteção por outros métodos do direito, cuja violação ou ameaça lesiona o livre desenvolvimento do indivíduo, a realização de seus direitos humanos ou as estruturas sociais que lhes garantem.

Importa, então, averiguar se a intervenção penal para o problema das drogas tem cumprindo suas funções manifestas, enunciadas nas normas incriminadoras, dirigidas à proteção do bem juridicamente tutelado, a saúde pública. É que o método mais seguro, simples e direto para investigar se a lei criminal cumpre satisfatoriamente sua tarefa preventiva consubstancia-se em indagar se, no desempenho da norma aplicada, realmente produz a tutela dos bens jurídicos cuja proteção lhe é confiada.

Assim, apresentando-se enquanto o ponto de confluência entre o direito penal e a política criminal (LISZT, 2003), o bem jurídico desempenha função decisiva de legitimação (BACIGALUPO, 2005), revelando sua importância e capacidade de ser identificado como chave política (TERRADILLOS BASOCO, 1995), sobretudo quando sistematicamente interpretado de forma crítica.

O discurso oficial[2] da criminalização das substâncias psicotrópicas, exposto na teoria jurídica do crime e da pena quanto ao direito penal das drogas, apresenta a saúde pública como objeto de proteção de sua norma incriminadora e do sistema de justiça criminal que se move a partir dela. Tratar-se-ia, portanto, da tutela de valores relevantes para a vida individual ou coletiva, delimitados e sintetizados na expressão "saúde pública".

No entanto, o que se entende por saúde pública, apesar de corresponder a um interesse coletivo que afeta um número indefinido de pessoas, demanda concreta condição de ameaça ou lesividade individual para que apresente relevância jurídico-penal. Não se mostra suficiente que a saúde pública seja em abstrato, como se proclama ser, um bem coletivo fundamental, para que mereça tutela pela via da norma incriminadora (PRADO, 1997). Em síntese, não é legítimo "criar tipos para proteção de bens jurídicos, sendo estes descritos através de conceitos com base nos quais não é possível pensar nada de concreto" (ROXIN, 2008, p. 51). Enquanto não seja possível demonstrar, de modo seguro, que certa conduta individual ofende a integridade de terceiros, seja ela física ou moral, essa ação não pode ser legitimamente bloqueada pelo poder público, ainda que seu autor de qualquer forma prejudique a si próprio, no curto ou longo prazo (SOARES, 1993).

A esse respeito, mencionando especificamente a criminalização das substâncias psicoativas, Claus Roxin (2008) critica a norma penal e a

---

[2] Entende-se por "discurso oficial" sobre a legitimação do direito penal, o discurso jurídico sobre o delito, consubstanciado na teoria jurídica do crime, construído a partir da legislação penal imposta pelo Estado, tendo como objetivo imputar penas aos autores de fatos definidos como ilícitos penais, de acordo com os princípios de interpretação e de aplicação concreta da norma penal, no intuito declarado de promover, segundo teoria da pena, a prevenção geral (CIRINO DOS SANTOS, 2019).

jurisprudência alemãs que postulam a saúde pública como bem jurídico sob proteção, vez que não teria um corpo real, uma existência possível de ser elevada à condição de bem tutelável. Ainda segundo o autor, não seria viável deduzir da proteção à saúde pública um fundamento adicional de punição, muito menos pela via do direito penal.

Nesse sentir, a saúde pública seria um bem jurídico fictício, cuja dificuldade de materialização no plano individual inviabilizaria sua proteção pelos mecanismos da norma penal. Entretanto, essa refutação não é objeto do presente capítulo, delimitado à demonstração de que a política de combate às drogas não cumpre sua função declarada de proteção de bem jurídico e, o que seria ainda pior, faz surgir uma série de problemas relacionados à segurança pública. É a partir desta proposição que se desenvolve a presente investigação.

O passo inicial é, portanto, a investigação crítica quanto a racionalidade de seu desempenho no cumprimento das funções manifestas que enuncia: os resultados apresentados. Nessa tarefa, o bem jurídico tutelado é o parâmetro avaliativo. Antes, porém, é preciso compreender se a criminalização das drogas encontra correspondência no que Gunther Jakobs (2012) intitulou de "direito penal do inimigo", segundo o qual o Estado pode, em situações que exponham a coletividade a grave perigo, negar a determinada categoria de criminosos (os inimigos) as garantias inerentes ao que chama de "direito penal do cidadão", cabendo-lhes apenas a coação estatal.

1. O inimigo como alvo da política de combate às drogas

A sociedade, por vezes, ameaçada pela violência e pelo delito, posta-se encurralada. Em sua percepção, não pode se dar ao luxo de ter um direito penal dirigido à proteção da liberdade, como a "Magna Carta do delinquente". Seu medo impõe a exigência de uma "Magna Carta do cidadão", enquanto arsenal de efetiva luta contra o delito e repressão da violência. Determinados delinquentes se convertem tendencialmente em inimigos e o direito penal em "direito penal do inimigo" (HASSEMER, 1997, p. 448).

Percebe-se, atualmente, uma dramatização da violência e da ameaça. A consequência é o recrudescimento da política criminal e do direito penal, convertendo-se este em um mero instrumento de coerção estatal. Assim, perdem a regência os princípios que orientam o direito penal. E este, com o tempo, fica descaracterizado (HASSEMER, 1997).

É o que acontece com o direito penal das drogas. Desde o início, a criminalização do uso e do comércio de substâncias psicoativas consideradas nocivas ao indivíduo e à sociedade foi o fundamento jurídico da guerra contra as drogas. Além de fundamento, a criminalização também se fez método, sendo a principal frente de combate aos psicotrópicos. Além de método, a penalização passou a ser resultado – resposta ao anseio moral que permeia o tema. Ou seja, a criminalização, a partir do argumento ético, é o cerne da política de combate às drogas, pelo que esta seria esvaziada sem aquela.

E esse modelo criminal proibicionista, destinado ao enfrentamento dos males relacionados ao consumo de substâncias psicoativas, encontra alicerce no que Gunther Jakobs (2012) intitulou de "direito penal do inimigo", segundo o qual o Estado pode, em situações que exponham a coletividade a grave perigo, negar a determinada categoria de criminosos, os inimigos, as garantias inerentes ao que chama de "direito penal do cidadão", cabendo-lhes apenas a coação estatal.

Nessa linha de raciocínio, o direito regularia o vínculo entre pessoas titulares de direitos e obrigações recíprocas, enquanto o inimigo tem sua relação regida apenas pela coação. Embora a coação seja ínsita ao direito, apresenta-se mais árdua no campo do direito penal, inclusive naquele que se dirige ao cidadão. Ainda mais intensa quando se trata do direito penal imposto ao inimigo, pois nesse caso é o único instrumento a reger a relação entre o Estado e o infrator (JAKOBS, 2012).

Segundo essa ideia, o direito penal garantista somente se dirigiria ao cidadão, enquanto o direito penal do inimigo aplicar-se-ia aos traidores do ordenamento jurídico, capazes dos atos mais nocivos à sociedade: o inimigo. Com a prática dos crimes considerados mais abjetos pela coletividade, o inimigo provocaria a rescisão do 'contrato social', pelo que ficaria sem a proteção das cláusulas que lhe resguardam contra a ação totalitária do Estado.

Portanto, o direito penal reconheceria dois polos ou tendências em suas regulações. Por um lado, o tratamento deferido ao cidadão, esperando-se até que se exteriorize sua conduta para reagir, com o fim de confirmar a estrutura normativa da sociedade, e por outro, o tratamento com o inimigo, que é interceptado já no estado prévio, contra quem se combate por sua periculosidade e se 'abate' por prevenção. O direito penal do cidadão manteria a vigência da norma, enquanto o direito penal do inimigo (em sentido amplo: incluindo o direito das medidas de segurança) combateria os perigos (JAKOBS, 2012).

De acordo com esse raciocínio, contra o inimigo deve-se usar a violência, legítimo monopólio do Estado, a qual estaria submetido antes mesmo de praticar o ato que o fez ser considerado hostil. O combate à criminalidade, quando o criminoso é o inimigo, não se faria pelos meios convencionais do direito, senão pela guerra – justificada pelo direito penal do inimigo: "frente ao inimigo, é só coação física, até chegar à guerra" (JAKOBS, 2012, p. 317).

Foi exatamente o que aconteceu com a questão das drogas, declaradas por Richard Nixon (NUTT, 2012, p. 264) como o inimigo número um dos Estados Unidos da América já no início da década de 1970, o que justificaria o uso de "uma nova ofensiva total", em nível global, com o apoio das Nações Unidas e seus Estados membros.

> O proibicionismo criminalizador voltado contra as drogas tornadas ilícitas, expressando-se na política "guerra às drogas", explicita, de forma eloquente, a partir dessa própria denominação, os parâmetros bélicos que orientam a atual e globalizada expansão do poder punitivo, exacerbando os danos, as dores e os enganos provocados pela intervenção do sistema penal sobre seus selecionados "inimigos". (KARAM, 2009, p. 7)

Rechaçou-se qualquer possibilidade de resolução do problema por meio de outros métodos. Nem mesmo o direito penal garantista foi reconhecido como hábil a mitigar o problema das drogas. A violência, monopólio do Estado, teria de ser invocada contra o inimigo. "Quem ganha a guerra determina o que é norma, e quem perde há de submeter-se a esta determinação" (JAKOBS, 2012, p. 395).

A eliminação do perigo justificaria os atos de guerra. A filosofia da criminalização das atividades relacionadas às drogas ilícitas se alinha perfeitamente com o pensamento de Gunther Jakobs (2012, p. 376), segundo o qual "a punibilidade avança um grande trecho para o âmbito da preparação, e a pena se dirige à segurança frente a fatos futuros, não à sanção de fatos cometidos", enquanto que a noção de lesão se afirma pela mera sensação de constante ameaça que suscita o inimigo.

Assim foi instituída, em nível global, a criminalização das drogas, cunhada no direito penal do inimigo e construída, a partir de padrões ético-morais, pela força da política externa de um Estado hegemônico. E assim ela prossegue fomentando a guerra, sem qualquer perspectiva de se alcançar a paz ou, ao menos, uma saída honrosa. Prossegue, inclusive, sem apresentar os resultados um dia prometidos, não mais esperados e há muito esquecidos, não obstante ainda enunciados pelo direito penal das drogas.

2. O déficit de proteção à saúde pública

O bem juridicamente tutelado pelo tratamento penal dado às atividades relacionadas às drogas consideradas ilícitas é a incolumidade coletiva, especificamente no que é pertinente à saúde pública. A criminalização das substâncias psicoativas fundamenta política de combate às drogas que, por sua vez, consubstancia-se em uma campanha de proibição e intervenção militar internacional, fundada no direito penal do inimigo, empreendida pelo governo dos Estados Unidos da América, com o auxílio de diversos outros países, tendo como objetivo manifesto definir e reduzir o comércio ilegal de drogas (COCKBURN e ST. CLAIR, 1998), a fim de mitigar progressivamente os males a ela relacionados, até a erradicação total.

No entanto, a estratégia de combate às drogas tem custado muito caro – em todos os sentidos, sobretudo quanto aos efeitos sociais e econômicos. Por isso, no dizer de David Nutt (2012), impõe-se o dever de descobrir se tem alcançado seus objetivos declarados. Assim, para avaliar o sucesso dessa política penal seria preciso, segundo o autor, responder três perguntas: a criminalização reduziu a oferta de substâncias consideradas ilícitas? Reduziu a demanda por psicoativos? Mitigou os danos decorrentes das drogas?

Qualquer estudo científico que procure responder a essas questões terá como resultado inequívoco a resposta de que a criminalização das drogas fracassou. O que se pode constatar é "a falência do modelo repressor, pelo menos nos seus fins declarados de erradicar o cultivo e a produção das substâncias hoje ilícitas e de reduzir o consumo" (BOITEUX, 2017, p. 197). Quando a Convenção Única de Entorpecentes de Nova Iorque foi aprovada na Organização das Nações Unidas em 1961 e, dez anos depois, no contexto histórico em que Richard Nixon declarou guerra às drogas, acreditava-se que a repressão rigorosa sobre as substâncias psicotrópicas e a implantação de políticas públicas contra os responsáveis por sua produção, distribuição e consumo, conduziriam a uma redução do mercado ilícito até o ponto da erradicação total, culminando em um mundo completamente livre de drogas (COMISSÃO GLOBAL DE POLÍTICAS SOBRE DROGAS, 2011). No entanto, o resultado obtido foi o extremo oposto: o crescimento exponencial do mercado internacional de substâncias ilícitas, largamente controlado pelo crime organizado (COMMISSION OF THE EUROPEAN COMMUNITIES, 2009).

A própria taxa de homicídios avaliada durante um século (1900 a 2000) nos Estados Unidos da América guarda relação direta com o investimento no combate às substâncias consideradas ilícitas, indicando que, historicamente, do incremento no orçamento dirigido à guerra contra as drogas resulta, quase sempre, o aumento do índice de crimes dolosos contra a vida (WERB, ROWELL, *et al.*, 2010).

Como consequência de décadas de proscrição severa nos Estados Unidos da América, enquanto o número de prisões por todos os crimes na década de 1980 havia sofrido incremento de 28%, os encarceramentos por delitos relacionados às drogas tiveram acréscimo de 126%, em relação à década anterior (AUSTIN e MCVEY, 1989).

No Brasil, em junho de 2020, 31% da população carcerária masculina era formada por homens implicados na lei de drogas (DEPEN, 2020). Quanto às mulheres o índice é ainda mais impressionante: em sua maioria mulheres negras (BORGES, 2018), 58% da população carcerária feminina, no mesmo mês e ano, estava presa em razão da prática de tráfico de drogas (DEPEN, 2020). Esse quadro é agravado por diversos fatores ínsitos à realidade carcerária brasileira[3] que se torna ainda mais degradante em relação à mulher submetida à execução de pena criminal, tais como "as péssimas condições físicas de encarceramento, o tratamento discriminatório

---

[3] A esse respeito, conferir Nana Queiroz (2015).

das mulheres presas e as violações de direitos fundamentais, em especial da saúde e da maternidade" (CASTILHO, 2007, p. 39).

Atualmente, no mundo, existem cerca de dois milhões de pessoas presas por delitos relacionados às drogas, o que representa um quarto da população carcerária, sem que a demanda e a oferta de substâncias ilícitas tenham sofrido qualquer decréscimo. A maioria dos encarcerados são pequenos traficantes que não estão diretamente vinculados a qualquer atividade violenta (NUTT, 2012).

Além do incremento na população carcerária, o tratamento do problema por meio da norma penal trouxe outra consequência deletéria, pois transformou usuários e dependentes em criminosos, na medida em que a posse de droga para o consumo também foi tipificada. Esse fenômeno se observa desde o início da proscrição das substâncias psicoativas consideradas ilícitas. A proibição das drogas, enquanto estratégia de política criminal, cumpriu a função de transformar meros adictos em adictos delinquentes (ROWE, 2006).

Estima-se que, desde o início da guerra às drogas, os países tenham gasto entre US$1 trilhão a US$2,5 trilhões (NUTT, 2012) na erradicação da produção, repressão aos traficantes e criminalização das pessoas que fazem uso de psicotrópicos. Nem mesmo os recursos dispendidos foram hábeis a reduzir a oferta, muito menos o consumo, de substâncias consideradas ilícitas. Aparentes êxitos, obtidos em pequena escala, com a eliminação de determinadas fontes de produção, foram invariavelmente compensadas em razão do surgimento de outras organizações criminosas e pela migração do processo produtivo para outras áreas geográficas (COMISSÃO GLOBAL DE POLÍTICAS SOBRE DROGAS, 2011).

É que as organizações criminosas, relacionadas com o narcotráfico, estão em constante mudança, de modo a escapar aos esforços engendrados pelas agências de controle, sempre procurando novas fontes de matéria-prima e bens intermediários, rotas de exportação e mercados. Até mesmo o sigilo inerente à própria ilegalidade impede uma organização mais transparente e estruturada, na qual os encarregados conheçam os líderes, o que fazem e como operam (WOODIWISS, 2005).

Não fosse o bastante, por mais alta que seja a quantia empregada pelos Estados na criminalização das drogas e na guerra que lhe é consequente, se comparada aos recursos do narcotráfico, torna-se ínfima. Estima-se que o rendimento anual da indústria das drogas ilícitas equivale a US$400 bilhões, o que correspondia a 8% de todo o comércio mundial no final dos anos noventa (LIMA, 2009). Número semelhante, quanto ao volume que o comércio ilícito de substâncias psicoativas representa, é exibido por David Nutt (2012), segundo o qual o narcotráfico movimenta £300 bilhões ao ano, cerca de 1% da economia global, sendo a segunda maior atividade econômica do mundo – atrás apenas da indústria petrolífera.

Deve-se observar que tamanho recurso, representativo de 1% da economia mundial, sendo movimentado por grupos criminosos, que se utilizam de vários negócios de fachada, paraísos fiscais e até países inteiros para torná-lo aparentemente legítimo, causa sérios danos ao sistema financeiro internacional (já volátil pela inerente especulação), sujeito que fica aos interesses escusos do narcotráfico.

O dinheiro proveniente do comércio ilícito de drogas, após ser lavado por meio de empresas de fachada e paraísos fiscais, é então integrado novamente ao sistema bancário convencional, para que as organizações criminosas possam ter acesso aos fundos 'legítimos'. Técnicas diferentes são utilizadas, como transferências eletrônicas em pequena escala e faturamento falso. Estima-se, por exemplo, que o Panamá apresente uma lacuna de £1 bilhão, todos os anos, entre o ingresso de capital e as mercadorias exportadas. A diferença estaria relacionada aos rendimentos de organizações criminosas, principalmente ao narcotráfico (NUTT, 2012).

No mesmo fio condutor, vários estudos científicos (ROWE, 2006; COCKBURN e ST. CLAIR, 1998; COURTWRIGHT, 2002; ESCOHOTADO, 2002; KLOTTER, 2001; RODRIGUES, 2017; SZASZ, 1996; WERB, ROWELL, et al., 2010) demonstram que quanto mais se investe no combate ao narcotráfico, quanto mais se recrudesce na criminalização das drogas, mais arriscada se torna a atividade e, consequentemente, lucrativa; de tal forma que, da expansão da guerra às drogas decorre, quase sempre, o incremento no número de indivíduos dispostos a assumir os riscos do negócio em razão do lucro oferecido.

As atuais revisões sistemáticas sugerem que as intervenções jurídico-penais para as drogas são ineficazes quanto a redução da violência a elas relacionada. Contrariamente ao pensamento convencional de que o aumento no rigor da criminalização reduz a violência, a evidência científica existente sugere, veementemente, que a proibição das substâncias psicoativas contribui para seu incremento no contexto do mercado ilícito, elevando as taxas de homicídio. Com base nestas conclusões, é razoável inferir que métodos cada vez mais sofisticados, destinados à interrupção das redes de distribuição de drogas, podem elevar os níveis de violência. Com efeito, pesquisas têm mostrado que ao remover os principais traficantes do lucrativo mercado ilegal, o desempenho da criminalização das drogas pode ter o efeito perverso de promover a significativa criação de incentivos financeiros, motivando outros indivíduos a preencherem este vazio (WERB, ROWELL, *et al.*, 2010).

Aliás, enquanto se intensificaram os esforços de coerção, a produção das drogas proibidas ficou mais simples, mais racional e consideravelmente mais barata. A difusão do conhecimento quanto a produção, refino, adulteração e distribuição dessas drogas desenvolveu-se muito mais rapidamente do que os meios coercitivos legais. Mais importante, a margem de lucro na produção, contrabando e distribuição proporcionou fortunas a um pequeno grupo no topo da pirâmide do tráfico de drogas, especialmente em países com governos debilitados por conflitos ou corrupção. E, naturalmente, a proibição global das drogas forneceu a base financeira para o crime organizado internacional (WOODIWISS, 2005).

Pode-se afirmar com segurança, então, que a criminalização das atividades voltadas à produção, distribuição e comércio das drogas ilícitas não surtiu o efeito prometido de reduzir sua oferta. O mesmo fracasso se pode apontar, embora por motivos diferentes, quanto à demanda por tais substâncias ilícitas. A proscrição, ainda quando consubstanciada na criminalização do usuário, não se mostrou apta a reprimir a procura por substâncias psicotrópicas.

Atualmente, mais de 200 milhões de pessoas, em torno de 5% da população mundial, usam drogas ilegais – exatamente a mesma proporção da década de 1990, não obstante o governo norte-americano destinar US$40 bilhões anuais para o controle de substâncias ilícitas em seu território e nos demais países. Somente nos Estados Unidos da América, em torno de 1,5 milhão de cidadãos são detidos todos os anos em razão de crimes relacionados às drogas, enquanto mais de 500 mil encontram-se encarcerados pelo mesmo motivo (WILL, 2009).

Com efeito, entre os anos de 1998 e 2008, período de maior recrudescimento no combate internacional às drogas, o número de consumidores de substâncias derivadas do ópio experimentou um acréscimo de 34,5%, passando de 12,9 milhões para 17,35 milhões usuários. O mesmo se verificou quanto aos consumidores de cocaína, de 13,4 milhões para 17 milhões, 27% a mais, e de maconha, de 147,4 milhões para 160 milhões, aumento de 8,5% (COMISSÃO GLOBAL DE POLÍTICAS SOBRE DROGAS, 2011).

Assim, pode-se afirmar não haver correlação entre o rigor na legislação (leia-se: criminalização) e o consumo de drogas. Os cidadãos sujeitos às leis mais rígidas, nas quais o uso de droga configura crime, não consomem menos do que aqueles sujeitos às leis menos rígidas, onde os usuários não são considerados criminosos. Nem mesmo as diferenças culturais explicam esse fenômeno.

Ao defender essa ideia, George Frederick Will (2009) toma por exemplo a realidade vivenciada pela Suécia e Noruega. Ambas têm o mesmo padrão institucional quanto ao respeito da legalidade. Mesmo a Suécia tendo legislação mais rígida no combate às drogas e sendo a Noruega bem mais liberal, apresentam os mesmos índices de consumo ilícito. O autor ainda ressalta que o progresso mais relevante quanto à diminuição do uso de drogas se dá justamente com o cigarro, droga com potencial de dependência maior que as substâncias consideradas ilegais.

Da mesma forma, também não se pode afirmar que décadas de proscrição e criminalização reduziram os danos causados pelas drogas ou delas indiretamente decorrentes. O direcionamento prioritário das ações repressivas às pessoas que fazem uso de substâncias ilícitas tem, reiteradamente, o efeito negativo de dificultar o acesso às medidas de saúde pública, capazes de mitigar o número de mortes causadas por overdose e doenças relacionadas ao consumo de drogas (como contaminação pelo vírus do HIV, por exemplo). A insistência em ações ineficazes de repressão e criminalização se consubstancia em grande desperdício de recursos públicos que poderiam ser dirigidos para ações tendentes à efetiva redução da demanda e dos danos (COMISSÃO GLOBAL DE POLÍTICAS SOBRE DROGAS, 2011), tal qual ocorre com o álcool e o tabaco.

Arquétipo desse efeito negativo da criminalização das drogas sobre a saúde pública, milhões de usuários de drogas injetáveis, no mundo, são portadores do vírus HIV e outro tanto, embora ainda não contaminados, enquadram-se no grupo de risco. Medidas preventivas, como o fornecimento de seringas descartáveis, por exemplo, não podem ser adotadas em diversos países em razão da proscrição e criminalização dessas mesmas substâncias (NUTT, 2012). Ou seja, a intenção da criminalização era mitigar os danos inerentes às drogas, mas produziu o efeito inverso.

Na verdade, essa discussão sobre as consequências da criminalização das drogas não é recente. Sua conclusão em nada difere daquela alcançada pela *Comissão Wickersham*, a *National Commission on Law Observance and Enforcement*, instituída em 1931 pelos Estados Unidos da América, para avaliar o impacto da proibição do álcool naquele país. A experiência da Lei Seca, inserida no contexto histórico proibicionista do início do século passado, pode e deve servir de parâmetro emblemático para a política de penalização das substâncias psicoativas:

> O constante barateamento e simplificação da produção de álcool e de bebidas alcoólicas, o aperfeiçoamento da qualidade daquilo que pode ser produzido por meios ilícitos, a difusão do conhecimento da maneira de produzir bebidas alcoólicas e a perfeição da organização da manufatura e distribuição ilegais se desenvolveram com mais rapidez do que os meios de coerção destinados ao cumprimento da lei. Mais significativa, porém, é a margem de lucro no contrabando de álcool, no desvio da produção de álcool, na destilação e fermentação ilegais, no transporte clandestino e na fabricação e venda de produtos cuja maior parte sirva para obter bebidas alcoólicas fabricadas de maneira ilícita. Esse lucro possibilita a violação organizada e sistemática do *National Prohibition Act* em ampla escala e oferece ganhos idênticos às das indústrias legítimas mais importantes. Torna possíveis gastos milionários para corrupção. Coloca grandes tentações no caminho de todos os que se dediquem à aplicação e administração da lei. Proporciona base financeira para o crime organizado. (NATIONAL COMMISSION ON LAW OBSERVANCE AND ENFORCEMENT, 1931, p. 92)

Assim, como resultado de sua inerente criminalização, mesmo tendo consumido, no mínimo, US$1 trilhão, custado a vida de centenas de milhares de pessoas e ter encarcerado aos milhões, pode-se dizer que a criminalização das drogas e a guerra que dela decorre não diminuiu a oferta de substâncias consideradas ilícitas, não reduziu a demanda por drogas, nem mitigou os danos dela decorrentes. Conforme sugere a Comissão Global de Políticas sobre Drogas (2016, p. 11), a abordagem penal fracassou em sua tarefa de demarcar e extinguir o mercado ilegal. Seu objetivo manifesto é a tutela da saúde pública, mas sua execução conduziu a "consequências sociais e de saúde devastadoras para os usuários de drogas, para outros atores no comércio de drogas e para a sociedade em geral". Incontáveis violações a direitos fundamentais são praticadas todos os dias a pretexto do combate às substâncias psicoativas, tais como "pena de morte, execuções extrajudiciais, tortura, brutalidade policial e programas de tratamento desumanos para usuários de drogas".

3. Combate às drogas e suas consequências para (in)segurança pública

Tratando-se de direito penal, mais que em outros ramos do direito, existe a possibilidade da criminalização de determinada conduta ou atividade humana ter efeitos negativos para a coletividade, inclusive, não raro, maiores do que aquilo que se quer evitar pelo desempenho da norma, como o efeito criminógeno da própria lei criminal. Sobre a hipótese, convém transcrever:

> No plano do direito penal, fala-se da função ou efeito criminógeno da própria lei penal. Poder-se-ia objetar que se trata aqui de um caso de antiefetividade. Mas a hipótese é mais abrangente. A pesquisa criminológica aponta situações em que a atuação coercitiva do aparelho estatal contra a criminalidade juvenil leva a estreitar os laços entre os respectivos jovens, que, em reação, passam a praticar atos puníveis mais graves. Em muitos casos, à promulgação de uma nova lei penal seguem-se contra-reações, atos de resistência e de ajuda aos autores, implicando outras condutas puníveis. Por fim, entre os penalistas considera-se como incontroverso que a criminalização de uma conduta tem frequentemente por consequência a prática de novos atos puníveis para sua execução e encobrimento, incluindo-se também a extorsão. (NEVES, 2011, p. 49-50)

No entanto, a proteção do bem jurídico, promovida pela ação do direito, não pode causar à coletividade dano maior do que aquilo que a lei se propõe a tutelar (HAMILTON, 2019a). Em se tratando do direito penal das drogas, equivale a dizer que da tutela da saúde pública, que se busca pelo desempenho da norma incriminadora, veda-se a ocorrência de consequências sociais mais nocivas do que aquelas que se pretende evitar – a saúde pública, então, torna-se o parâmetro.

Investiga-se, pois, se as consequências da criminalização das drogas, por si só, são mais graves que os resultados dos fatos que se pretendem proibir. Equivale a negar legitimidade às incriminações que, mesmo adequadas, necessárias e proporcionais (*stricto sensu*) a atingir a finalidade proposta, produzem, por sua própria atuação, danos à coletividade relativamente superiores às vantagens almejadas.

Dessa forma, cumpre indagar se do tratamento penal dado às substâncias psicotrópicas, típico da criminalização das drogas, resultou à coletividade danos maiores que a tutela (dirigida à saúde pública) alcançada – ou mesmo idealizada. Para tanto, importante ter em foco seus resultados: a expansão do mercado clandestino criminoso, financiado pelos lucros progressivamente crescentes do narcotráfico; deslocamento dos recursos públicos para o financiamento das ações repressivas contra o comércio ilícito de substâncias psicoativas; deslocamento geográfico da produção de drogas entre países, iludindo o sistema de controle; migração do consumo para substâncias mais nocivas, em razão da dificuldade de acesso a determinadas drogas; estigmatização e marginalização das pessoas que desenvolvem uso problemático (NADELMANN, 1991; EUROPEAN CITIES ON DRUG POLICY, 1990; ERICKSON, ADLAF, *et al.*, 1994;

COSTA, 2008; COMISSÃO GLOBAL DE POLÍTICAS SOBRE DROGAS, 2011).

O uso abusivo de drogas é ruim. O combate às drogas é exponencialmente pior (FRYE, 2012). Na América Latina, por exemplo, as políticas de repressão às drogas propiciaram que a produção artesanal e o pequeno tráfico fossem completamente substituídos pelas organizações criminosas, tais como os cartéis de Medellín e Cali, cuja dificuldade de se combater decorre tanto da profissionalização da atividade e dos recursos envolvidos, como também da densa trama de ramificações políticas que promovem a estabilização e desestabilização dos mais diversos países no continente (ESCOHOTADO, 2002).

Além de não produzir efeitos positivos para o quadro da saúde pública na América Latina, a guerra às drogas incrementou sua miséria e corrupção. Assim como em muitas cidades colombianas, o narcotráfico transformou regiões como a do Rio de Janeiro e de São Paulo, por exemplo, em verdadeiras zonas de guerra. Em toda a América Latina, muitos fazendeiros tiveram suas propriedades rurais e vidas arruinadas – os herbicidas utilizados na destruição de lavouras ilícitas frequentemente causam danos ambientais e às terras agricultáveis. O enorme deslocamento econômico para atividades clandestinas e a intensificação da inquietação social nessa porção americana, no mais das vezes, decorreram da criminalização das drogas, não das substâncias psicotrópicas em si (NADELMANN, 2003).

Esses danos impostos à coletividade decorrem do desempenho da própria norma incriminadora. É que existem algumas medidas legislativas que têm um forte caráter criminógeno, provocando na sociedade efeitos que se opõem ao pretendido. A norma que criminaliza as substâncias psicotrópicas pertence a esse grupo, na medida em que promove o surgimento de vários crimes que passam a orbitar a atividade do narcotráfico (HAMILTON, 2019b).

Em raciocínio semelhante, ponderam Escudero Moratalla e Frígola Vallina (1996) que a lei proibitiva, repressiva, tem mais de corrupta que de corretora, uma vez que agravam os problemas de marginalização, ao conduzir jovens que não ocasionam problemas sociais a uma evolução problemática, além de abrir a porta para determinados delitos (falsidades, coações, homicídios, dentre outros problemas).

A criminalização das drogas, dessa forma, "impede que a sociedade e os governos enxerguem a grande variedade de razões pelas quais as pessoas usam drogas, seja de maneira controlada, seja de forma problemática" (DREIFUSS, 2016, p. 5). É por meio dessa estratégia que a proibição das substâncias psicoativas, promovida pela lei penal, tem transformado meros usuários em pessoas que passam a desenvolver atividades delitivas (ROWE, 2006). E é assim que a criminalização das drogas tem sido um campo fértil para as organizações criminosas, envolvidas em atividades que dão suporte ao narcotráfico, como tráfico de pessoas (que passam à condição análoga a de escravo), corrupção, sequestro, terrorismo (NUTT, 2012) e lavagem de dinheiro.

Ainda que se desconsidere a criminalização, é ínsito da proibição em si provocar uma série de consequências negativas, incluindo o aumento da violência, a vulneração da saúde das pessoas usuárias de drogas, a transformação destes em transgressores e a mitigação das liberdades civis; assim, a proscrição das substâncias psicotrópicas exacerba muitos dos problemas que pretensamente resolveria. A redução do uso de drogas não é, em geral, um objetivo racional para a política governamental. Mesmo que desejável a redução do consumo de drogas, a proibição é a pior estratégia para alcançar esse fim (MIRON, 2004).

Sobre o impacto negativo da criminalização das drogas na saúde pública, por exemplo, 80% das mortes associadas à heroína e cocaína (incluindo *crack*) não resultam de seu uso abusivo, mas da natureza ilegal do mercado. Uma análise dos homicídios relacionados com o *crack*, na cidade de Nova Iorque, indica que 85% dos casos eram sistêmicos, ou seja, decorriam dos perigos inerentes ao mercado ilícito e não da droga em si (ELDREDGE, 2000).

Um outro aspecto deve ser destacado: a criminalização das drogas e o posterior combate ao seu comércio ilícito têm contribuído para a expansão da militarização do Estado, como agente repressor, assim também do narcotráfico, resultando no incremento do número de homicídios relacionados a esse mercado clandestino. Pode-se citar, a título de exemplo, como produto do recrudescimento da guerra aos cartéis de drogas na Colômbia, o fato de que, no ano de 1991, um a cada mil colombianos foi assassinado, taxa três vezes maior que a brasileira e mexicana e dez vezes maior que a norte-americana, considerando o mesmo período (WERB, ROWELL, *et al.*, 2010).

Mais recentemente, após 2006, quando foi lançada campanha ostensiva de combate às drogas em todo o México, os índices que medem a violência cresceram abruptamente, de forma que, entre aquele ano e 2010, cerca de dezessete mil homicídios relacionados ao narcotráfico foram registrados no país (WERB, ROWELL, *et al.*, 2010). Além disso, os cartéis de drogas mexicanos são responsáveis por outras atividades criminosas, tais como sequestro, falsificação e extorsão (NUTT, 2012).

A natureza ilícita da atividade é a grande responsável pela violência relacionada às drogas – os mercados de produtos legais e regulamentados, mesmo não isentos de problemas, são incapazes de proporcionar as mesmas oportunidades para que o crime organizado obtenha expressivos lucros, desafie a legitimidade de governos soberanos e, em alguns casos, financie a insurgência e o terrorismo (COMISSÃO GLOBAL DE POLÍTICAS SOBRE DROGAS, 2011).

Como se não bastasse, as ações governamentais no combate às drogas são igualmente nocivas à sociedade (ROWE, 2006), muito disso em razão da carência de critérios para o estabelecimento das leis que criminalizam as substâncias psicoativas, bem como pela indiferença estatal em relação às consequências sociais de tais medidas legislativas.

A imposição de leis mal concebidas resulta no incremento da violência, intimidação e corrupção associadas ao mercado das drogas. As agências governamentais e o crime organizado relacionado com o tráfico de drogas terminam por promover uma "corrida armamentista", inerente à guerra em si, na qual a coação estatal é prontamente respondida com o incremento da força e violência do narcotráfico (COMISSÃO GLOBAL DE POLÍTICAS SOBRE DROGAS, 2011, p. 15).

A violência urbana, outro efeito colateral da criminalização aludida, guarda relação direta com a própria guerra às drogas, não com as substâncias consideradas ilícitas, de forma que quanto mais se investe em seu combate, mais insegura se torna a sociedade. Com efeito, pesquisa conduzida por Dan Werb, et al. (2010), demonstra que, nos Estados Unidos da América, entre os anos de 1900 até o final da década de 1990, é diretamente proporcional o investimento na guerra contra as drogas e o índice de homicídios registrados, corroborando a ideia ora exposta. Do aumento no investimento financeiro contra as drogas decorre, reiteradamente, o incremento na taxa de homicídios. Referida investigação científica acerca das consequências da proibição das substâncias psicotrópicas, notadamente no que é pertinente à violência dela consequente, evidencia a mais grave sequela da criminalização das substâncias psicoativas.

A mesma conclusão se obtém nos diversos estudos levantados por Jeffrey A. Miron (2004), segundo os quais a proibição das drogas (inclusive do álcool) coincidiu com o aumento da taxa de homicídios, uma vez que as disputas, comuns a toda espécie de concorrência, no comércio ilegal são resolvidas pela força das armas, não pela mediação ou judicialmente. Todas as evidências científicas, segundo o autor, demonstram a relação entre proibição e violência nos mais diversos países.

Há uma direta relação de proporcionalidade entre a estratégia de guerra às drogas e o preço das substâncias consideradas ilícitas. Da mesma forma, quanto mais caras são as drogas, mais violenta se torna a sociedade. Para Travis Wendel, Geert Dhondt, Ric Curtis e Jay Hamilton (2016), por exemplo, a mitigação do crime na cidade de Nova Iorque, entre os anos de 1985 e 2016, produziu toda uma literatura acadêmica incapaz de explicar o fenômeno. A partir de uma pesquisa etnográfica e econométrica, os autores argumentam que referidos estudos ignoraram a explicação mais simples de todas: o simultâneo aumento na oferta e diminuição na demanda conduziu a uma queda no preço das drogas ilegais, cuja consequência foi o decréscimo dos índices de criminalidade.

Também é certo, conforme já mencionado, que o mercado ilícito de psicotrópicos incrementa a violência urbana, uma vez que usuários e traficantes, por óbvio, não resolvem suas disputas por meio de tribunais, advogados ou arbitragem, senão pelo uso das armas. Além disso, fomenta corrupção, sendo da natureza do próprio negócio clandestino o suborno a policiais, promotores, juízes e agentes carcerários. Não fosse o bastante, a ilegalidade do negócio inviabiliza o controle de qualidade da substância, o que potencializa o risco de overdose acidental (MIRON, 2014).

E sobre essa natureza criminógena da norma penal que proscreve as substâncias psicotrópicas, convém transcrever:

> Também o tráfico de entorpecentes se enquadra entre aquelas infrações em que o próprio bem jurídico tutelado acaba sendo posto sob ameaça. Percebe-se que a incriminação do comércio de entorpecentes acaba por gerar problemas de saúde pública mais sérios do que aqueles que se intentava evitar, uma vez que os consumidores das drogas são postos numa situação de clandestinidade e têm de afrontar não apenas o risco inerente à própria substância entorpecente que desejam consumir, mas a concreta possibilidade de que a droga esteja adulterada e repleta de impurezas de todo o gênero – e tais adulterações fazem com que as substâncias que realmente vêm a ser consumidas sejam muito mais perigosas para a saúde do que as originais. E isto sem contar, ainda, que o fato de os consumidores encontrarem-se na marginalidade dificulta que os programas destinados à saúde pública atinjam esta importante parcela da população. (GOMES, 2003, p. 149)

Em decorrência desse caráter criminógeno da criminalização das drogas, à exceção de poucos países, prisões no mundo inteiro estão esgotadas, superlotadas de pessoas condenadas por crimes relacionados com as substâncias consideradas ilícitas. Muitas delas viram-se envolvidas com o consumo ou tráfico de drogas devido a problemas relacionados à dependência e pobreza. As altas taxas de encarceramento têm um impacto negativo para além da vida dos reclusos, pois afetam suas famílias e a sociedade, para quem representam um enorme fardo econômico. Frequentemente, a punição é largamente desproporcional, com longas penas de prisão atribuídas a pequenos traficantes (MALINOWSKA-SEMPRUCH, 2011). Tudo isso, sem que a demanda e a oferta de substâncias ilícitas tenham sofrido qualquer decréscimo. A situação atual, em relação à proscrição das drogas e suas consequências, moveu Luigi Ferrajoli (1993) a defender a revogação do que considera ser a absurda e criminógena lei de drogas.

Outro aspecto a revelar danos à coletividade, decorrentes do direito penal das drogas, diz respeito à dificuldade de se estabelecerem novas e mais eficazes políticas públicas fundadas em medidas de redução de riscos, enquanto o tratamento dispensado aos psicotrópicos tiver foco na criminalização. O controle da produção e distribuição, bem como a regulação da comercialização das substâncias ora consideradas ilícitas, medidas aptas a mitigar os danos às estruturas sociais a elas relacionados, não são possíveis no presente ambiente de proscrição e criminalização.

Ou seja, o atual tratamento penal dado às drogas, além de gerar danos à população como um todo, ainda impede que os problemas relacionados à saúde pública sejam enfrentados de maneira adequada. É que o "proibicionismo criminalizador voltado contra as drogas tornadas ilícitas oculta o fracasso de seus objetivos explícitos, oculta paradoxos, como os maiores riscos e danos à saúde, enganosamente apresentada como objeto de proteção, e ainda promove a violência" (KARAM, 2009, p. 8).

Enfim, quando a guerra às drogas foi declarada, seu objetivo era mitigar os danos à incolumidade pública relacionados ao consumo abusivo de substâncias psicoativas. A norma penal tinha o escopo de tutelar esse bem garantido constitucionalmente. No entanto, além de incrementar os danos à saúde pública, a proscrição das drogas sob o manto do direito penal causou sérios problemas no âmbito da segurança pública, outro bem de *status* constitucional. No que é pertinente às drogas, a humanidade convivia com um sério problema. Hoje, tem de conviver com dois. Por isso, têm-se defendido ser chegada a "hora de os Estados assumirem sua responsabilidade plena e retirarem as drogas das mãos do crime organizado. É hora de assumir o controle" (DREIFUSS, 2016, p. 6).

Considerações Finais

A política de combate às drogas, expressando-se na estratégia de criminalização das substâncias psicoativas, revela de forma explícita os métodos bélicos que conduzem à hodierna expansão globalizada do poder punitivo, incrementando os danos, os sofrimentos e os enganos provocados pela intervenção criminal sobre seus rotulados inimigos (KARAM, 2009). Como resultado, têm-se a desproteção do bem jurídico. Daí porque, para avaliar o sucesso da criminalização das drogas, se fez necessário investigar se de sua atuação decorreu a redução da oferta de substâncias consideradas ilícitas, a redução da demanda por drogas e a mitigação dos danos que lhes são decorrentes, tendo como resultado inequívoco a resposta de que referida política fracassou em seus objetivos declarados.

Mesmo tendo consumido vastos recursos financeiros e a vida de centenas de milhares de pessoas, além de ter encarcerado aos milhões, pode-se afirmar que a intervenção penal para o problema das drogas, assim também a estratégia de guerra que lhe é decorrente, não reduziu a oferta de substâncias consideradas ilícitas, nem sua demanda, muito menos mitigou os danos que lhes são intrínsecos. Na verdade, produziu o efeito inverso, posto que tornou o mercado ilegal mais lucrativo, a demanda mais estável e incrementou o problema de saúde pública relacionado ao consumo abusivo.

Esse déficit de instrumentalidade evidencia o caráter inidôneo da legislação penal que proscreve o uso e o livre comércio das drogas, enquanto instrumento de tutela à saúde pública, bem jurídico pretensamente tutelado pela criminalização. A história da proscrição das drogas, em matéria penal, demonstra sua completa inadequação à proteção da saúde pública.

No entanto, não obstante o evidente fracasso da criminalização que orienta a guerra às drogas, persiste na sociedade e nos formuladores de políticas públicas, nacionais e globais, forte resistência a reconhecer a falência das estratégias repressivas, bem como para debater sobre alternativas mais eficientes e humanas. Uma revisão metodológica se impõe e seu ponto de partida é o reconhecimento de que o problema relacionado às drogas é um desafio interdisciplinar para a saúde e a segurança das sociedades, muito mais do que uma guerra a ser vencida (COMISSÃO GLOBAL DE POLÍTICAS SOBRE DROGAS, 2011).

E não é somente uma questão de desproteção o problema do bem jurídico tutelado na criminalização das drogas. Perpassa também pela própria legitimidade do bem que realmente se busca tutelar. A construção do direito penal das drogas, ao longo da história, demonstra a arbitrariedade na escolha e rotulação das substâncias que deveriam ser consideradas lícitas ou ilícitas, seja por uma ideologia de dominação, seja a partir de um juízo ético-seletivo a declarar, determinar e sancionar penalmente condutas tidas por reprováveis ou imorais, em nítida violação à teoria do bem jurídico.

No mesmo sentido, a proibição e criminalização do uso de substâncias psicoativas, na medida em que pretende proteger a saúde do indivíduo e resgatar sua dignidade enquanto ser humano, supostamente violadas pela autolesão consciente, consubstanciada na mera conduta de usar droga, não atende às restrições impostas ao alcance do bem jurídico tutelável por meio do direito penal. A noção de bem jurídico não pode alcançar esse nível de abrangência e abstração.

Por fim, a intervenção do direito penal na questão das substâncias ilícitas, além de incrementar os danos à saúde pública, causou sérios problemas no âmbito da segurança pública, outro direito de *status* constitucional. Os massivos recursos financeiros investidos no combate às drogas tornaram a atividade mais arriscada e, consequência disso, mais lucrativa. Da militarização do Estado, promovida a pretexto de fazer cumprir o imperativo legal, decorreu a militarização do narcotráfico – a sociedade, de forma geral, tornou-se mais violenta e insegura. A criminalização dos psicotrópicos, portanto, tem o condão de gerar mal maior do que aquele que se propôs a evitar. Pretendia-se resolver ou, na pior das hipóteses, mitigar um problema de saúde pública. O resultado inequívoco, no entanto, é o surgimento e consolidação de um contexto social ainda mais nocivo, um grave problema de segurança pública.

Bibliografia

AUSTIN, J.; MCVEY, A. D. **The 1989 NCCD prison population forecast: the impact of the war on drugs**. National Council on Crime and Delinquency. San Francisco. 1989.

BACIGALUPO, E. **Direito Penal:** parte geral. São Paulo: Malheiros, 2005.

BARATTA, A. Funções instrumentais e simbólicas do Direito Penal. Lineamentos de uma teoria do bem jurídico. **Revista Brasileira de Ciências Criminais**, São Paulo, n. 5, 1994. 5-24.

BOITEUX, L. Modelos de controle de drogas: mapeando as estratégias de política de drogas em busca de alternativas ao modelo repressivo. In: FIGUEIREDO, R.; FEFFERMANN, M.; ADORNO, R. **Drogas & sociedade contemporânea:** perspectivas para além do proibicionismo. São Paulo: Instituto de Saúde, 2017. p. 183-201.

BORGES, J. **O que é:** encarceramento em massa? Belo Horizonte: Letramento: Justificando, 2018.

CASTILHO, E. W. V. D. Execução da pena privativa de liberdade para mulheres: a urgência de regime especial. **Justitia**, São Paulo, 197, 2007. 37-45.

CIRINO DOS SANTOS, J. **Direito Penal:** Parte Geral. 9a. Edição. Revista, atualizada e ampliada. São Paulo: Tirant lo Blanch, 2019.

COCKBURN, A.; ST. CLAIR, J. **Whiteout:** The CIA, Drugs & the Press. London: Verso, 1998.

COMISSÃO GLOBAL DE POLÍTICAS SOBRE DROGAS. **Guerra às Drogas: Relatório da Comissão Global de Políticas sobre Drogas**. [S.l.]. 2011.

COMISSÃO GLOBAL DE POLÍTICAS SOBRE DROGAS. **Avanços na reforma de políticas sobre drogas: uma nova abordagem à descriminalização**. [S.l.]. 2016.

COMMISSION OF THE EUROPEAN COMMUNITIES. **A Report on Global Illicit Drug Markets 1998-2007**. European Communities. Amsterdam, p. 69. 2009.

COSTA, A. M. **Making drug control 'fit for purpose': Building on the UNGASS Decade**. Commission on Narcotic Drugs. Viena. 2008.

COURTWRIGHT, D. T. **Forces of habit:** drugs and the making of the modern world. 3rd Edition. ed. Cambridge: Havard University Press, 2002. Kindle.

DEPEN. **Levantamento nacional de informações penitenciárias**. Brasil. Ministério da Justiça e Segurança Pública. Brasília. 2020.

DREIFUSS, R. Carta da Presidente. In: COMISSÃO GLOBAL DE POLÍTICAS SOBRE DROGAS **Avanços na reforma de políticas sobre drogas:** uma nova abordagem à descriminalização. [S.l.]: Relatório, 2016.

ELDREDGE, D. C. **Ending the war on drugs:** a solution for America. New York: Bridgeworks, 2000.

ERICKSON, P. G. et al. **The Steel Drug:** Cocaine and Crack in Perspective. 2nd Edition. ed. New York: Lexington Books, 1994.

ESCOHOTADO, A. **Historia general de las drogas**. 5a. Edición. ed. Barcelona: Espasa, 2002.

ESCUDERO MORATALLA, J. F.; FRÍGOLA VALLINA, J. Enfoque criminológico de la drogodependencia y otros conceptos penitenciários. **Cuadernos Jurídicos**, jun. 1996. Disponivel em: <http://noticias.juridicas.com/articulos/55-Derecho%20Penal/200108-8551727610152071.html>. Acesso em: 02 ago. 2016.

EUROPEAN CITIES ON DRUG POLICY. **Frankfurt Resolution**. Frankfurt. 1990.

FERRAJOLI, L. Per un programma di diritto penale minimo. In: PEPINO, L. **La riforma del diritto penale:** garanzie ed effettività delle tecniche di tutela. Milano: Franco Angeli, 1993.

FRYE, S. **Monumental Fiasco. Our drug war:** twenty five reasons to end it. [S.l.]: Kindle, 2012.

GOMES, M. G. D. M. **Princípio da Proporcionalidade no Direito Penal.** São Paulo: Revista dos Tribunais, 2003.

HAMILTON, O. **Princípio da proporcionalidade e guerra contra as drogas.** 4a. Edição. ed. Natal: OWL - Editora Jurídica, 2019a.

HAMILTON, O. **Drogas:** criminalização simbólica. Natal: OWL Editora Jurídica, 2019b.

HASSEMER, W. **Crítica del derecho penal de hoy.** Tradução de Patricia S. Ziffer. Bogotá: Universidad Externado de Colombia, 1997.

JAKOBS, G. Direito penal do cidadão e direito penal do inimigo. In: JAKOBS, G.; MELIÁ, M. C. **Direito penal do inimigo:** noções e críticas. Tradução de André Luís Callegari e Nereu José Giacomolli. 6. ed. Porto Alegre: Livraria do Advogado, 2012. Kindle.

KARAM, M. L. **Proibições, riscos, danos e enganos:** as drogas tornadas ilícitas. Rio de Janeiro: Lumen Juris, 2009. (Escritos sobre a liberdade, v. 3).

KLOTTER, J. War on Drugs. **Townsend Letter for Doctors and Patients,** n. 216, jul. 2001. 59.

LIMA, R. D. C. C. **Uma história das drogas e do seu proibicionismo transnacional: relações Brasil-Estados Unidos e os organismos internacionais.** Rio de Janeiro. 2009. Tese. Doutorado em Serviço Social. Universidade Federal do Rio de Janeiro, Escola de Serviço Social / Programa de Pós-graduação em Serviço Social.

LISZT, F. V. **Tratado de direito penal alemão.** Tradução de José Hygino Duarte Pereira. Campinas: Russell, v. 1, 2003.

MALINOWSKA-SEMPRUCH, K. Prefácio. In: DOMOSŁAWSKI, A. **Política da Droga em Portugal:** os benefícios da descriminalização do consumo de drogas. Tradução de Nuno Portugal Capaz. Warsaw: Open Society Foundations, 2011.

MIRON, J. A. **Drug war crimes:** the consequences of Prohibition. Oakland: Independent Institute, 2004.

MIRON, J. A. Why all drugs should be legal. (Yes, even heroin.). **The Weekly Wonk**, 28 jul. 2014.

NADELMANN, E. A. Drug Prohibition in the United States: Costs, Consequences, and Alternatives. **Notre Dame Journal of Law, Ethics & Public Policy**, 5, n. 3, 1991. 783-808.

NADELMANN, E. A. Addicted to Failure. **Foreign Policy**, 137, Jul. - Aug. 2003. 94-95.

NATIONAL COMMISSION ON LAW OBSERVANCE AND ENFORCEMENT. **Report on the Enforcement of the Prohibition Laws of the United States**. National Commission on Law Observance and Enforcement. Washington. 1931.

NEVES, M. D. C. P. **A constitucionalização simbólica**. São Paulo: WMF Martins Fontes, 2011.

NUTT, D. **Drugs - Without the Hot Air:** Minimising the Harms of Legal and Illegal Drugs. Cambridge: UIT Cambridge Ltd, 2012.

PRADO, L. R. **Bem jurídico-penal e Constituição.** 2a. Edição. ed. São Paulo: Revista dos Tribunais, 1997.

QUEIROZ, N. **Presos que menstruam:** a brutal vida das mulheres - tratadas como homens - nas prisões brasileiras. Rio de Janeiro: Record, 2015.

RODRIGUES, T. **Política e drogas nas Américas:** uma genealogia do narcotráfico. São Paulo: Desatino, 2017.

ROWE, T. C. **Federal narcotics laws and the war on drugs:** money down a rat hole. New York: Routledge, 2006. Kindle.

ROXIN, C. Que comportamentos pode o Estado proibir sob ameaça de pena? Sobre a legitimação das proibições penais. In: ROXIN, C. **Estudos de direito penal**. Tradução de Luís Greco. Segunda edição. ed. Rio de Janeiro: Renovar, 2008. p. 31-53.

SOARES, L. E. A política de 'drogas' na agenda democrática do século XXI. In: BASTOS, F. I.; GONÇALVES, O. D. **Drogas, é legal?:** um debate autorizado. Rio de Janeiro: Imago, 1993. p. 125-141.

SZASZ, T. **Our Right to Drugs:** The Case for a Free Market. New York: Syracuse University Press, 1996.

TERRADILLOS BASOCO, J. Función simbólica y objeto de protección del derecho penal. In: BUSTOS RAMÍREZ, J. **Pena y estado:** función simbólica de la pena. Santiago de Chile: ConoSur, 1995. p. 9-22.

WENDEL, T. et al. 'More drugs, less crime': why crime dropped in New York City, 1985–2007. **Dialect Anthropol**, 40, 2 mar. 2016. 319–339.

WERB, D. et al. **Effect of Drug Law Enforcement on Drug-related Violence: Evidence from a Scientific Review**. International Centre for Science in Drug Policy. Vancouver. 2010.

WILL, G. F. A reality check on drug use. **Washington Post**, Washington, 29 out. 2009.

WOODIWISS, M. **Gangster Capitalism:** The United States and the Globalization of Organized Crime. New York: Carroll & Graf Publisher, 2005.

Encarceramento feminino e trabalho: alternativas para as apenadas potiguares

Milena da Silva Claudino[1]

Os estudos sobre criminalidade nos estados brasileiros são produzidos com base em documentos estatísticos, cujas informações devem subsidiar políticas estatais para redução da própria criminalidade. Um dos dados acompanhados com esse fim é a população carcerária ou, mais precisamente, o aumento ou diminuição dela como indicativo de impacto social. Todavia, tais índices somente serão, de fato, significativos, acompanhados de análises que lhes deem substância, sob pena de recair em um olhar superficial não representativo da totalidade dos fatos ou mesmo equívocos típicos do ideário popular[2].

Destarte, é crucial compreender o aprisionamento, inicialmente, enquanto fenômeno sociológico, refletindo quais padrões são repetitivos no que tange ao perfil da população carcerária, quais violências sociais

---

[1] Graduanda do Curso de Direito na Universidade Federal do Rio Grande do Norte (UFRN). Bolsista de Iniciação Científica no projeto de pesquisa Criminalidade Violenta e Diretrizes para uma Política de Segurança Pública no Estado do Rio Grande do Norte.
[2] Ao observar a informação do aumento do número de apenados e apenadas de forma crua, há o risco de recair em equívocos típicos do ideário popular, cujas narrativas se construíram, em muito, sob a perspectiva inflamada da mídia. Isso ocorre, notadamente, na ideia de que os presídios comportam uma massa de condenados por crimes de grande potencial oneroso, tais como homicídio e estupro. Tal ideia é equivocada, principalmente, porque o percentual de presos sentenciados em regime fechado é de 43,47%, ou seja, a maioria dos encarcerados encontram-se em regime semiaberto ou aberto, medida de segurança ou são presos provisórios, sem condenação (33,29%). Ademais, os crimes contra o patrimônio e os crimes de drogas – em especial, tráfico – ensejam quase 70% das prisões (Dados: INFOPEN, 2017).

antecedem o agente que comete atos ilícitos e o que pode sugerir uma influência para o comportamento desviante. Sequencialmente, enquanto fenômeno jurídico, investigando não somente o sistema prisional brasileiro, mas a compreensão do crime, bem como a postura de enfrentamento do Estado diante dos mecanismos do monopólio jurisdicional.

Na perspectiva do cárcere e sua relação com o enfrentamento à criminalidade, um dos recortes frequentemente ignorados relaciona-se à mulher privada de liberdade[3]. Isso ocorre, em muito, porque o ambiente carcerário brasileiro foi pensado por homens e para homens, fato que repercute numa situação de dupla – ou tripla – condenação, pois as mulheres têm de arcar com o cumprimento da pena, as condições ambientais incompatíveis com as especificidades de gênero e, em muitos casos, a maternidade. Além disso, a população carcerária feminina é consideravelmente inferior à masculina e o tipos penais tentados ou consumados tendem a não incluir violência ou grave ameaça, o que as põe num patamar de "desimportância" e "esquecimento" aos olhos da sociedade e do Estado.

O Levantamento de Informações Penitenciárias (2017) aponta, nesse ínterim, que entre os anos 2000 e 2016 a população carcerária feminina saltou de menos de 6 mil mulheres para cerca de 42 mil. Em seguida, o mesmo documento destaca que 63% das unidades prisionais

---

[3] É mister deixar em evidência os 10 anos da falta de atenção do próprio Levantamento Nacional de Informações Penitenciárias (INFOPEN), uma vez que esse sistema de dados não promoveu recorte de gênero desde seu início, em 2004. Apenas em 2014 fora lançado o INFOPEN Mulheres, sendo este o primeiro diagnóstico com os dados relativos à população penitenciária feminina, cumprindo, assim, a primeira meta da Política Nacional de Atenção às Mulheres em Situação de Privação de Liberdade e Egressas do Sistema Prisional - PNAMPE.

femininas têm situação de superlotação e encarceram mais de uma pessoa por vaga disponibilizada. Ao mesmo tempo, 64,48% das apenadas respondem por tráfico de drogas e 15,72% por roubo. Isso indica que apesar do número de mulheres presas crescer exponencialmente nos últimos anos, não é possível aferir que elas são protagonistas da criminalidade violenta – senão na condição de vítimas[4].

Assim, passa a ser primordial questionar em que medida a prisão de mulheres tem sido eficaz e contribuído para diminuição da criminalidade. Esse questionamento deve considerar, sobretudo, o perfil das apenadas e os tipos penais vinculados à prisão. Sendo esses, majoritariamente, crimes contra o patrimônio ou relacionado às drogas, salienta-se o caráter socioeconômico, bem como os dilemas de gênero. Esse cenário reforça a necessidade de que a prisão não seja meramente um espaço para punição, notadamente, porque no cárcere feminino o Estado tem papel ainda mais determinante na construção do futuro das apenadas, de seus filhos e, consequentemente, da sociedade.

As atividades laborais para pessoas em condição de condenação, nesse ínterim, conforme previsto na Lei nº 7.210/84, mais conhecida como Lei de Execução Penal, têm caráter de dever social e condição para dignidade humana e podem ser a chave para, ao lado da educação, dar outra conotação ao cumprimento de pena. Contudo, a realidade das apenadas no

---

[4] Conforme dados do Anuário Brasileiro de Segurança Pública, produzido pelo Fórum de Segurança Pública (FSP), entre 2016 e 2018 o Brasil registrou mais de 3,2 mil mortes no país por feminicídio. A mesma fonte indica que, no ano de 2018, 66 mil mulheres, a maioria menores de 18 anos, foram vítimas de estupro no Brasil, o que equivale a 180 estupros por dia. Se considerarmos as subnotificações, ambos dados tem a ser superiores, principalmente os de estupro, e revelam como as mulheres estão no centro de uma necessidade latente de proteção estatal relativa aos direitos à vida e à dignidade sexual.

Rio Grande do Norte, cuja população carcerária feminina é de 606 mulheres (INFOPEN, 2019), chama atenção porque o percentual de presas trabalhando é ínfimo, somente 67 apenadas estão incluídas em algum programa de atividade laboral, o qual é executado internamente. Desse cenário, surge a pergunta gerativa desse estudo: é possível desenvolver uma atividade laboral com apenadas potiguares que contribua para efetividade do cumprimento da pena?

Para isso, esse Capítulo pretende analisar o encarceramento de mulheres no Brasil observando como os problemas de gênero contribuem para o aprisionamento de mulheres e/ou para o enrijecimento da punição. Nesse sentido, segue uma abordagem interseccional com o intuito de, após as discussões, apresentar uma alternativa à luz dos processos emancipatórios da mulher, passando, portanto, pelo trabalho – e educação para igualdade de gênero – das apenadas potiguares. Dessa forma, o Capítulo será desenvolvido, inicialmente, por meio de uma abordagem acerca das prisões e do sistema criminal em uma perspectiva de gênero. Em seguida, será iniciado um debate acerca da "guerra" às drogas e os dilemas de gênero, raça e classe sobre encarceramento que envolve o perfil das apenadas no Brasil, as famílias monoparentais femininas e a prisão da mulher mãe, bem como os ambientes prisionais. Sequencialmente, será abordado o trabalho da pessoa condenada segundo a Lei de Execução Penal e, por fim, apresentadas as sugestões e conclusões.

1. As prisões e o sistema criminal em uma perspectiva de gênero

A prisão como pena, apesar de ser encarada enquanto aspecto inevitável e permanente da vida em sociedade, nem sempre existiu. Sua origem está vinculada a um processo de humanização da punição, representando um avanço significativo diante do enfrentamento às penas cruéis. Conforme destacado na literatura, as pessoas que seriam submetidas a alguma forma de castigo corporal encontravam-se detidas até a execução da pena e, com as penitenciárias, o cárcere tornou-se a própria punição, substituindo penas capitais e corporais, como mutilações, açoites, banimento e morte pelo aprisionamento (DAVIS, 2018; FOUCAULT, 2016).

Destarte, Angela Davis, na obra "Estarão as Prisões Obsoletas?", cuja redação motiva reflexão acerca da prisão enquanto parte fundamental e inquestionável da sociedade, notadamente, sob o prisma das desigualdades de gênero, raça e classe, traz à tona o Abolicionismo Penal. Segundo a autora, mesmo para aqueles que se apresentam como progressistas, trata-se de uma visão que pode, ainda, causar espanto. E, de fato, mesmo sob uma análise que se proponha a questionar o sistema atual das prisões, considerando o racismo estrutural, as desigualdades entre classes sociais e a má gestão de recursos públicos, o pensamento primeiro é de que a sociedade – infelizmente – ainda não encontrou meios mais eficientes para lidar com situações de grave onerosidade senão o encarceramento.

Isso não impede, porém, que medidas alternativas à prisão sejam estudadas, elaboradas e implantadas para crimes em que não se verifique violência ou grave ameaça. É exemplo desse avanço de pensamento o Acordo de Não Persecução Penal (ANPP) no Brasil, incorporado ao ordenamento jurídico brasileiro por meio da Lei nº 13.964/19, cujo papel será imprescindível para a redução de demandas no judiciário, bem como das prisões, uma vez que não se recorrerá à persecução penal como desfecho imediato a conflitos de ordem criminal não sendo caso de arquivamento, tendo o investigado confessado formal e circunstancialmente a prática de infração penal sem violência ou grave ameaça e com pena mínima inferior a 4 (quatro) anos, desde que cumpridos os requisitos taxados na referida Lei.

Raúl Zaffaroni (2011), cujo discurso é bastante crítico do sistema prisional, levanta uma problemática acerca da função do direito penal, indicando que, caso a pena tivesse como função somente promover a reeducação ou ressocialização, isto é, evitando o retorno de um apenado a prática de ilícitos, quanto mais inclinação ao delito mostrasse um indivíduo, maior seria a privação de bens jurídicos que seria objeto a ser logrado a título de prevenção e nada poderia mudar isso. Isso implica dizer que fatores externos ao ato e à pena cominada ao ato não seriam capazes de interferir na ação do Estado sobre o indivíduo.

Em verdade, pensar sobre a própria tipificação de condutas pelo código penal nos motiva a crer que as pessoas devem ser atingidas essencialmente por suas condutas, sem que existam circunstâncias alheias à previsão normativa que intensifiquem ou amenizem as penas, e que o direito penal tem como fim punir a conduta sem que seja afetada a integridade física do indivíduo. Diante disso, como deve ser pensado o papel do direito penal? Em que consiste o sistema prisional? E o que se pretende tratar quando abordado o tema política criminal? Esses são questionamentos primordiais para compreender os pensamentos de Davis e Zaffaroni aqui introduzidos, assim como para tratar do encarceramento de mulheres.

Nesse deslinde, o direito penal pode ser compreendido enquanto conjunto de normas jurídicas que tipificam delitos e lhes atribuem sanções, assim como disciplinam a incidência e a validade dessas normas, a estrutura geral do crime e a aplicação das sanções (BATISTA, 2011). Pode-se dizer, portanto, que é possível pensar no direito penal enquanto legislação penal, ou seja, nesse conjunto de normas estabelecidas e, também, no saber do direito penal dentro de um sistema de interpretação/compreensão da legislação (ZAFFARONI, 2011). Logo, o fim do direito penal é a defesa dos bens jurídicos mais importantes para a manutenção da sociedade e, para isso, utiliza-se do monopólio do uso da força pelo Estado, a partir dos meios de coerção, para legitimá-lo e aplicá-lo quando algum desses bens é ofendido por conduta tipificada como crime.

Trata-se, portanto, de um direito cuja estrutura encontra-se vinculada a outros conjuntos de normas, tais como direito processual penal, a organização judiciária e penitenciária, entre outros. Esse grupo de instituições ligadas ao direito penal, as quais incluem, notadamente, a polícia, o judiciário e as penitenciárias, são as bases para o que se tem como sistema penal. Nilo Batista (2011) propõe que o sistema penal seja pensado enquanto divisão de atribuições para manter uma ordem social justa. Uma vez descentralizado o poder entre instituições de competências diferentes, tem-se o intento de promover uso mais adequado do monopólio da força pelo Estado.

Outrossim, os processos de mudança social, a produção empírica/científica acerca do desempenho das instituições que compõem o sistema penal, bem como os estudos criminológicos, contribuem para o surgimento de princípios, recomendações que regem a legislação criminal e os órgãos encarregados de sua aplicação. Esse conjunto de princípios e recomendações são denominados política criminal (BATISTA, 2011). No Brasil não há como elucidar uma política de Estado bem estruturada que possa ser tida como política criminal brasileira. Em verdade, ao abordar a criminalidade no Brasil, nos deparamos com ações fundadas em estigmas de raça e classe – e gênero –, as quais têm aprimorado a funcionalidade repressiva do sistema penal[5].

Diante desse cenário, ressalte-se que a principiologia do direito penal o atribui caráter de *ultima ratio,* também tratado sob o prisma da intervenção mínima, ou seja, exprime a ideia de que o direito penal somente deve intervir caso surjam ataques graves aos bens jurídicos mais importantes, de modo que as perturbações mais leves da ordem jurídica sejam objeto de outros ramos do direito (BATISTA, 2011). Preconiza, também, que a criminalização de uma conduta só se legitima caso configure meio necessário para a prevenção de ataques contra bens jurídicos importantes, de modo que se outras formas de sanção ou outros meios de controle social revelarem-se suficientes para a tutela desse bem, a sua criminalização é inadequada e não recomendável (BITENCOURT, 2012).

Apesar disso, é evidente a existência de aspectos históricos, sociais e políticos que perpassam a barreira do "justo". Desta feita, seria ilusório imaginar que as teorias relativas ao direito penal, ao sistema penal e à política criminal escapem um "idealismo impeditivo do conhecimento das funções que concretamente a pena desempenha numa sociedade determinada" (ZAFFARONI, 2011, p. 112).

---

[5] Sobre esse assunto, Orlando Zaccone (2015, p.30) nos propõe refletir que diante da política criminalizadora da juventude pobre, negra e periférica, a tentativa dos familiares dos mortos ou presos de apresentar a "ficha limpa" constitui um álibi para buscar reparação do Estado. Inclusive, é comum ouvir, diante de um homicídio, que o assassinado "tinha envolvimento" com algum tipo de ação criminosa, como se isso justificasse sua morte e eximisse do Estado a competência da apuração dos fatos. Zaccone indica, com isso, que assistimos a culpabilidade ser invertida, passando a ser identificada pelo *modus operandi* da vítima. Assim, não se trata de "por qual motivo" ou "como" foi morto ou preso, mas "quem".

Nesse deslinde, as marcas fundadoras da sociedade brasileira como conhecemos hoje podem ser descritas, incialmente, na perspectiva colonial, cujos elementos de opressão destacam-se com relação aos povos indígenas e negros; em segundo lugar, sob um modelo de exclusão e segregação daqueles que não faziam parte da elite branca e economicamente favorecida, os quais, pós escravidão, acabaram por ocupar as margens sociais e, em terceiro, no contexto de subordinação das mulheres, principalmente negras e pobres, ao Estado, família, igreja, marido.

Tal perspectiva nos motiva a refletir que a construção do Brasil esteve guiada pela égide das classes dominantes desde a colonização e, como sabemos, violências e opressões não se dissolvam facilmente ao longo do tempo. Dessa forma, é de se pensar que o direito penal também será instrumento de proteção das relações sociais escolhidas pela classe dominante. Ainda que se aparente universalidade, os efeitos sociais não declarados da pena também configuram uma espécie de "missão secreta" do direito penal. Isso significa dizer, portanto, que é necessário refletir sobre a forma como o sistema penal pode ser seletivo, apontando pessoas dos setores sociais mais estigmatizados, criminalizando-as, para indicar aos demais os limites de espaço social e contribuindo para sustentar a hegemonia de um setor social sobre outro (ZAFFARONI, 2011).

Em uma perspectiva de gênero, temática que norteia esse capítulo, os dados acerca das prisões de mulheres no Brasil facilmente remontam um contexto de aprisionamento fundado em classe e raça. Isso se diz, notadamente, em função dos tipos penais aos quais as prisões femininas estão vinculadas – crimes relativos à Lei de Drogas e contra o patrimônio – bem como ao observar raça e escolaridade – a maioria é negra ou "parda" e sem ensino fundamental completo. Desse ponto emerge a necessidade de uma análise interseccional, cujo termo, cunhado por Kimberlé Crenshaw, versa sobre um problema que busca capturar as interações entre dois ou mais eixos da subordinação. Trata, por conseguinte, da forma como o racismo, patriarcado, opressão de classe e contra orientação sexual, entre outros sistemas discriminatórios, desenham formas de desigualdades que estruturam as posições de mulheres, raças, classes etc. (CRENSHAW, 2002). Deve-se extrair disso que apesar todas viverem em uma sociedade machista em sentido generalizado, as mulheres lidam com opressões de formas diferentes a depender dos demais nichos de subordinação que enfrentam.

Na visão de Carla Akontirene, autora do livro cujo título é Interseccionalidade, as mulheres e meninas negras estão situadas em pelo menos dois grupos subordinados (raça e gênero) e, por isso, frequentemente perseguem agenda contraditória. Dá-se a impressão de que todas as violências policiais são destinadas contra os homens negros e de que todas violências domésticas e feminicídio são impostas às mulheres brancas (2019, p. 35), de modo que a mulher negra se encontra em um limbo de não proteção. Ademais, é de se observar que o próprio tema "encarceramento feminino" não tem sido destacado ao discutir criminalidade, violência e aprisionamento, em muito, porque as mulheres que compõem o cárcere brasileiro são negras e pobres.

Essa ideia nos remonta aos conceitos de superinclusão e subinclusão cunhados por Kimberlé Crenshaw (2002). De acordo com ela, o termo superinclusão trata um problema ou condição imposta de forma específica ou desproporcional a um subgrupo de mulheres o definindo simplesmente com um "problema de mulheres". Assim, conforme Kimberlé explica, o que seria uma questão para discussão do ponto de vista interseccional é absorvido pela estrutura de gênero, sem qualquer tentativa de reconhecer o papel que o racismo, orientação sexual ou alguma outra forma de discriminação possa ter exercido em tal circunstância, como, por exemplo, o tráfico de mulheres.

Já a análise subinclusiva ocorre quando um conjunto de mulheres encara uma circunstância, em parte por serem mulheres, mas essa questão não é percebida como um problema de gênero por não fazer parte da experiência de pessoas do grupo dominante. Logo, "se uma condição ou problema é específico das mulheres do grupo étnico ou racial e, por sua natureza, é improvável que venha a atingir os homens, sua identificação (...) fica comprometida" (CRENSHAW, 2002, p. 175).

Pensar as prisões femininas na perspectiva da subinclusão exige, inicialmente, um olhar sobre o que são as prisões e quem são as pessoas que cometem atos ilícitos para as classes dominantes. Para ilustrar essa reflexão, ressalta-se a falácia do "bandido bom é bandido morto" ou "lugar de bandido é na prisão", entre outros, quando, na verdade, é sabido que trata-se sob o estereótipo do bandido as pessoas que, em alguma medida, aproximam-se dos estigmas de raça e classe e, por conseguinte, a prisão é pensada como uma ferramenta de exclusão social e apagamento da dessas pessoas. O "bandido", portanto, quase sempre é homem, negro, pobre.

Nessa toada, o encarceramento feminino se apresenta enquanto problema de subinclusão. Isso se diz, notadamente, porque as prisões, quando problematizadas, estão majoritariamente vinculadas à realidade masculina dos setores estigmatizados. Dessa forma, um tema que não se apresenta exclusivamente enquanto de gênero não é tratado como problemático do ponto de vista das mulheres, apesar do 'ser mulher' em vulnerabilidade estar intimamente vinculado ao encarceramento feminino, sobretudo porque essas prisões relacionam-se a um grupo bastante específico da sociedade: mulheres negras que praticaram crimes relacionados à Lei nº 13.343/2006 – Lei de Drogas.

2. "Guerra" às drogas e os dilemas de gênero, raça e classe sobre encarceramento

Segundo o painel interativo do Levantamento Nacional de Informações Penitenciárias (INFOPEN), cujas informações refletem o cenário de junho a dezembro de 2019, a população prisional feminina está em torno de 36.929 mulheres, sendo a capacidade do Estado de 32.990. Tal número pode parecer pequeno diante do quantitativo de presos do sexo masculino (711.080), mas suficiente para taxar o Brasil como uma das maiores populações carcerárias femininas do mundo. Além disso, o aprisionamento feminino na última década tem taxa de crescimento mais elevada que a masculina. Em 2005, a população prisional feminina brasileira era de 12.900 mulheres. Em 2006, passou a ser de 17.200 mulheres, chegando a 2018 com aproximadamente 42.000. Essa evolução, apresentada em gráfico[6] do painel interativo, demonstra um o crescimento acentuado observado a partir de 2006. É de se ressaltar, nesse contexto, que

---

[6] BRASIL. Encarceramento feminino (gráfico). Levantamento Nacional de Informações Penitenciárias (INFOPEN) - DEPEN. Disponível em: <https://app.powerbi.com/view?r=eyJrIjoiZTlkZGJjODQtNmJlMi00OTJhLWFlMDktNzR lNmFkNTM0MWI3IiwidCI6ImViMDkwNDIwLTQ0NGMtNDNmNy05MWYyLTRiOG RhNmJmZThlMSJ9> Acesso em: 13 de junho de 2020.

o ano de 2006 foi marcado pela Lei nº13.343/2006, mais conhecida como Lei de Drogas, a qual tem sido fundamento para a prisão de aproximadamente 17.506 mulheres (50,94% da população prisional feminina no Brasil), número seguido pela incidência dos crimes contra o patrimônio, pelo qual respondem 9.114 mulheres (26,52%), destacando a necessidade de um debate à luz da desigualdade social.

Diante desse cenário, é possível afirmar que a dita "guerra" às drogas tem se construído a partir de dois mitos. O primeiro deles, versa sobre o "combate" ao tráfico de drogas, taxando-o como grande problema social, especialmente contra a saúde pública. Entretanto, o tráfico de drogas somente existe em função da ausência de controle do Estado sobre substâncias entorpecentes dessa natureza. Ademais, são necessárias ações com o objetivo de investigar e punir grandes traficantes, que controlam o comércio, e não a mão-de-obra rasteira, como as mulas, aviões etc.

O segundo mito, diz respeito ao combate às drogas perigosas – crack, por exemplo – quando, na verdade, é comum que pessoas sejam presas por maconha, droga de pequeno potencial ofensivo cujo uso para fins recreativos ou medicinais já foi descriminalizado em outros países. Corrobora com esse entendimento o estudo realizado por Dias e Silva (2018), o qual tinha como escopo a análise de inquéritos policiais. Foi observado que somente em alguns casos a quantidade de drogas ultrapassou 150 gramas. Verificou-se, também, que maconha era a droga mais apreendida, apesar de reconhecer que há variedade na literatura.

Destarte, esse modelo retrógrado de combate à criminalidade, especialmente voltado às drogas, evidentemente não tem tido sucesso. Por outro lado, conforme aponta a juíza Maria Lucia Karam em matéria veiculada no site The Intercept Brasil (2017), cerca de 30 mil dos assassinatos no Brasil todos os anos são um resultado direto desta guerra às drogas criada com a proibição. Essas pessoas, agora mortas, têm perfil bastante semelhante às que vão parar nas penitenciárias com tipo penal relativo à Lei 13.343/06: negras, pobres, jovens, de baixa renda e escolaridade. Trata-se, portanto, de uma guerra aos corpos negros, periféricos e marginalizados em função do sistema penal brasileiro ser arquitetado à luz da seletividade penal.

A "guerra" às drogas, nessa toada, impulsionou o endurecimento das leis penais antidrogas e colocou a prisão como a pena central dessa política, o que é uma incongruência lógica se considerarmos que o bem jurídico ofendido tem sido a saúde pública. Com relação ao texto da Lei nº 13.343/06, ressalta-se a ausência de critérios objetivos para distinguir traficantes de usuário, o que acaba por deixar a cargo da polícia a interpretação subjetiva e condicionada, bem como a equiparação do tráfico a crime hediondo e as sucessivas majorações das penas mínima e máxima, o que aumenta a permanência da pessoa com tráfico na prisão e pode ser encarado como elemento de superlotação do sistema prisional (RIBEIRO, 2018). A mulher negra e pobre também está no centro dessa "guerra", uma vez que mais de 50% das apenadas brasileiras respondem por crimes relacionados às drogas. É necessário perceber, portanto, como os problemas de gênero estão alinhados às mulheres em condição de encarceramento.

2.1 O perfil das apenadas no Brasil

Ao longo da história, as mulheres tiveram a capacidade de decidir sobre si limitada ao julgo do marido, da família, da igreja, do Estado e da sociedade, a partir de uma relação de poder fundada em violência, seja ela física, psicológica, financeira, institucional. Isso se deve, notadamente, em função da construção social machista e patriarcal, estruturada sob a crença de que mulheres devem exercer papeis de menos impacto e ter menos direitos, estando sempre tuteladas por uma figura masculina a quem devem obediência.

As prisões, enquanto espaços criados pela sociedade para serem compostos por pessoas que transgridam regras socialmente convencionadas, necessitam ser pensadas à luz desses mesmos valores, tal como microcosmo social que é, mas lapidadas sob a égide da marginalização e da manutenção de valores excludentes. Isso permite apontar, portanto, que sendo sociedade fundada no machismo e no patriarcado, os quais, enquanto estruturas de poder, impõem a dominação da figura masculina sobre a feminina, o ambiente criminal e carcerário não foge à "regra".

Tem-se, com isso, que a mulher em cárcere representa, sobretudo, uma ruptura com o ideal de mulher esperado/imposto pela sociedade, acentuando a ideia de desprezo. Essa perspectiva remonta um padrão de retidão da vida pública e uma construção sociocultural da qual fala Simone de Beauvoir, que consiste num ideal de mulher feito de contenção, descrição doçura, passividade, pudor, silêncio e submissão (MATOS; SOIHET, 2003). No entanto, é necessário renunciar uma compreensão universal sobre mulheres e considerar fatores como raça, orientação sexual e identidade de gênero (RIBEIRO, 2017) que variam a depender da condição social em que estão inseridas. Pretende-se dizer, com isso, que algumas mulheres não estão dentro dessa expectativa de docilidade, como a mulher negra e a mulher trans – perfil não abordado no último Infopen Mulheres (2017).

> A imagem da mulher como mãe, esposa, frágil e restrita apenas ao âmbito privado não é uma caracterização que se conforme a realidade da mulher criminalizada na América Latina e especialmente no Brasil, visto que as mulheres encarceradas e alvos da Seletividade Penal, são em sua grande maioria as mulheres negras e moradoras das grandes periferias, e que possuem uma imagem e possibilidades de vida históricas diametralmente diversa da mulher branca e europeizada (ARAÚJO, p. 88, 2017)

Desta feita, no quesito raça, o Infopen Mulheres (2017) pontua que 48,04% das apenadas brasileiras são pardas, seguido de 35,59% branca e 15,51% negra. Considerando aqui o apagamento histórico da identidade negra, somadas, as populações carcerárias femininas parda e negra representam 63,55%. No Rio Grande do Norte, para o qual recai a mesma observação sobre negritude, tem-se 38,30% da população declarada como branca, 6,38% como negra e 55,32% parda. Juntos, os percentuais negra e parda somam 61,7%.

Quanto à maternidade, 28,9% possuem um filho, acompanhado de 28,7% com dois filhos, 21,7% com três filhos e mais de quatro filhos representa 11,01%, ou seja, aproximadamente 90% das apenadas são mães. O Infopen Mulheres (2017) não apresentou recorte relativo à maternidade por estado, apenas apontou quantas crianças estavam vivendo com suas mães no ambiente prisional. No caso do Rio Grande do Norte, o número indicado foi 0, ou seja, não existem crianças habitando penitenciárias com suas mães. Essa temática destaca a necessidade de pensar o aprisionamento não somente sob uma perspectiva de punição para a mulher, mas de adequá-la às características de uma mulher mãe que majoritariamente é a única responsável pela educação dos filhos.

Os quesitos raça e maternidade carecem ser pensados, ainda, diante da faixa etária. No Brasil, a maior parcela das mulheres privadas de liberdade é jovem, ou seja, cumprem pena no período mais economicamente ativo da vida. Entre essas, 25,22% têm entre 18 a 24 anos, seguido de 22,66% entre 35 a 49 anos e 22,11% entre 25 a 29 anos. Somados, o total de mulheres presas até 29 anos é de 47,33% da população carcerária. No RN, essa tendência se repete com maior firmeza, cerca de 46,76% está entre 18 e 24 anos e 21,58% entre 25 e 29 anos. Logo, são 68,34% do total de presas no sistema potiguar em idade jovem.

A condição de maternidade atrelada à raça e baixa idade configura mais uma opressão da qual fala Angela Davis:

> As mistificações midiáticas não deveriam ofuscar um fato simples e patente: as adolescentes negras não criam a pobreza ao dar à luz. Pelo contrário, elas são mães em uma idade tão precoce justamente porque são pobres - porque não têm oportunidade de receber educação, porque para elas não existe acesso a empregos significativos e bem remunerados nem a formas criativas de lazer. Elas são mães em uma idade tão precoce porque métodos seguros e efetivos de contracepção não estão disponíveis para elas (DAVIS, p. 33, 2017).

Com relação à escolaridade, no Brasil, 44,42% destas possuem o Ensino Fundamental Incompleto, seguido de 15,27% com Ensino Médio Incompleto e 14,48% com Ensino Médio Completo. O percentual de custodiadas que possuem Ensino Superior Completo é de 1,46% das presas. No RN, 5,31% atestaram serem analfabetas, 8,85% alfabetizadas, 66,37% possuem ensino fundamental incompleto, 2,65% ensino fundamental completo, 10,62% ensino médio incompleto, 4,42% ensino médio completo e, por fim, 1,77% com superior incompleto. Não houve registro de apenadas potiguares com escolaridade acima do superior incompleto.

A escolaridade, nesse passo, implica diretamente nas oportunidades de sustento que essas mulheres tiveram e terão. Segundo Angela Davis (2017), as violências contra os direitos econômicos – mercado de trabalho, acesso a renda – e políticos – sufrágio – afetam mais gravemente as mulheres de minorias étnicas e brancas de classe trabalhadora. Isso porque as dinâmicas de exclusão e encarceramento fundadas no regime escravista não se dissolvem facilmente. Logo, o acesso ao mercado de trabalho e aos espaços acadêmicos são menos acessíveis a mulheres de baixa escolaridade e negras que estão, historicamente, destinadas às atividades tidas como menos importantes e que exigem menos esforço intelectual.

Quanto ao estado civil, destaca-se o percentual de mulheres solteiras, que representa 58,4% da população prisional. As presas em união estável ou casadas representam 32,6% da população prisional feminina. No RN, 65,25% classificam-se como solteiras, 26,24% em união estável/amasiada, 5,67% casadas e 4% viúvas.

Considerando a maternidade e o estado civil, supõe-se que estejamos falando sobre famílias monoparentais femininas. Nessa toada, é evidente que a prisão dessas mulheres deixa impactos extramuros, sendo, um desses, a perda do contato e responsabilidade sobre os filhos. Ademais, para além da quebra de laços afetivos, caso não exista uma rede de apoio, é possível que essas crianças sejam destinadas a abrigos conforme determinação do Estatuto da Criança e do Adolescente (ECA). Observa-se, ainda, que as categorias faixa etária, baixa escolaridade e maternidade indicam maior possibilidade de integrarem relacionamentos tipicamente abusivos e serem motivadas a integrar o crime por seus companheiros, principalmente, no que diz respeito ao tráfico de drogas.

2.2 As famílias monoparentais femininas e a prisão da mulher mãe

Uma das características inerentes ao machismo e ao patriarcado é a divisão sexual de tarefas, fundado no ideário de que homens e mulheres possuem condições físicas e intelectuais distintas, as quais pré-determinam as funções que estão aptos a desempenhar – sendo consideradas menos importantes as tarefas executadas por mulheres. Todavia, o trabalho feminino sempre existiu, de ordem doméstica, não remunerado, pouco valorizado (PERROT, 2008); enquanto o homem esteve associado às tarefas que exigiam maior esforço físico e/ou intelectual[7].

No Brasil, a conquista da ocupação de empregos e de proteção do direito do trabalho das mulheres ocorreu de forma gradual e, apesar das amplas conquistas, em especial, a partir da Constituição de 1988 que garantiu a paridade entre gêneros no acesso ao mercado de trabalho, os ofícios fora do lar ainda reforçam estereótipos historicamente construídos como os de boa mãe, dona-de-casa, especialmente para as mulheres negras, e esposa, frágil, doce para as mulheres brancas.

---

[7] Apesar de não caber aqui um resgate histórico, resta compreender alguns elementos dessa narrativa à luz da interseccionalidade. Quando se aborda, portanto, o trabalho do cuidado da casa, alimentação e filhos, é primordial compreender que no contexto da escravidão – um dos pilares da sociedade brasileira – esse trabalho esteve associado às mulheres negras, cujo fardo, segundo Angela Davis (2016) era serem tratadas conforme a conveniência dos senhores; ora como "mulheres", cumprindo as atividades do lar e submetendo-se os abusos sexuais; ora como "homens", exercendo os serviços do campo. Assim, na perspectiva de Davis, ainda hoje o trabalho doméstico tende a ser tratado como degradante por ser realizado de modo desproporcional por mulheres negras. Às mulheres brancas das classes mais abastadas, o trabalho – também doméstico – relacionava-se à organização da casa, delegando funções, e à maternidade.

Nesse deslinde, a redação da Carta Magna, especialmente no Art. 226, aponta que "A família, base da sociedade, tem especial proteção do Estado" e continua, no §3°, indicando que "para efeito de proteção do Estado, é reconhecida a união estável entre o homem e a mulher como entidade familiar, devendo a lei facilitar sua conversão em casamento". Logo, a Constituição faz referência à família "tradicional", na qual a mulher é responsável pela maternidade e, assim, pela perpetuação da família. Depreende-se, portanto, que a mulher exerce papel de sustentáculo dessa entidade familiar e, por assim dizer, da própria sociedade, uma vez que é ela a principal responsável por trazer ao mundo, criar e educar.

Nas famílias monoparentais femininas essa carga é acentuada, pois a mulher consiste na única responsável pelos filhos, normalmente, devido abandono da figura paterna. Conforme o Instituto Brasileiro de Geografia e Estatística (IBGE), as famílias monoparentais femininas, em 2015, representavam 16,3% dos arranjos familiares. Para além do desejo de emancipação, essa condição exige que as mulheres, enquanto únicas responsáveis pelos filhos, ocupem os espaços públicos na tentativa de obter sustento. Contudo, a ocupação de espaços públicos por mulheres não configura uma dinâmica simples, uma vez que, historicamente, estão dedicadas ao espaço privado dos lares. Nessa toada, os dilemas não surgem nas atuações de mulheres que se apoiam em papéis tradicionais para agir publicamente, como os manifestos por alimentos ou ações de caridade, mas, sim, quando ousam agir em papéis tipicamente masculinos (PERROT, 2008) ou em papéis que subvertem a lógica patriarcal, tais como o exercício e domínio da própria sexualidade.

O contexto de pobreza, maternidade precoce e baixa escolaridade contribuem de forma significativa para que mulheres, em especial negras, permaneçam ocupando cargos subalternos. Ademais, trata-se de um ciclo de opressão responsável pelo fato de muitas mulheres negras recorrerem às drogas como meio de aliviar a pobreza (DAVIS, 2017).

Conforme pontua Silva (2011), a chegada da mulher ao cárcere é antecedida por uma série e processos também influenciados pela questão de gênero – como as dificuldades para integrar o mercado de trabalho, os cuidados com a família e o lar, o envolvimento em relacionamentos abusivos com homens que integram o tráfico, entre outros. Todos esses elementos as impedem de lograr êxito na efetividade de seus direitos políticos, sociais e civis e resultam em maior estigmatização e vulnerabilidade. Assim, as mulheres das classes mais subalternizadas vivenciam processos de empobrecimento com a sobreposição da própria vulnerabilidade de gênero imposta (ARAÚJO, 2017).

O encarceramento adquire proporções singulares quando observado a partir da realidade das famílias monoparentais femininas. Uma vez presa, o amparo de seus filhos estará à disposição da rede de apoio, diante de suas condições, ou quando não for possível, seguindo as medidas dispostas no Estatuto da Criança e do Adolescente (ECA). Pode ocorrer, ainda, no caso de mais de um filho, que essas crianças sejam separadas e percam o vínculo familiar; que, em situação de negligência, passem a integrar atividades perigosas, como o trabalho infantil em atividades ilícitas, comum em ambientes periféricos, entre outros.

Conforme Silva (2011), observa-se que as mulheres mães tendem a se envolver em atividades lucrativas, quando o estabelecimento prisional disponibiliza, justamente na intenção de contribuir com o sustento de seus filhos fora da prisão. Assegurar, portanto, o acesso ao trabalho às apenadas não surge como uma questão voltada apenas ao cumprimento da pena, mas à garantia de dignidade aos filhos, sendo primordial uma política específica para mães chefes de família. Entretanto, considerar o aprisionamento uma construção social conjunta não vela o desejo isentar os indivíduos de suas responsabilidades e deveres para com a coletividade. Trata-se de demonstrar como a sociedade e, mais precisamente, o Estado se fazem ausentes em diversas situações.

2.3 Os ambientes prisionais projetados por e para homens

Os estudos sobre criminalidade de Lombroso (2017), representante da escola penal Positiva – a qual tinha, em síntese, o intuito de transportar para o Direito o rigor do método científico – nos ajudam a compreender como a mulher que cometia atos ilícitos foi interpretada e, ainda, como as raízes desse pensamento tem se dissolvido lentamente com o passar do tempo. Nesse contexto, no livro *A mulher delinquente: a prostituta e a mulher normal*[8], Lombroso realiza uma comparação entre o que seria a mulher "normal", ou seja, a que atende aos padrões e expectativas daquele período e a mulher criminosa, sendo a prostitua a principal representante desse grupo, de modo que a criminalidade e a prostituição seriam fenômenos paralelos.

Em seu pensamento, a prostituta tinha índole criminosa e só não cometia crimes comumente por obter seu sustento de forma "mais fácil".

---

[8] Título original: *La donna delinquente: la prostituta e la donna normale* (1893).

Assim, do mesmo modo como realizou seus estudos comparando traços fisionômicos masculinos, os fez com relação às mulheres – incluindo entre as características: estrabismo, dentes irregulares, clitóris pequenos – adicionando, também, padrões "comportamentais", como a masturbação e a orientação sexual, taxando mulheres lésbicas como uma categoria das mulheres delinquentes. Observa-se que tais ponderações ligam-se fortemente à moral cristã, uma vez que a sexualidade feminina – representada pela atenção aos órgãos genitais e aos comportamentos sexuais – é alvo de controle masculino e rechaço moral, desde a concepção de Eva, a partir da costela de Adão.

À luz dessas ponderações e considerando o que foi exposto até aqui, é possível perceber que as prisões não são projetadas na perspectiva de gênero porque o próprio crime é visto como uma distorção do 'ser mulher', possível apenas para aquelas com algum transtorno moral, desvinculadas da função feminil que "deveriam" exercer. É possível notar, com isso, que a mulher aprisionada é reprimida do ponto de vista legal, ou seja, em função do cometimento de ato ilícito, mas, também por descumprir um papel historicamente imposto, um padrão de comportamento que não suporta sua subversão em nenhuma medida, fazendo com que a mulher que comete ato ilícito seja duplamente reprovada pela sociedade. Tal fato implica diretamente na solidão da mulher apenada. Quando há prisão de um homem, além de ser comum a manutenção de visitas, inclusive íntimas, a família continua aguardando seu regresso. Já nas situações em que a mulher é presa, é corriqueiro que perca o relacionamento, o contato com os filhos e a família.

Ademais, uma vez sendo a mulher compreendida a partir de um padrão de pouca inclinação para o crime, as prisões não foram construídas adaptando-se às especificidades de gênero, apesar de, hoje, o Brasil ser um dos países que mais prende mulheres no mundo. Nana Queiroz, na obra Presos que menstruam (2015) trouxe à tona esse debate alertando, desde o título, sobre um apagamento da mulher prisioneira. A falta de itens básicos de higiene, sobretudo absorventes, carência de profissionais ginecologistas e os dilemas relacionados à maternidade denunciam o abandono do Estado quanto ao ser mulher na prisão. Logo, as violências não ocorrem somente porque as mulheres são tratadas como se homens fossem, mas por ser o gênero instrumentalizado para controle e maior peso da punição. Esse pensamento pode ser ilustrado por meio das visitas íntimas, nas quais, segundo Silva (2011) apud Howard (2006), os parceiros das mulheres passavam por um estreito processo de qualificação antes de poderem participar da visita, fazendo com que a vida sexual da mulher presa fosse condicionada de modo distinto ao que é previsto para os presos do sexo masculino.

3. O trabalho da pessoa condenada segundo a Lei de Execução Penal e o panorama brasileiro

O cumprimento de pena em privação de liberdade, principalmente, quando em regime fechado, traz à baila as discussões referentes à permanência dos apenados nos estabelecimentos prisionais. Isso se dá, em primeiro lugar, porque a pena tem sido pensada sob o prisma das teorias preventivas ou utilitaristas, as quais atribuem ao cumprimento de pena a diminuição da criminalidade, seja por meio do sofrimento do condenado, seja por meio da repressão àquela ação ilícita no seio social. Essas teorias, conforme a doutrina de Zaffaroni (2011), podem ser compreendidas a partir da Proteção Geral e da Proteção Especial Positiva ou Negativa.

Trata-se, portanto, da ideia de que a punição com restrição de liberdade pode inibir ilicitudes, na proteção geral, por meio da intimidação – ao observar o sofrimento daquele que transgrediu as regras, o outro sente-se intimidado a não praticar ação semelhante. Ademais, quando pensada na perspectiva do indivíduo, Zaffaroni (2011) reflete sobre as prevenções especiais positivas e negativas. A primeira, versa sobre um "melhoramento do infrator", como se o espaço da penitenciária fosse capaz de ressocializá-lo, reeducá-lo e permitir que conviva novamente em sociedade. A segunda, por sua vez, versa sobre a inibição da criminalidade por meio do afastamento de uma pessoa considerada incorrigível, como se sua privação de liberdade representasse a segurança social.

Face ao exposto, deve ser destacada a incongruência lógica entre a prevenção geral e as especiais positivas e negativas. Isso se deve, notadamente, porque o espaço da prisão não é objeto de temor social simplesmente por ser o retrato do cerceamento da liberdade de ir e vir, mas, também, da violência a uma série de direitos, tais como a dignidade, a saúde, a integridade física e psíquica e, muitas vezes, a vida.

Como pensar, portanto, nesse ambiente sob o prisma da ressocialização ou reeducação? Ora, primeiramente, a violência não se coaduna ao processo ressocializador ou reeducador. Para utilizar-se desses dois conceitos, os sistemas prisionais deveriam estar preparados, no mínimo, para inibir práticas violentas que se sobrepõem à restrição da liberdade de ir e vir nos ambientes carcerários, uma vez que educar para a liberdade em condições de não-liberdade é bastante difícil – e até irrealizável se mantidas as condições atuais das prisões (QUEIROZ, 2008).

Em segundo lugar, também à luz de Zaffaroni (2011), conforme abordado no tópico anterior, a pessoa criminalizada é alguém com plena capacidade jurídica, para quem não se deve olhar sob o prisma da indignidade, como se estivesse esperando ser "salva" pelo Estado. Na realidade, o que se observa a partir dos dados sobre o perfil carcerário brasileiro, é que antes de entrar em conflito com a lei, boa parte dessas pessoas esteve em conflito com a ausência de políticas públicas efetivas – de responsabilidade do Estado – que pudessem amenizar as desigualdades sociais.

Considerando, portanto, que o discurso ressocializador ou reeducador a partir do aprisionamento deve ser superado, é de se pensar em condições dignas que tornem a privação de liberdade suportável e, ainda, promovam alguma utilidade à vida da pessoa condenada durante o período ali investido. Nilo Batista (2011, p. 38), apoiado no pensamento de Baratta, traz à luz duas das indicações estratégicas para reduzir a criminalidade que são a *reavaliação do trabalho carcerário* e *abertura da prisão à sociedade*, mediante órgãos de colaboração local. Assim, dentre as perspectivas que podem ser vislumbradas, o trabalho e a educação surgem como força motriz para qualquer possibilidade de transformação.

Entretanto, como observado no documentário A 13ª Emenda (Netflix, 2016), é problemática a relação entre o sistema capitalista de mercado e atividades laborais desenvolvidas por apenados quando muito vinculadas a iniciativas de propósito lucrativo. Para o próprio Foucault (2016), o trabalho deve ser, na prisão, um instrumento para qualificar o apenado e proporcionar melhor expectativa de vida, não devendo ser visto como mecanismo econômico, sob pena de recair em mais uma forma de opressão.

3.1. A previsão da Lei de Execução Penal

O cumprimento da pena está vinculado à Lei nº 7.120, de 1984, cuja redação institui a Lei de Execução Penal brasileira. Tal texto dispõe, portanto, sobre as prerrogativas para o trabalho do condenado e esclarece, de início, que é caracterizado enquanto dever social e condição de dignidade humana, sendo sua finalidade estritamente educativa e produtiva, ou seja, apesar de tratar-se de atividade laboral, não está sujeita ao regime de Consolidação das Leis do Trabalho (CLT).

Destarte, o texto normativo prevê, ainda, que o trabalho do preso será remunerado, não podendo ser inferior a 3/4 do salário mínimo (Art. 29, caput), excetuando-se as tarefas executadas como prestação de serviço à comunidade. Ademais, o trabalho pode ser executado em dois formatos: interno, quando o apenado desempenha atividade laboral nas dependências do ambiente onde cumpre sua pena ou externo, quando realizado fora do ambiente prisional.

Para o trabalho interno, o condenado está obrigado a executá-lo na medida de suas aptidões e capacidade, não sendo obrigatório ao preso provisório, o qual também não poderá realizar atividade fora do estabelecimento prisional. A lei esclarece que devem ser consideradas as condições pessoais, necessidades futuras do preso e as oportunidades oferecidas pelo mercado, devendo ser evitado o trabalho artesanal sem expressão econômica, exceto nas regiões de turismo.

Com relação a gerência do trabalho, a Lei dispõe que poderá ser feita por fundação, ou empresa pública, com autonomia administrativa, e terá por objetivo a formação profissional do condenado, de modo que a entidade gerenciadora promova e supervisione a produção, além de se encarregar pela comercialização e suporte de despesas. É possível, também, que haja convênio com a iniciativa privada para implantação de oficinas de trabalho.

Quanto ao trabalho externo, será admissível para os presos em regime fechado somente em serviço ou obras públicas realizadas por órgãos da Administração Direta ou Indireta, ou entidades privadas, desde que tomadas as cautelas contra a fuga e em favor da disciplina, de modo que o limite máximo do número de presos seja de 10% do total de empregados na obra. O trabalho externo está, ainda, vinculado à autorização da direção do estabelecimento prisional, dependendo de critérios como aptidão, disciplina e responsabilidade, além do cumprimento mínimo de 1/6 da pena.

3.2. O panorama brasileiro relativo aos nichos trabalho e educação

Considerando o panorama nacional relativo à educação dos apenados[9], observamos que do total de 123 mil vinculados a algum programa educacional – que representam 16,53% do total de presos no Brasil – 14.790 estão em programa de alfabetização; 40.386 do ensino fundamental; 19.077 ensino médio e 796 ao ensino superior. Ademais, 17.416 estão vinculados a alguma atividade educativa, com videoteca,

---

[9] Os dados abordados nesse tópico foram extraídos do painel interativo do Levantamento Nacional de Informações Penitenciárias - INFOPEN 2019.

atividade de lazer ou cultural; 26.862 estão em remição da pena por atividade de leitura e 346 por esporte.

No cenário potiguar, do total de 10.229 pessoas privadas de liberdade, somente 883 - ou seja, aproximadamente 8,85%, bastante abaixo da média nacional – estão, de alguma forma, vinculadas aos programas de educação. Dessas, 233 estão cursando a Alfabetização, 199 o Ensino Fundamental e 83 o Ensino Médio e 7 no Ensino Superior. Ademais, 152 estão incluídas em atividades educacionais complementares, tais como videoteca, atividades de lazer e cultural e 151 em remição pelo estudo através da leitura.

Para promover um comparativo com estado que, em pesquisa anterior, mostrou-se promissor no quesito trabalho, optamos por apresentar também os dados obre Alagoas, cuja população prisional é de 9.161 pessoas. Dessas, 436, ou seja, 4,76% estão vinculadas a programas educacionais, sendo: 152 na alfabetização; 169 no ensino fundamental; 14 no ensino médio, 30 no superior, 11 em atividade educacional diversa e 40 em remição da pena pelo estudo da leitura.

Com relação às atividades laborais, mais especificamente, o Brasil possui 144.211 pessoas em restrição de liberdade vinculadas a atividade laboral, o que representa 19,28% do quantitativo total de presos. Observa-se, desde já, que essa média, apesar de não ser ideal, ainda está acima do índice relativo à educação. Em um recorte de gênero, cerca de 1.978 apenadas têm realizado trabalho externo, enquanto 9.678 realizam atividade laboral interna. Nesse passo, quanto aos apenados do sexo masculino, 32.974 realizam trabalho externo, enquanto 99.581, trabalho interno.

No RN, no que se refere às atividades laborais, o cenário é ainda mais comprometedor que o educacional. Somente 347 pessoas, ou seja, cerca de 3,37% estão incluídas em laborterapia, bastante abaixo da média nacional. Destes, 67 são do sexo feminino e executam trabalho interno e 280 do sexo masculino, também executando trabalho interno. É evidente que trabalho, de modo geral, não tem sido priorizado enquanto atividade ressocializadora, dever social ou de relevância para a dignidade humana. Ademais, o trabalho externo não tem sido executado, independente do sexo dos apenados, apesar de ser de grande relevância para melhoria no processo de cumprimento de pena.

Alagoas, por sua vez, tem tido resultados promissores com a laborterapia. 11,06% do total de presos, ou seja, 1.013 estão vinculados a algum tipo de atividade laboral. Esse dado foi suficiente para dar destaque ao estado pelo fato de a sua Secretaria de Estado de Ressocialização Social e Inclusão Social (Seris) ter sido uma das cinco secretarias de Administração Penitenciária que mais empregaram reeducandos no Brasil no ano de 2019.

Face ao exposto, ressalta-se, também, que além dos 299 apenados do sexo masculino e 24 do sexo feminino realizando trabalho interno, Alagoas promove laborterapia em ambiente externo para 633 apenados do sexo masculino e 127 do sexo feminino. O referido estado destaca-se, ainda, entre as unidades federativas que melhor remuneram os apenados em exercício de atividade laboral, de modo que 11,7% recebe entre ¾ e 1 salário mínimo mensal e 87,2% entre 1 e 2 salários mínimos (INFOPEN, 2019). Ademais, sob o prisma de gênero, tem percentual acima da média nacional para mulheres privadas de liberdade exercendo atividade laboral.

Considerações Finais

As falhas no sistema prisional brasileiro são evidentes e, em muito, remontam aos dilemas da própria prisão enquanto pena. Do ponto de vista da seletividade penal, fundada em racismo estrutural e desigualdade social, há grupos de pessoas – negras e pobres, majoritariamente – para as quais a persecução penal não será considerada em *ultima ratio*. Apesar disso, urge necessário refletir sobre mecanismos como o ANPP, que amenizem esse problema a curto, médio e longo prazo.

Esse capítulo pretendeu demonstrar que as medidas punitivas utilizadas pelo Estado, diante do monopólio jurisdicional, carecem ser pensadas numa perspectiva de gênero. Inicialmente, compreendendo por qual motivo tantas mulheres têm chegado à prisão nas últimas décadas; em seguida, quais os impactos desse aprisionamento para a sociedade e em que medida prender mulheres, notadamente, por crimes de drogas e contra o patrimônio, tem sido efetivo.

Considerando que a prisão, enquanto ambiente violador de direitos, não pode, por si mesma, ressocializar ou reeducar um indivíduo, pois, violência não se coaduna a esses conceitos, é necessário traçar diretrizes à luz da interseccionalidade que promovam uma melhoria no processo de cumprimento de pena das mulheres. É primordial, portanto, a implementação de alternativas alinhadas ao trabalho carcerário e, ainda, abrindo as prisões à sociedade.

Destarte, observa-se qua essas estratégias são fundamentais, inclusive, para que o distanciamento entre a pessoa presa e a sociedade seja diminuída, assim como o processo de segregação de egressos do sistema prisional. No ponto de vista das mulheres, percebe-se, ainda, que a educação para igualdade de gênero se faz importante para que as apenadas possam compreender quais problemas estruturais contribuíram para que estivessem, hoje, numa penitenciária. Ademais, o acesso à educação básica, direito social constitucionalmente garantido a todos os cidadãos brasileiros (Art. 6º e 205º, CF, 1988), também deve ser garantido aos que não o tiverem na idade certa. Isso contempla os apenados, obviamente, haja vista que o fim da pena se vincula ao cerceamento da liberdade de ir e vir, não a uma exclusão de direitos intrínsecos à cidadania. A educação, portanto, deve ser pensada na perspectiva de viabilização de capacitação adequada para o trabalho, mas sob o prisma da formação cidadã.

Desta feita, sugere-se que o Estado do Rio Grande do Norte fomente uma política permanente de vínculo com as instituições de ensino superior, a fim de que seja facilitado o acesso de grupos de pesquisa e extensão ao ambiente carcerário. Considerando que o incentivo à produção de conhecimento está diretamente vinculado ao papel dessas instituições, haveria contribuição recíproca: os discentes de graduação e/ou pós-graduação, junto ao corpo discente, poderiam compreender de modo mais aprofundado, dentro de suas linhas de estudo, o sistema prisional potiguar e indicar melhorias efetivas ao RN. Ao mesmo tempo, desenvolveriam atividades de educação para igualdade de gênero no âmbito das penitenciárias. Esse processo tem maior potencial de lograr êxito se considerada a existência de grupos nas próprias universidades que já possuem interesse em desenvolver uma política mais próxima e efetiva, mas são impedidos por uma burocratização sistêmica.

Por outro lado, a aproximação entre as instituições que coordenam o sistema prisional e as universidades pode, também, contribuir do ponto de vista do trabalho. Inclusive, é de conhecimento dessa autora a existência de um projeto potiguar, ainda em fase de construção, cujo intento remonta a iniciativa do Ministério da Justiça[10] de fomentar a produção de absorventes e fraldas descartáveis por/para detentas. Tal projeto surgiu à luz do documentário Absorvendo o Tabu (Netflix, 2018), o qual trata da produção de absorventes de baixo custo e dos caminhos para a independência financeira feminina numa comunidade rural da Índia. Aplicado à realidade do aprisionamento feminino, a ideia é vincular os cursos de engenharia de materiais e direito e contribuir para um processo de emancipação das apenadas a partir da produção de um item de higiene pessoal essencial.

Considerando, ainda, os problemas vinculados ao sistema capitalista de mercado e atividades laborais desenvolvidas por apenados quando vinculadas a iniciativas de propósito lucrativo, ressalte-se que o trabalho para o condenado tem papel de qualificação e melhoria no cumprimento da pena e expectativa de vida profissional fora das prisões. Não deve ser visto, portanto, como instrumento para obtenção de lucro. Em função disso, formas de economia alternativas, baseadas na defesa contra a exploração do trabalho humano, fundadas em relações de colaboração solidária e que colocam o ser humano como sujeito e finalidade da atividade econômica, podem engajar as apenadas e fomentar o senso de coletividade.

---

[10] MINISTÉRIO DA JUSTIÇA. Internas de unidades prisionais femininas irão fabricar fraldas e absorventes. Disponível em: <https://www.justica.gov.br/news/internas-de-unidades-prisionais-femininas-irao-fabricar-fraldas-e-absorventes> Acesso em 17 de maio de 2020.

Sob esse prisma, sugere-se que o Estado do Rio Grande do Norte, a longo prazo, em harmonia com instituições de ensino e demais setores do poder público, fomente uma política permanente de cooperativa de economia solidária para produção de itens essenciais às apenadas potiguares. Considera-se, para essa alternativa, os resultados que a economia solidária tem apresentado nos últimos anos, como inovadora alternativa de geração de trabalho, renda e inclusão social, inclusive, no Rio Grande do Norte e do ponto de vista da emancipação feminina. É exemplo disso a Associação de Maricultura e Beneficiamento de Algas Marinhas de Pitangui/RN (AMBAP).

Uma vez posto em prática projeto de economia solidária com as apenadas, em uma perspectiva macro, seria possível desenhar modelo de cumprimento de pena mais próximo ao senso de cidadania, coletividade e inclusão social. Ademais, vislumbra-se como impacto a amenização de problemas vinculados à renda das famílias monoparentais femininas e, ainda, à realidade das próprias apenadas a partir da produção de itens de necessidade básica para seu próprio uso e para possível venda em ambiente externo.

Bibliografia

AKOTIRENE, Carla. Interseccionalidade. São Paulo: Sueli Carneiro; Pólen, 2019. 152p. (Kindle) Feminismos Plurais - Coordenação de Djamila Ribeiro. ISBN 978-85-98349-69-5.

ARAÚJO, Bruna Stéfanni Soares de. Criminologia, feminismo e raça: guerra às drogas e o superencarceramento de mulheres latino-americanas. 2017. 107 f. Dissertação (Mestrado em Direito) – Universidade Federal da Paraíba, João Pessoa, 2017.

ARI, Johann. A guerra às drogas não funciona. O que podemos aprender com o seu fracasso? The Intercept Brasil. Disponível em: <https://theintercept.com/2019/01/17/guerra-as-drogas-fracasso/> Acesso em 19 de maio de 2020.

BATISTA, Nilo. Introdução crítica ao direito penal brasileiro. Rio de Janeiro: Revan, 2011.

BADY, Janaína Bueno; SILVA, Denise Regina Quaresma. Criminalização e extermínio da juventude negra no Brasil: reflexões e desafios. Revista Ciências Humanas, 2019. p. 146 – 153. ISSN: 1981-9250. Disponível em: <http://revistas.fw.uri.br/index.php/revistadech/article/view/3305>Acesso em: 13 de maio de 2020.

BITENCOURT, César Roberto. Tratado de direito penal: parte geral. – 17. ed. rev., ampl. e atual. de acordo com a Lei 12.550 de 2011. São Paulo: Saraiva, 2012.

BORGES, Juliana. Encarceramento em massa. São Paulo: Sueli Carneiro; Pólen, 2019. 144 p. Feminismos Plurais - Coordenação de Djamila Ribeiro. ISBN: 978-85-98349-73-2. (Kindle)

CRENSHAW, Kimberlé. Documento para encontro de especialistas em aspectos da discriminação racial relativos ao gênero. Revista Estudos Feministas, ano 10, jan./jul/, 2002.

DAVIS, Angela. Estarão as prisões obsoletas? Tradução de Marina Vargas. – 1ª ed. – (Kindle) Rio de Janeiro: Difel, 2018.

DAVIS, Angela. Mulheres, Cultura e Política. Tradução de Heci Regina Candiani. - 1. ed. - São Paulo: Boitempo, 2017.

DAVIS, Angela. Mulheres, Raça e Classe. Tradução Heci Regina Candiani. - 1. ed. - São Paulo: Boitempo, 2016.

D'ELIA FILHO, Orlando Zaccone. Indignos de vida: a forma jurídica da política de extermínio de inimigos da cidade do Rio de Janeiro. – 1. ed. – Rio de Janeiro: Revan, 2015. 1ª reimpressão, 2015.

DIAS, F.V.; SILVA, T.R.S. Criminologia e a seletiva aplicação da Lei de drogas: análise empírica das definições policiais entre traficantes e usuários na comarca de Passo Fundo-RS nos anos de 2016-2017. Ciências Sociais Aplicadas em Revista – UNIOEST/MCR. v. 18. - n. 35. – 2ª sem. 2018 – p. 09-43. ISSN 1982-3037. Disponível em: <http://e-revista.unioeste.br/index.php/csaemrevista/article/view/21148> Acesso em: 19 de maio de 2020.

FEFFERMANN, Marisa. Criminalizar a juventude: uma resposta ao medo social. In: Infância e juventude em contexto de vulnerabilidades e resistência. Org. Ilana Lemos de Paiva... [et al]. – São Paulo: Zagodoni, 2013. p. 57 – 76.

FOUCAULT, Michel. Vigiar e Punir: nascimento da prisão. 3. ed. Petrópolis: Vozes, 2016.

Levantamento nacional de informações penitenciárias, Infopen Mulheres, DEPEN, Departamento Penitenciário Nacional. Brasília: Ministério da Justiça e Segurança Pública, Departamento Penitenciário Nacional, 2017.

Levantamento nacional de informações penitenciárias, painel interativo, dados de junho – dezembro de 2019. DEPEN, Departamento Penitenciário Nacional. Brasília: Ministério da Justiça e Segurança Pública, Departamento Penitenciário Nacional, 2020.

LOMBROSO, Cesare; FERRERO, Guglielmo. A mulher delinquente: a prostituta e a mulher normal. Título original: La donna delinquente: la prostituta e la donna normale. Turin, Roma (Itália): Editori L. Roux e C., 1893. (Kindle) Tradução de Antonio Fontora Jr. Curitiba, 2017.

MATOS, M.I.S.; SOIHET, R. O corpo feminino em debate. São Paulo: UNESP, 2003.

PERROT, Michelle. Minha História das Mulheres. - 1. ed., 1ª reimpressão. - São Paulo: Contexto, 2008.

QUEIROZ, Nana. Presos que menstruam [recurso eletrônico] / Nana Queiroz. - 1. ed. - Rio de Janeiro: Record, 2015. ISBN 978-85-01-10539-4.

QUEIROZ, Paulo. Direito Penal Parte Geral. 4ª Ed., Rio de Janeiro: Lúmen Júris, 2008.

RIBEIRO, Isabela Trivino. Racismo estrutural: um olhar sobre a justiça criminal e as políticas de drogas após a abolição. 2018. 76 f. TCC (Graduação) - Curso de Direito, Faculdade Nacional de Direito, Universidade Federal do Rio de Janeiro, Rio de Janeiro, 2018.

SILVA, Amanda Daniele. Mãe/mulher atrás das grades: a realidade imposta pelo cárcere à família monoparental feminina [online]. São Paulo: Editora UNESP; São Paulo: Cultura Acadêmica, 2015, 224 p. ISBN 978-85-7983-703-6. Available from SciELO Books <http://books.scielo.org>.

ZAFFARONI, Eugênio Raúl; PIERANGELI, José Henrique. Manual de direito penal brasileiro. vol. 1. - 9. ed. rev. e atual. - São Paulo: Editora Revista dos Tribunais, 2011.

Mecanismos de responsabilização pela violação às normas de encarceramento

Guilherme de Negreiros Diógenes Reinaldo[1]

O objetivo deste capítulo é o de identificar e debater os mecanismos legais existentes para responsabilização de indivíduos e instituições, por violações de direitos fundamentais que ocorrem em ambientes prisionais.

A motivação para estudo desse tema, se dá em razão de que, embora esses fatos sejam fenomenologicamente bem visíveis, a sociedade brasileira, assim como o meio jurídico, mantêm-se em grande parte indiferentes aos problemas do cárcere, gerando um cenário de pouco, ou nenhum debate sobre a eficácia e alcance de tais ferramentas normativas.

A metodologia empregada para análise do objeto consiste de três etapas.

Inicialmente, no tópico "1" se busca constatar a existência de um cenário de sistemática violação aos direitos fundamentais no sistema prisional brasileiro, o que se faz através da análise de um precedente judicial específico, o julgamento da medida cautelar na Arguição de Descumprimento de Preceito Fundamental nº 347, por parte do plenário do Supremo Tribunal Federal, em razão de ter sido discutida a configuração do

---

[1] Advogado, Mestre e Bacharel em Direito (UFRN), membro dos projetos de pesquisa *O Direito Criminal como corpo normativo construtivo do sistema de proteção dos direitos e garantias fundamentais, nas perspectivas subjetiva e objetiva* e a *Criminalidade violenta e diretrizes para uma política de segurança pública no Estado do Rio Grande do Norte*.

chamado "Estado de Coisas Inconstitucional" relativamente ao sistema penitenciário brasileiro, tarefa que é realizada no tópico "1.1".

Ainda nesta primeira etapa, explica-se como este cenário foi criado e é mantido através de um processo de adequação social ao totalitarismo, tanto das populações carcerárias, como da sociedade em geral, decorrente da incorporação de instituições burocráticas européias de caráter nitidamente inquisitorial, durante o período da colonização lusitana no Brasil, tarefa que é realizada no tópico "1.2".

Prosseguindo, a segunda etapa se desenvolve no tópico "2", e consiste na identificação dos meios legais existentes para a responsabilização de indivíduos e instituições por violações às normas de encarceramento, tanto através da disciplina normativa brasileira, como através do conceito de *Accountability* empregado em sistemas internacionais de proteção de direitos humanos, o que é realizado no tópico "2.1".

Por fim, tomando como base as duas primeiras etapas, a última fase metodológica consiste na reflexão sobre formas adequadas de assegurar transparência aos procedimentos e comportamentos adotados por agentes públicos encarregados da administração penitenciária, através da discussão sobre o Manual para Servidores Penitenciários elaborado pelo International Centre for Prison Studies.

1. Sobre a sistemática violação de direitos fundamentais no sistema penitenciário brasileiro

Como sintetizado, neste primeiro tópico será esboçada a premissa básica que irá estruturar todo o capítulo, que é a de que os direitos fundamentais de pessoas encarceradas são violados de forma sistemática, tanto por autoridades responsáveis pela administração penitenciária, bem como por aquelas encarregadas da criação e implementação de políticas públicas.

Em detalhes, em que pese estar privado de liberdade de locomoção, comunicação, dentre outras restrições, o cidadão encarcerado ainda é sujeito de direitos[2], na medida em que a própria noção de legitimidade da utilização da coerção e violência física por parte da administração pública pressupõe a salvaguarda do que se considera como o núcleo essencial dos direitos fundamentais[3].

Mas antes de prosseguir, deve ser feito uma ressalva em relação ao sistema penitenciário federal, cuja realidade organizacional, orçamentária, de recursos humanos e até mesmo normativa, gera um cenário completamente distinto daquele que se observa no âmbito estadual (SILVA JÚNIOR 2014, 30.071).

Ademais, há ainda um último alerta metodológico que deve ser feito, que é o de que, no que pese este capítulo utilizar a Arguição de Descumprimento de Preceito Fundamental de n° 347 como ponto de partida para a caracterização do cenário de sistemática violação aos direitos fundamentais no cárcere, não se tem a pretensão de defender o instituto do

---

[2] No caso da legislação brasileira, ao indivíduo encarcerado é assegurado a integridade física e moral, assim como assistência material, médica, jurídica, educacional, social, religiosa e ressocializadora, conforme se extrai da Lei de Execuções Penais (LEP) e da Constituição Federal (CF), com ênfase para os seguintes dispositivos: art. 10, 11 e 41 da LEP e art. 5°, III, XLVIII, XLIX, L, LXIII, LXXV e 6° da CF.
[3] Em que pese a existência de relevantes críticas à noção de "núcleo duro" ou "essencial" dos direitos fundamentais, vide **BARCELLOS** (2005, 142-144), este capítulo utiliza deste termo com o fim didático de se referir àqueles elementos que compõem a própria estrutura do estado, e através do qual todos os outros direitos previstos na Constituição podem se concretizar.

"Estado de Coisas Inconstitucional", nem muito menos rebater as fortes críticas sobre os limites interpretativos do Supremo Tribunal Federal, assunto já fortemente abordado pela academia[4].

1.1 Estado de Coisas Inconstitucional

De forma objetiva, a existência, no Brasil, de uma política de estado voltada para sistemática violação de direitos fundamentais de indivíduos encarcerados, pode ser verificada através de vários registros feitos pela literatura especializada, imprensa, relatórios de organismos internacionais, decisões judiciais e até mesmo em músicas e romances.

Neste sentido, é preciso justificar a decisão metodológica de realizar esta caracterização através de um precedente judicial específico, no caso deste capítulo, o julgamento da medida cautelar na Arguição de Descumprimento de Preceito Fundamental nº 347, por parte do plenário do Supremo Tribunal Federal.

Esta escolha se dá em razão de que o referido julgamento, ao reconhecer e aplicar o instituto do "Estado de Coisas Inconstitucional" ao sistema penitenciário brasileiro, representa não apenas a constatação de um quadro de proteção deficiente, mas na verdade, violação massiva generalizada e sistemática de direitos fundamentais, que afeta a um número amplo de pessoas, em decorrência da falta de coordenação entre medidas legislativas, administrativas, orçamentárias e judiciais (CAMPOS 2015, 55).

---

[4] Neste sentido: Streck (2015), Campos (2014, 314-322).

No referido julgamento, o Plenário do Supremo Tribunal Federal anotou que no sistema prisional brasileiro ocorreria violação generalizada de direitos fundamentais dos presos no tocante à dignidade, higidez física e integridade psíquica, registrando ainda, que as penas privativas de liberdade aplicadas nos presídios teriam se convertido em penas cruéis e desumanas, acarretando a violação de dispositivos constitucionais (artigos 1º, III, 5º, III, XLVII, e, XLVIII, XLIX, LXXIV, e 6º), normas internacionais reconhecedoras dos direitos dos presos (o Pacto Internacional dos Direitos Civis e Políticos, a Convenção contra a Tortura e outros Tratamentos e Penas Cruéis, Desumanos e Degradantes e a Convenção Americana de Direitos Humanos) e normas infraconstitucionais como a LEP e a LC 79/1994 (BRASIL 2015).

Outra importante constatação feita no documento, sobretudo para os fins deste artigo, é a de que a responsabilidade pelo cenário não poderia ser atribuída a uma única esfera do estado, mas sim aos três poderes, tanto no âmbito federal, como no âmbito estadual, na medida em que as causas podem ser identificadas tanto na formulação e implementação de políticas públicas, como na interpretação e aplicação da legislação (BRASIL 2015).

Quanto ao resultado do julgamento, a corte concedeu parcialmente a cautelar para determinar a realização das audiências de custódia, cuja previsão legal já está estampada no art. 7º da Convenção Americana de Direitos Humanos, e para determinar o descontigenciamento do fundo penitenciário para investimentos no próprio sistema, o que já está, de certa forma, previsto na própria Lei Complementar nº 79/1994, acatando dois dos oito pedidos feitos pelos autores da arguição (MOREIRA 2020).

Verifica-se que o referido julgado é útil metodologicamente na medida em que estabelece as duas premissas iniciais que irão pautar o desenvolvimento deste capítulo, quais sejam, o reconhecimento expresso da violação massiva e sistemática aos direitos de pessoas encarceradas, por parte da própria administração pública brasileira, e a constatação de que eventual responsabilização não se concentraria em uma única pessoa ou instituição.

Cabe ressaltar, que para o objetivo deste artigo, que é o de discutir os mecanismos de responsabilização por violações à direitos fundamentais ocorridos no sistema prisional, estas constatações são suficientes, razão pela qual não se irá adentrar na discussão sobre a natureza do instituto do "Estado de Coisas Inconstitucional", já existindo vasta discussão sobre o assunto, como já apontado anteriormente.

Mas antes de adentrar na discussão sobre as ferramentas de responsabilização em si, ou sobre qualquer objeto de análise científica, é preciso primeiro buscar eliminar ou diminuir eventuais obstáculos cognitivos através da compreensão sobre como o cenário que é objeto de análise foi criado e é mantido.

Como será explicado no tópico seguinte, o contexto de violações sistemáticas à direitos fundamentais no sistema prisional brasileiro tem sua origem em um processo de adequação social ao totalitarismo, tanto das populações carcerárias, como da sociedade em geral, decorrente da incorporação de instituições burocráticas europeias de caráter nitidamente inquisitorial, durante o período da colonização lusitana no Brasil.

1.2 Herança inquisitória lusitana e Totalitarismo Socialmente Adequado

Quando se trata de qualquer estudo que envolva Criminologia e Política Criminal, o (a) pesquisador (a) eventualmente se depara com um problema metodológico bem peculiar, pois geralmente conclui que as premissas básicas que tomou — através de conceitos previamente formados — para definir elementos como "causa" e "consequência" são, na verdade, equivocadas, já que tais problemas jurídico-sociais assumem uma feição demasiadamente complexa e se mostram incapazes de ser decifrados através desta abordagem causalística.

Desta feita, como aduz Morin (2008, 108) "tudo o que é produzido volta sobre o que se produziu num ciclo ele mesmo autoconstitutivo, auto-organizador e autoprodutor", é o que chama de princípio da recursividade organizacional.

Logo, a relação entre o sistema prisional, a carga histórico-social de um país e o modo como operam as autoridades públicas ali vivendo, não pode ser explicada sobre o modelo de causa e efeito. Nas palavras de Gloeckner (2009, 25-26), "A causa é ao mesmo tempo produtora do efeito que por seu turno gera a causa".

Assim, a recursividade organizacional é a premissa básica que pauta o presente trabalho, tendo em vista que se busca construir a visão de uma série de elementos concorrendo de forma interligada, em detrimento de uma análise linear do problema.

Neste sentido, no que pese toda a construção dogmática e lutas históricas para que se alcançasse a ruptura provocada pela ordem constitucional, de mudança de um regime totalitário para um regime democrático, Álvaro Pires (2014) alerta para manutenção, no Direito Criminal, do que ele classifica como um paradoxo, que consiste no problema da incompatibilidade entre certas práticas institucionalizadas de determinados sistemas de justiça criminal e os valores fundamentais teoricamente incorporados por estes mesmos sistemas.

Em outras palavras, tratam-se de algumas práticas que quando analisadas de forma crítica e aprofundada, parecem contraditórias com os próprios valores internos do Direito Criminal ou incompatíveis com certas pautas dos Direitos Fundamentais.

Para explicar este ponto, o autor parte do conceito de "obstáculos epistemológicos" construído pelo físico francês Gaston Bachelard (1996, 18-22), que de forma sintética, trata-se de um termo utilizado para descrever a situação na qual um sistema possui um certo número de ideias que são consideradas ainda como boas, adequadas, valorizadas, mas que à partir de certo momento, passam a se constituir como obstáculos cognitivos para que novas práticas, melhores que as práticas internas já em vigor, apareçam dentro do sistema.

Assim, a principal dificuldade imposta pelos obstáculos epistemológicos é que, diferentemente das más ideias — que já foram identificadas como tal dentro de um determinado sistema —, são ideias que o sistema, ainda valoriza e emprega, e que são, ao menos em parte, consideradas úteis e por isso se tem dificuldade em vê-las como fontes do problema, inviabilizando, assim, a reconstrução do sistema e suas práticas (PIRES 2014).

Nesta esteira, o tema que se debate neste trabalho levanta uma questão de obstáculos epistemológicos, na medida em que contraria uma orientação que o sistema de justiça criminal brasileiro já começou a adotar, que é a do encarceramento em massa, mas que ainda não se percebeu — pelo menos de forma consensual na prática forense — sobre a possível dimensão negativa dessa posição.

Portanto, o problema em debate, mais do que uma discussão sobre infraestrutura carcerária, trata-se de uma questão pertinente ao permanente conflito entre as premissas interpretativas do processo penal e as relações de poder que elas buscam regular.

Então por mais que a caracterização do Estado de Coisas Inconstitucional no sistema carcerário, pelo Supremo Tribunal Federal, ateste a existência de ilegalidades que ocorrem em presídios ao ponto de que nenhuma autoridade possa lhe negar existência, isto não tem o condão de alterar os rumos das políticas públicas aplicadas, ou de decisões judiciais tomadas, porque algo se passa, no plano cognitivo, que mesmo que o fenômeno esteja claramente caracterizado, a administração pública e a sociedade já possuem uma maneira pré-construída de interpreta-lo e de valoriza-lo, que estes fatos não aparecem como sendo fatos desconfortáveis[5].

---

[5] Aprofundando sua explicação sobre obstáculos cognitivos, o professor Álvaro Pires utiliza ainda um segundo conceito, oriundo do trabalho de Max Weber (WEBER, 2017) que introduziu a utilização da expressão "fatos desconfortáveis" ou "fatos inconvenientes", que são aqueles que se revelam como desagradáveis quando um observador toma conta que um ponto de vista que ele acreditava ser adequado, reivindica e justifica uma maneira de agir e comunicar contrária aos seus próprios valores. Ademais, interpretando este conceito, identifica duas teses implícitas (PIRES, 2014) em relação aos fatos inconvenientes:A primeira tese é a de que embora esses fatos sejam fenomenologicamente bem visíveis, eles são, por outras razões, difíceis de ver (*blind spot*), no sentido de que algo se passa no plano cognitivo, que mesmo que o fenômeno esteja diante da nossa face, já estamos com uma maneira predeterminada de abordá-lo, que o fato não aparece como sendo um fato desagradável.A segunda tese identificada é a de que é importante aprender a reconhecer a existência desses fatos, pois ao realizar esta tarefa se consegue obter não só uma melhor

Como sugere Faria (2004, 104), a crise identificada através da incapacidade da realização de certas funções consideradas essenciais por parte da administração pública possuí raízes na própria formação histórica das instituições na justiça luso-brasileira e não apenas em fatores contemporâneos.

Melhor explicando, temos que como herança da colonização lusitana, o Brasil incorporou um modelo idealizado de justiça, isto é, incorporou a organização e mentalidade portuguesa em uma sociedade cuja realidade era completamente diferente e incompatível com as instituições burocráticas europeias, verificando-se um profundo antagonismo entre a arquitetura do sistema jurídico e a realidade social e econômica que se propunha a regular.

Historicamente falando, desde os primórdios do Brasil colonial, como instituição de feições inquisitórias forjada pelo Estado Nacional Português a partir das raízes culturais da Contrarreforma, com seus prazos, instâncias e recursos, o Judiciário sempre foi organizado como um burocratizado sistema de procedimentos escritos, sendo, sobretudo no campo da repressão ao crime e na aplicação da pena que a mentalidade inquisitória se infiltra de forma mais vigorosa e produz seus mais consistentes efeitos (CARVALHO 2010, 74-75).

Esta secular estrutura inquisitória identificou e caracterizou de forma precisa o papel dos agentes que atuam no âmbito judicial (sobretudo magistrados e membros do ministério público). Nesta teia de poder, o

---

posição teórica, mas também uma nova motivação prática que vai dar uma nova impulsão aos valores que se busca defender.

protagonismo é exercido pelo Magistrado, que deve aplicar a técnica necessária à obtenção da verdade, algo que do ponto de vista do discurso da teoria do sistema acusatório — teoricamente adotado hodiernamente — seria inconcebível, contudo, como afirma Leonardo Boff (1993, 20)"mudam os sinais, mas não a lógica de um sistema totalitário e por isso repressivo de toda e qualquer diferença".

Além disso, deve ser levado em consideração que existe um conjunto de elementos denominado pela doutrina de Criminologia Midiática, e que pouco tem a ver com a Criminologia Acadêmica.

Poder-se-ia dizer, que paralelo às palavras da academia, há outra criminologia que atende a uma criação da realidade através da informação, subinformação e desinformação midiática, em convergência com preconceitos e crenças, que se baseia em uma etiologia criminal simplista, assentada no que Zaffaroni (2012, 303) chama de *causalidade mágica.*

Este fenômeno, porém, não é recente. Enquanto houve poder punitivo sempre houve criminologias midiáticas que apesar de não se basearem em informações confirmadas cientificamente ou argumentos que necessariamente obedeçam a critérios lógicos, acabaram por desempenhar um papel crucial na forma como as sociedades enxergaram e enxergam o crime, a repressão ao desvio e a aplicação da pena, ao longo da história.

Através do bombardeio de imagens, sem tempo para o pensamento reflexivo abstrato, a Criminologia Midiática constrói uma hierarquia de riscos da vida que em nada tem a ver com a real, um conceito de segurança bem peculiar, que abarca principalmente a prevenção ao delito patrimonial violento e ao tráfico de drogas, ignorando as estatísticas de mortes em acidentes de trânsito, suicídios, e até mesmo os homicídios e feminicídios praticados dentro do lar familiar, para identificar no *eles,* no *inimigo*, a fonte de nossos males (ZAFFARONI 2012, 308).

O problema de tomar como certas tais premissas trazidas pela Criminologia Midiática é que se cria uma realidade zoroástrica (ZAFFARONI 2012, 303), no qual pessoas decentes estão sendo ameaçadas por uma horda de criminosos, que configuram um *eles* separado do resto da sociedade, reivindicando-se a partir disso maior repressão com base em uma causalidade mágica, segundo a qual maiores penas e maior arbítrio policial produzem maior prevenção dos delitos:

> Os *eles* da Criminologia Midiática incomodam, impedem de dormir com as portas e janelas abertas, perturbam as férias, ameaçam as crianças, *sujam* por todos os lados e por isso devem ser separados da sociedade, para deixar-nos viver tranquilos, sem medos, para *resolver todos os nossos problemas*. Para tanto, é necessário que a polícia (e o Judiciário) nos proteja de suas ciladas perversas, sem qualquer obstáculo nem limite, porque *nós* somos limpos, puros, imaculados. (ZAFFARONI 2012, 307).

Para a parte da sociedade que adota este discurso, o *eles* são os rejeitos do corpo social, produto normal de descarte do organismo social, que deve ser canalizado através do sistema penal[6].

Neste contexto, movimentos políticos criados na própria sociedade civil, influenciados pela Criminologia Midiática e pela herança inquisitória lusitana, cobram da administração pública, incluídos aí os agentes judiciais e policiais penais, que se comportem como administradores da vida e do tempo daqueles apontados ou identificados como criminosos. Para esta

---

[6] Para mais detalhes sobre a metáfora organicista do Direito Penal, conferir Zaffaroni (2012, 312).

perspectiva e forma de enxergar o problema de criminalidade, policiais penais, gestores públicos, juízes (as), promotores (as), advogados (as), deveriam todos abandonar o dever de zelo pelo ordenamento jurídico e se engajar no combate incansável ao *inimigo*.

Todavia, é importante ressaltar que este fenômeno não pode ser atribuído a uma *entidade* abstrata como "Estado" ou "Imprensa", pelo contrário, é preciso ter em mente que não há um "trono" para ser tomado ou uma "instituição" a ser destruída, mas na verdade uma interligada teia que envolve relações, sobretudo econômicas, apesar sua patente funcionalidade política.

Em outras palavras, no que pese os interesses dos grupos midiáticos serem de cunho notoriamente financeiro, a necessidade de defesa contra o *eles* criada pela Criminologia Midiática acaba por afetar drasticamente as relações de poder, a partir do momento em que a própria sociedade passa a clamar por aumento do controle e redução do espaço de liberdade social.

Ao mesmo tempo, como informa Walter Nunes (SILVA JÚNIOR 2014, 6606):

> Verifica-se uma lacuna na doutrina nacional em relação a obras direcionadas ao estudo mais denso sobre a teoria do processo penal. Os livros de teoria geral do processo, comumente, não têm se aprofundado nas singularidades da teoria do processo no ambiente criminal, especialmente quanto à repercussão dos direitos fundamentais nessa área do saber jurídico.

Em síntese, o pano de fundo social no qual as violações sistemáticas à direitos fundamentais no sistema prisional acontecem, é o da existência de vários movimentos que reivindicam a redução de garantias individuais em prol do aumento da satisfação do sentimento de segurança, instigados pela

Criminologia Midiática, que exigem da administração pública a não alocação de recursos para infraestrutura carcerária, e mais especificamente dos agentes que atuam no âmbito judicial penal, uma postura de luta contra a criminalidade — em detrimento do devido processo legal —, entrando em grave conflito com a pauta axiológica do texto constitucional, e os séculos de lutas[7] para a conquista das mesmas garantias que hoje alguns buscam combater.

2. Responsabilização de indivíduos e instituições.

Levando em consideração as questões postas nos tópicos anteriores, pode-se delinear as próximas duas premissas que serão desenvolvidas daqui em diante neste capítulo.

A primeira, é a de que fica evidente que os mecanismos de responsabilização por violações às normas de encarceramento, por possuírem o alcance limitado de sancionar condutas ilegais que eventualmente venham a ocorrer, não são ferramentas capazes de desconstruir a mentalidade inquisitorial enraizada na cultura nacional.

E que a própria aplicação de tais ferramentas legais de responsabilização pode ser comprometida por decisões políticas individuais dos agentes envolvidos no processo de encarceramento, sobretudo quando se leva em consideração que as aplicações de sanções ocorrem, principalmente, através de mecanismos de exposição da conduta ilegal que

---

[7] Sobre a evolução histórica dos direitos fundamentais nas constituições brasileiras e os reflexos do pensamento beccariano nas regras processuais aplicadas no Brasil, existe extenso trabalho a respeito, elaborado pelo professor Walter Nunes e que compõem os capítulo 03, 04 e o subtópico "1.4" do capítulo 01 da obra "Curso de Direito Processual Penal: Teoria Constitucional do Processo Penal" (SILVA JÚNIOR 2014).

se concentram, majoritariamente, nas mãos da própria administração pública, como será explicado nos tópicos seguintes.

2.1 Disciplina normativa nacional de atribuição de responsabilidade.

Antes de se aprofundar a discussão sobre a disciplina normativa nacional de atribuição de responsabilidade, é útil ressaltar a diferenciação entre responsabilização de indivíduos (servidores e gestores públicos), da responsabilização de instituições (órgãos ou entes administrativos).

Na esfera individual, o servidor público responde cumulativamente (BRASIL 1990) nos âmbitos civil, penal e administrativo pelo exercício irregular de suas atribuições (BRASIL 1990).

Em detalhes, a responsabilidade penal (BRASIL 1990) se dá em decorrência do cometimento de crimes e contravenções penais, previstos no código penal ou em legislações específicas, através da instauração de ação penal perante a justiça criminal, podendo-se aplicar, como sanções, restrições à liberdade, de direitos ou pena de multa.

Já a responsabilização cível (BRASIL 1990) é decorrente de atos de improbidade ou por danos causados à Administração ou a terceiros, e precisa ser verificada subjetivamente (BRASIL 1988) em ação regressiva proposta pela pessoa jurídica de Direito Público que foi condenada à reparação (BRASIL 1988), através da comprovação do dano, nexo causal, além de dolo ou culpa por parte do agente público, e pode gerar como sanção, sobretudo nos casos de improbidade administrativa, a indisponibilidade do patrimônio para assegurar o ressarcimento do dano, a suspensão de direitos políticos e até a própria perda da função pública, sendo apurada através de processamento perante a justiça cível, que é instaurado pelo Ministério Público ou pela procuradoria do próprio órgão (BRASIL 1992).

No caso da responsabilização administrativa (BRASIL 1990), ocorre através da instauração de procedimento administrativo disciplinar em face do cometimento de condutas proibidas, descumprimento de deveres funcionais, ou irregularidade nas contas públicas (BRASIL 1988).

Cabe ressaltar, que apesar de ocupantes de cargo eletivos não se encaixarem na definição legal de servidores públicos (BRASIL 1990) e por isso não se submeterem à processos administrativos disciplinares nos moldes previstos na lei 8.112/1990, estão sim submetidos à responsabilização na esfera administrativa nos regimes próprios de cada instituição ao qual fazem parte[8].

Ainda em relação aos ocupantes de cargos eletivos, pode-se dizer que existe um quarto tipo de responsabilização, chamada de democrática ou política, e que é tratada pela literatura norte-americana e parte da literatura nacional como *accountability* política, que é aquela que acontece quando os responsáveis por elaborar e conduzir políticas públicas prestam contas aos cidadãos de seus atos, que avaliam a satisfatoriedade das decisões tomadas através do sufrágio, mantendo ou afastando determinada autoridade do cargo eletivo que ocupa (PRADO e PÓ, 2007, 02).

Nas palavras de Otávio Prado e Marcos Vinicius Pó (2007, 03):
> Sintetizando estas considerações, pode-se entender accountability democrática como um princípio que se

---

[8] O mesmo se aplica à membros do Poder Judiciário, do Ministério Público e dos Tribunais de Contas.

expressa em mecanismos institucionais que devem constranger os governos continuamente a prestar contas à sociedade e aos outros atores do sistema político (legislativo, judiciário etc.). Para a sua plena realização, tais mecanismos institucionais devem garantir o controle público das ações dos governantes, permitindo aos cidadãos não só serem informados sobre aquelas ações, mas também possibilitando a eles influir na definição das metas coletivas, não somente por meio das eleições, mas ao longo dos mandatos dos seus representantes, garantindo a responsabilização ininterrupta dos governos. A accountability democrática inclui distintas etapas, quais sejam: 1) prestação de contas dos governantes, em especial quanto à disponibilização de informação correta e transparente aos cidadãos e 2) sua responsabilização no sentido estrito, isto é, envolvendo a aplicação de recompensas aos governantes (como, por exemplo, sua reeleição) ou punições a eles quando seus atos forem desaprovados ou rejeitados (como, por exemplo, gerando derrotas eleitorais ou restrições na sua autonomia). Em suma, a accountability refere-se não só à prestação de contas pelos governantes, mas também às sanções que possam ser aplicadas pelos cidadãos.

Assim, tendo em vista que o mecanismo básico da *accountability* democrática é a recompensa ou sanção através do voto, é preciso ter cautela com a realidade das estruturas de poder descentralizadas da democracia brasileira, e o ceticismo social em relação aos processos eleitorais (O'DONNEL 1998, 27-52), que exigem a existência de outros instrumentos de controle e fiscalização, sobretudo em razão do cenário já explicado de persistência da herança colonial inquisitória e do fortalecimento do discurso promovido pela Criminologia Midiática.

Isto porque, todos os mecanismos indicados acima possuem utilidade tão somente para a responsabilização de indivíduos, não possuindo o condão de constranger pessoas jurídicas de Direito Público, que dentro da estrutura legal brasileira apenas respondem objetivamente, no campo cível, pelos danos causados pelos seus agentes.

Neste cenário, verifica-se a inexistência, na legislação nacional, de mecanismos eficientes de responsabilização de órgãos de governo por violações em massa à direitos fundamentais, na medida em que a atribuição de responsabilidade destas entidades se dá exclusivamente através do ressarcimento pecuniário à indivíduos específicos que acessam o sistema judiciário e logram êxito em demandas judiciais.

Portanto, os mecanismos legais existentes funcionam através da exposição de condutas ilícitas e posterior aplicação de sanções individuais, mas não interferem em políticas públicas que se mostrem como negligentes ou ativamente violadoras de direitos fundamentais de uma maneira sistemática, o que pode ser exemplificado pelo julgamento da medida cautelar na ADPF nº 347, discutido anteriormente, no qual o reconhecimento, por parte do Supremo Tribunal Federal, da caracterização do Estado de Coisas Inconstitucional, não altera a realidade do sistema prisional e apenas indica a difusão da responsabilidade entre as diversas autoridades envolvidas.

Neste contexto, ressalta-se que a incapacidade da sociedade civil de se opor à tais tipos de violações em um âmbito local não é uma peculiaridade do sistema brasileiro, tendo, ao longo da história da humanidade (LIMA 2012), viabilizado violações massivas de direitos fundamentais, o que despertou a criação e fortalecimento de organismos internacionais dotados de ferramentas de *accountability* capazes de constranger até mesmo governos.

Contudo, os procedimentos internacionais não somente têm papel subsidiário, como também – e é ai que reside o maior óbice a sua implementação – são de caráter facultativo, posto que o reconhecimento da competência dos órgão internacionais depende de retificação da cláusula que os institui, fato ocorrido recentemente quando o Estado brasileiro finalmente reconheceu a jurisdição da corte Interamericana de Direitos Humanos, que tem competência para resolver disputas referentes a violação de direitos humanos por um Estado (competência contenciosa), bem como para interpretar dispositivos da Convenção Americana e demais instrumentos relativos à matéria (competência consultiva) (MONTE 2012).

No caso do Brasil, a Corte somente pode receber casos submetidos pela Comissão Interamericana de Direitos Humanos[9], e com sua decisão, pode exigir o restabelecimento do direito ou liberdade violados, a reparação do dano e o pagamento de justa indenização a vítima, tratando-se de decisões definitivas, cujo controle de sua execução cabe à Assembléia Geral da OEA, que anualmente recebe relatório com os casos julgados pela Corte (MONTE 2012).

Neste cenário, verifica-se que buscar a responsabilização do estado brasileiro pelas violações ao cárcere no âmbito da Corte Interamericana de Direitos Humanos é possível, pela própria ratificação da Convenção Americana de Direitos Humanos e da Convenção Interamericana para Prevenir e Punir a Tortura, mas é uma tarefa que requer um alto grau de organização e assistência jurídica que simplesmente não

---

[9] Apesar de haver ratificado a Convenção Americana de Direitos Humanos, o Estado brasileiro não autorizou a Comissão Interamericana de Direitos Humanos (CIDH) a examinar comunicações interestatais, a fim de que um Estado-parte possa alegar que outro tenha cometido violação a direito assegurado pela Convenção. Dessa forma, o Estado brasileiro somente poderá sofrer denúncias de violações por meio das petições individuais, por força do que dispõe o art. 44. da Convenção Americana, devendo os indivíduos ou grupos interessados, necessariamente submeter a situação à apreciação da Comissão (MONTE 2012).

está ao alcance da população carcerária, sobretudo quando se leva em consideração que o caráter subsidiário e complementar das normas de direito internacional, só autoriza a atuação da Corte quando comprovado que estão esgotados todos os meios internos para resolução da controvérsia.

Diante disto, os relatórios anuais elaborados pela Comissão Interamericana de Direitos Humanos[10] se constituem como ferramentas mais eficientes, pois, por mais que não tenham a força normativa das decisões da Corte Interamericana de Direitos Humanos, possuem a capacidade de expor as violações de direitos humanos ao escrutínio da comunidade internacional por se tratarem de documentos elaborados periodicamente, através de um sistema de supervisão comum das obrigações assumidas com a ratificação dos tratados, de natureza essencialmente não-contenciosa e baseada no método do diálogo entre os países (MONTE 2012).

Portanto, conclui-se que os mecanismos legais existentes de responsabilização por violações às normas de encarceramento não apresentam uma resposta satisfatória ao problema, seja pela incapacidade de transformação substancial nas políticas públicas, como no caso da normatividade nacional, ou pela complexa burocracia exigida para se alcançar o acesso à justiça, como no caso dos tratados internacionais.

Além disso, ambas esferas de responsabilização pressupõem, para sua concretização, a exposição de condutas ilícitas. Contudo, como será discutido a seguir, qualquer controle social que depende de exposição para se concretizar precisa necessariamente estar capacitado com ferramentas de

---

[10] Os relatórios são documentos elaborados anualmente e encaminhados à assembleia da OEA.

transparência, o que não ocorre no caso do sistema prisional brasileiro, marcado por procedimentos e regras normalmente mantidos em segredo sobre a justificativa de segurança das unidades prisionais.

2.2 Considerações sobre sistemas de Accountability baseados em transparência e exposição.

Retornando brevemente ao tópico "1.2", relembra-se que foi explicado que a herança inquisitória lusitana e a Criminologia Midiática estão tão intricadas com a vida em sociedade no Brasil, que o zelo pelos valores públicos consagrados na Constituição acaba se tornando uma atividade que requer constante vigilância por parte das autoridades envolvidas com o sistema de justiça criminal, incluído aí, a aplicação e cumprimento de penas.

No caso do sistema carcerário brasileiro, como explicado no tópico "2.1", a vigilância se torna ainda mais relevante na medida em que os mecanismos de responsabilização dos agentes públicos responsáveis por ele, constituem-se basicamente de ferramentas de sancionamento de condutas ilícitas que são expostas.

E daí surge o problema.

Isto porque, a exposição de condutas ilícitas de forma eficaz só pode ocorrer diante da existência de mecanismos de transparência, que permitam aos interessados que verifiquem a adequação de determinada situação à legalidade.

Neste sentido, por mais que o termo "transparência" tenha se tornado uma espécie de clichê, um jargão do meio jurídico, a discussão sobre o que transparência significa no contexto específico do sistema prisional, qual sua conexão com a responsabilização dos agentes públicos envolvidos e qual a sua relação com a promoção dos valores fundamentais adotados pelo sistema jurídico, vem sido constantemente ignorada sobre a justificativa de que a preservação da segurança nas unidades prisionais dependeria da inexistência de controle por parte da sociedade civil, sobre o que ocorre dentro dos muros dos presídios.

Diante disto, este artigo busca responder a esses questionamentos não apenas através do aprofundamento da discussão sobre a utilização de mecanismos de transparência, mas também através do debate sobre a criação de um sistema de freios e contra-pesos no sistema carcerário que dependa menos do profissionalismo e integridade dos agentes públicos e mais de mecanismos de exposição e vigilância, pois, como demonstrado no tópico "2.1", a responsabilização através dos mecanismos legais existentes depende diretamente destas circunstâncias.

A esse respeito, o Manual para Servidores Penitenciários elaborado pelo International Centre for Prison Studies, afirma que, em razão do potencial de abuso estar sempre presente em unidades prisionais, todas as instituições desta natureza devem estar abertas ao escrutínio público, mas como os membros da sociedade civil não poderão descobrir facilmente por si mesmos o que acontece por detrás dos altos muros e das cercas de uma penitenciária, é necessário que haja um sistema de inspeção que verifique que tudo está como deve ser (COYLE 2008, 131).

Os procedimentos de inspeção protegem os direitos das pessoas presas e de suas famílias, na medida em que seu objetivo é o de garantir que os procedimentos adequados existem e que são cumpridos todo o tempo pelos servidores penitenciários. Ao mesmo tempo e pelos mesmo motivos, o escrutínio externo é fator de proteção para os servidores, pois são um meio de lidar com as denúncias de maus tratos contra as pessoas presas ou de desvio de conduta por parte dos servidores. Trata-se, portanto, de um meio de proteger os servidores contra acusações injustas. Entretanto, as inspeções não tratam apenas de falhas. É importante que elas possam identificar as boas práticas a serem usadas como modelos em outros lugares(COYLE 2008, 132).

Segundo o Manual, a inspeção pode assumir várias formas que variam de acordo com seu grau de formalidade (COYLE 2008, 133).

A mais informal — na medida em que não se trata de uma forma de inspeção propriamente dita, mas uma maneira de permitir que a sociedade saiba o que ocorre dentro das unidades —, consiste na permissão de acesso à unidade prisional de pessoas oriundas da comunidade, como professores, pesquisadores, membros de grupos religiosos, culturais e profissionais de saúde.

O segundo tipo de inspeção, que possui um maior grau de formalidade, consiste na autorização de vigilância por grupos independentes organizados no seio da sociedade civil, que comunicam os resultados de suas ações à comunidade local e à administração penitenciária, criando um vínculo entre ambas.

Prosseguindo, o Manual indica como a modalidade mais formal de inspeção aquela de natureza administrativa, composta por servidores da administração que realizam a auditoria dos procedimentos adotados, avaliando-se desde a segurança institucional da unidade, até as suas finanças.

E por fim, ressalta a relevância da realização de inspeções realizadas por órgãos independentes, seja de forma regular ou *ad hoc*, não só de cada unidade prisional, mas também do sistema penitenciário como um todo, podendo seus integrantes serem indicados pelo Poder Executivo ou Legislativo, constatando-se que esta segunda hipótese é a que se apresenta como o modelo mais independente, na medida em que os agentes que realizam a inspeção prestam suas informações perante o Legislativo.

Diante disto, conclui-se que o emprego de uma metodologia que combinasse os quatro tipos de inspeções pode ter a capacidade de trazer mais transparência ao funcionamento do sistema penitenciário do Rio Grande do Norte — estado objeto de estudo neste livro —, o que se constituiria como relevante passo para viabilizar formas de responsabilização mais eficientes, tendo em vista que nosso sistema é baseado na exposição de condutas ilícitas, para posterior aplicação de sanções.

Considerações Finais

De forma objetiva, o desenvolvimento deste capítulo se iniciou pela constatação da existência, no Brasil, de uma política de estado voltada para sistemática violação de direitos fundamentais de indivíduos encarcerados e que eventual responsabilização não se concentraria em uma única pessoa ou instituição.

Tal consideração foi tecida a partir da caracterização do Estado de Coisas Inconstitucional no sistema carcerário, pelo Supremo Tribunal Federal, no julgamento da medida cautelar na Arguição de Descumprimento de Preceito Fundamental nº 347, no qual foi atestada a existência de ilegalidades que ocorrem no sistema carcerário, mas que, ao mesmo tempo, não teve o condão de alterar os rumos das políticas públicas aplicadas, ou de decisões judiciais tomadas, em razão da existências de obstáculos cognitivos que impedem uma análise racional do problema, na medida em que parte da administração pública e da sociedade já internalizaram a maneira pré-construída pela herança inquisitória lusitana de enxergar o sistema prisional como uma ferramenta de exclusão social.

Neste sentido, o contexto de violações sistemáticas a direitos fundamentais no sistema prisional brasileiro tem sua origem em um processo de adequação social ao totalitarismo, tanto das populações carcerárias, como da sociedade em geral, decorrente da incorporação de instituições burocráticas europeias de caráter nitidamente inquisitorial, durante o período da colonização lusitana no Brasil, mas que é mantido através da existência de vários movimentos que reivindicam da administração pública a não alocação de recursos para infraestrutura carcerária, e mais especificamente dos agentes que atuam no âmbito judicial penal, uma postura de luta contra a criminalidade — em detrimento do devido processo legal —, provocando assim um choque com a pauta axiológica constitucional.

Prosseguindo, ao analisar as formas de responsabilização de indivíduos e instituições por violações às normas de encarceramento, ficou evidente que tais mecanismos possuem o alcance limitado de sancionar condutas ilegais que eventualmente venham a ocorrer, mas não são ferramentas capazes de desconstruir a mentalidade inquisitorial enraizada na cultura nacional, e que a própria aplicação de tais ferramentas legais de responsabilização pode ser comprometida por decisões políticas individuais dos agentes envolvidos no processo de encarceramento.

Neste cenário, os mecanismos legais existentes de responsabilização por violações às normas de encarceramento não apresentam uma resposta satisfatória ao problema, seja pela incapacidade de transformação substancial nas políticas públicas, como no caso da normatividade nacional, ou pela complexa burocracia exigida para se alcançar o acesso à justiça, como no caso dos tratados internacionais.

Além disso, ambas esferas de responsabilização pressupõem, para sua concretização, a exposição de condutas ilícitas. Contudo, foi discutido que qualquer controle social que depende de exposição para se concretizar precisa necessariamente estar capacitado com ferramentas de transparência, o que não ocorre no caso do sistema prisional brasileiro, marcado por procedimentos e regras normalmente mantidos em segredo sobre a justificativa de segurança das unidades prisionais.

Como o Brasil estrutura todo o seu sistema de responsabilização de agentes públicos com base na noção de exposição, e que a eficácia dessa exposição está diretamente ligada à existência de ferramentas de transparência, é urgente aprofundar o debate sobre o que significa transparência no contexto do sistema carcerário e como alcançá-la.

Sugerindo-se, enfim, ao estado do Rio Grande do Norte a adoção de uma metodologia exaustiva de vigilância das unidades prisionais através da combinação dos quatro tipos de inspeções propostas pelo International Centre for Prison Studies em seu Manual para Servidores Penitenciários.

Bibliografia

BACHERLARD, Gaston. *A formação do espírito científico: contribuição para uma psicanálise do conhecimento.* Rio de Janeiro : Contraponto, 1996,

BARCELLOS, Ana Paula de. *Ponderação, Racionalidade e Atividade Jurisdicional.* Rio de Janeiro: Renovar, 2005.

BRASIL. Supremo Tribunal Federal. *Arguição de Descumprimento de Preceito Fundamental n° 347.* Relator: Ministro Marco Aurélio. Diário Oficial da União. Brasília

BRASIL. *Lei n° 8.112, de 11 de dezembro de 1990.* Coleção de leis da República Federativa do Brasil. Brasília,

BRASIL. *Constituição (1988).* Constituição Federal n° 1, de 5 de outubro de 1988. Brasília,

BOFF, Leonardo. *Inquisição: Um Espírito que Continua a Existir.* In Manual dos Inquisidores. EYMERICH, Nicolau. Rio de Janeiro. Rosa dos Tempos; Brasília: EdUnB, 1993

CAMPOS, Carlos Alexandre de Azevedo. *Dimensões do Ativismo Judicial do STF.* Rio de Janeiro: Forense, 2014

CAMPOS, Carlos Alexandre de Azevedo. *Estado de Coisas Inconstitucional.* Salvador: Editora Juspodivm, 2015.

CARVALHO, Salo de. *O Papel dos Atores do Sistema Penal na Era do Punitivismo: O Exemplo Privilegiado da Aplicação da Pena.* Rio de Janeiro: Lumen Juris, 2010,

COYLE, Andrew. International Centre For Prison Studies. *Administração Penitenciária: uma abordagem de direitos humanos.* Londres: International Centre For Prison Studies, 2008. 187 p.

FARIA, José Eduardo. *O Sistema Brasileiro de Justiça: Experiência Recente e Futuros Desafios.* In Estudos Avançados, v. 18, n. 51, 2004, pp. 104.

GLOECKNER, Ricardo Jacobsen. *Risco e Processo Penal: Uma análise a partir dos direitos fundamentais do acusado.* Salvador: Juspodivm, 2009

LIMA, Raquel da Cruz. A emergência da responsabilidade criminal individual no Sistema Interamericano de Direitos Humanos. Lua Nova, São Paulo , n. 86, p. 187-220,   2012 . Available from <http://www.scielo.br/scielo.php?script=sci_arttext&pid=S0102-64452012000200007&lng=en&nrm=iso>. access on 15 July 2020. http://dx.doi.org/10.1590/S0102-64452012000200007.

MONTE, Roberto. A estrutura do sistema internacional de proteção aos direitos humanos. 2012. Disponível em: http://www.dhnet.org.br/dados/cartilhas/dh/onu/sddh/index.html. Acesso em: 15 jul. 2020.

MORIN, Edgar. *Introdução ao Pensamento Complexo.* 4 ed. Tradução de Dulce Matos. Lisboa: Instituto Piaget, 2003

O'DONNELL, G. Accountability horizontal e as novas poliarquias. Revista Lua nova. CEDEC. São Paulo, 44, p. 27-52, 1998.

PIRES, Álvaro. *Um ponto cego dos direitos humanos? O enigma das penas radicais.* VIII Encontro da ANDHEP: São Paulo, 2014.

PRADO, Otávio; PÓ, Marcos Vinicius. *Discursos, Prestação de Contas e Responsabilização Democrática nas Reformas da Gestão Pública.* XXXI Encontro Andap, Rio de Janeiro, p. 2-14, 26 set. 2007

SILVA JÚNIOR, Walter Nunes da. *Curso de Direito Processual Penal: Teoria (Constitucional) do Processo Penal.* 02. ed. Natal: Owl, 2014. Edição Kindle.

STRECK, Lenio Luiz. *Estado de Coisas Inconstitucional é uma nova forma de Ativismo.* Artigo publicado in: http://www.conjur.com.br/2015-out-24/observatorio-constitucional-estado-coisas-inconstitucional-forma-ativismo acesso em 15.07.2020

WEBER, Max. A Política como Vocação. Lisboa: BookBuilders. 2017, pp. 107.

ZAFFARONI, Eugenio Raúl. A palavra dos mortos: Conferências de Criminologia Cautelar. São Paulo: Saraiva, 2012. 536 p. (Saberes Críticos). Organizado por Luiz Flávio Gomes.

A expansão da criminalidade como fator determinante do estado de coisas inconstitucional no Rio Grande do Norte

Sophia Fátima Morquecho Nôga[1]

O uso da teoria do estado de coisas inconstitucional pelo Supremo Tribunal Federal, notadamente na arguição de descumprimento de preceito fundamental nº 347 e no recurso extraordinário nº 580.252, traz à lume a velha discussão acerca das condições conferidas aos presos no Brasil.

O próprio nome já é autodescritivo, a Corte Constitucional declarou a existência de uma conjuntura contrária aos direitos constitucionais que deveriam ser observados aos custodiados do Estado nas penitenciárias superlotadas.

Esse problema é de fácil percepção no Rio Grande do Norte, que em 2017 foi cenário de grandes rebeliões, que atingiram tamanha proporção pelo acondicionamento além dos padrões permitidos nas celas. De uma primeira análise, é possível concluir pela negligência da Administração em fornecer infra-estrutura adequada nas penitenciárias.

De um olhar mais profundo acerca do tema e panorâmico, levando em consideração a raíz de onde brota o dano e dos exemplos internacionais,

---

[1] Mestra em Direito Constitucional pela Universidade Federal do Rio Grande do Norte. Graduação em Direito pela Universidade Federal do Rio Grande do Norte. Advogada OAB/RN. Integrante do Grupo de Pesquisa Direitos Fundamentais e a Linguagem no Direito Criminal e O Direito Criminal como corpo normativo construtivo do sistema de proteção dos direitos e garantias fundamentais, nas perspectivas subjetiva e objetiva. E-mail: <sophia_mnoga@hotmail.com.

nota-se que a contenção da criminalidade é uma alternativa válida para reduzir esse estado de coisas inconstitucional no sistema carcerário do Rio Grande do Norte.

Sendo assim, devem ser objetos de análise as causas para o aumento da criminalidade, as características do cárcere no Rio Grande do Norte, a relação entre ambos, bem como as medidas a serem empregadas para mitigar a expansão do cometimento de crimes neste estado.

Para desenvolver esses intentos, serão utilizados como método a pesquisa bibliográfica e descritiva acerca do tema. Em se tratando de pesquisa jurídica, serão ainda usadas como fonte a legislação brasileira vigente sobre a matéria e os julgados considerados relevantes para a temática ora abordada. Desse modo, é através dessa metodologia que se irá estruturar o eixo para a construção teórica, de base científica, relativamente à uma conclusão sobre a influência da criminalidade em expansão no estado de coisas inconstitucional do sistema penitenciário do Rio Grande do Norte.

1. O aumento da criminalidade e o encarceramento

O percentual de criminalidade do Brasil e o encarceramento aumentou exponencialmente nos últimos anos (DEPEN, 2019). O Rio Grande do Norte mantém, atualmente, um total de 10.290 presos. Em 2016, a taxa de aprisionamento neste estado estava em 253,5 (IBGE, 2016). No ano 2000, a taxa de aprisionamento ao ano no Brail correspondia a 137, na última coleta, em 2019, esse número quase triplicou, para 359,40 (DEPEN, 2019). Entretanto, nem todos aqueles que cometem crimes são devidamente punidos conforme a lei, isso decorre de diversos motivos, dentre os quais a ausência de denúncia por parte da vítima ou pela morosidade das investigações que carecem do aparelhamento necessário.

Se todos os crimes que fossem cometidos na prática, fossem punidos, aquele número de custodiados pelo Estado seria consideravelmente maior, o que geraria um colapso do sistema prisional, além das proporções já existentes[2]. Dessa forma, para isso seja evitado, é indispensável a análise de dois fatores.

Primeiro, as causas do aumento da criminalidade. Existem causas multifatoriais, causas pessoais e causas externas da criminalidade (SANTOS, 2008). Somente entendendo o ponto fulcral ensejador do crime, é que se torna possível evitá-lo com medidas mitigadoras. Segundo, deve-se procurar reduzir o número de apenados em regime fechado. Equivale a dizer que, se os órgãos gestores da Administração não conseguem, em tempo hábil, com a receita disponível, aumentar o número de celas, que sejam observadas as medidas alternativas à prisão e as normas de execução penal, quando assim o dever ser.

1.1 Contribuições para o aumento da criminalidade

De um ponto de vista penal, existem duas vertentes para conceituar o crime. Sob o viés formal, o crime consiste na contrariedade da conduta delituosa em face da norma positivada. A vertente material usa para sua definição os elementos que compõem o crime, delineando o conteúdo punível e a norma penal (FRAGOSO, 1987). Já pelo conceito ontológico do

---

[2] Atualmente, de acordo com os dados coletados em dezembro de 2019, pelo DEPEN, o déficit total de vagas nas penitenciárias subiu para 312.925, enquanto em 2002, o déficit estava em 82.913 vagas. Vide INFOPEN 2019.

crime, este é definido enquanto uma conduta má, pela sua própria natureza (FERNANDES, 2002). Este último pensamento está anos luz ultrapassado e sua importância aqui é meramente conceitual.

É imperioso notar que, apesar de, por um olhar de relance, parecer que este subtópico é dedicado ao estudo do crime em sua perspectiva etiológica – já que se busca analisar as causas para o fenômeno da criminalidade – o propósito maior é gerar um arcabouço teórico que torne capaz a compreensão da criminalidade e, por conseguinte, a sua prevenção a partir de um tratamento adequado por parte do Estado, notadamente no sistema carcerário. Sendo assim, faz-se uma análise da reação da Administração ao delito, sem, contudo, renunciar a uma exploração etiológica do assunto.

São diversas as correntes que atribuem os motivos para o aumento da criminalidade, mas é invariável que essa chaga causa relevantes prejuízos aos cofres públicos. Sob um viés monetário, o Banco Interamericano de Desenvolvimento (BID) estima que o impacto financeiro do crime no Brasil equivale a cerca de 10% do PIB nacional (INTERESSANTE, 2016). De acordo com o Relatório de Conjuntura "Custos Econômicos da Criminalidade no Brasil", lançado em 2018, pelo Governo Federal, os custos econômicos da criminalidade saltaram de 113 bilhões de reais em 1996, para 285 bilhões de reais em 2015 (BRASIL, 2016), equivalente a um incremento real, em média, de 4,5% ao ano (LÖPER AIRES; COLLISCHONN, 2019).

Para esse cálculo, foram levados em consideração, inclusive, prejuízos materiais, tratamentos médicos e horas de trabalho perdidas. Também incorporam esses custos a redução do estoque de capital humano, na qualidade de vida, no turismo e o desinteresse de investidores no local (SANTOS, 2008). Para fixar um parâmetro comparativo, os Estados Unidos, que é o país com maior número de encarcerados do mundo (WATCH, 2020), esse dispêndio com o crime fica na cifra de 4% do PIB (INTERESSANTE, 2016).

Ter em mente os impactos econômicos do crime é essencial, mas mais importante, ainda, é desvendar como reduzir a dimensão desse problema. Uma das formas mais contempladas pelos estudiosos[3] é buscar, nas condições econômicas dos infratores, uma relação com a potencial ruptura com a lei. Para os adeptos dessa teoria, a desenvoltura de um estudo por parte de um economista sobreleva o seu grau de credibilidade à medida em que ele detém habilidades para coleta e manipulação de dados, além de dispor de fundamentos teóricos (SANTOS, 2008). Dessa fusão, resultaria uma conclusão diferenciada das demais áreas.

Há de se notar, todavia, que essa teoria econômica do crime se mostra mais eficaz na análise de determinados crimes, em detrimento de outros. Percebe-se, então, uma maior eficiência dessa linha de raciocínio quando se estar a tratar de crimes contra a propriedade, ao passo em que, nos crimes contra a vida, é mais viável se valer de outras teorias, como a teoria da tensão e desorganização social (KELLY, 2000).

Nada obstante a maior facilidade em se atribuir uma objetividade às causas da criminalidade partindo de uma premissa em que a situação econômica do infrator é determinante para o cometimento do delito, e o seu alto grau de eficiência quando se envolve crimes contra o patrimônio; não

---

[3] Becker (1968) e Ehrlich (1973) foram os precursores na análise teórica da investigação econômica do crime.

há como olvidar que o maior número de sub-registros é exatamente neste tipo específico de crime (SANTOS, 2008).

Dito isto, de pouco adianta a definição de uma causa que valha tão somete para definir determinado tipo de crime, que, por sua vez, não é devidamente computado nos bancos de dados das autoridades. O espaço amostral estando comprometido, invariavelmente, influenciaria também na definição do resultado.

Uma das possíveis razões para essas vítimas não levarem a registro as violações sofridas tem relação com as circunstâncias sociais[4], econômicas (SANTOS, 2006) e grau de confiabilidade nas instituições públicas (MYERS, 1980). Um indivíduo que é descrédulo da eficiência do trabalho dos policiais na investigação inquisitorial (CRAIG, 1987) e do Judiciário na persecução penal, não enxerga propósito em efetuar a queixa, que lhe trará um desgaste emocional ou, no mínimo, de tempo útil.

Apesar desse sub-registro poder gerar alguma variação nos estudos que definem a teoria econômica do crime, não há de se relegar a importância científica desse tipo de análise que tem sido eficaz dentro daquele espectro. O que merece ressalva é que a limitação desse tipo de abordagem deve ser notada e levada em consideração.

É válido mencionar, ainda, que, a depender de cada instituição nos diferentes estados da federação, o cômputo das informações criminais pode ocorrer de maneira divergente. Em regra, a prática de um crime resulta no

---

[4] Até o advento da Lei 13.718 de 2018, em que todos os crimes contra a liberdade sexual e crimes sexuais contra vulneráveis passaram a ser de ação pública incondicionada à representação, o estigma de ser vítima desse tipo de crime contribuía, significativamente, para um sub-registro das ocorrências, já que a maioria dos tipos penais eram de ação pública condicionada à representação.

registro de um boletim de ocorrência. Entretanto, em algumas unidades federativas, como o Distrito Federal, o acometimento de um delito pode ensejar a abertura de mais de uma ocorrência[5]. Dessa maneira, além do fator sub-registro, as variações locais no modo de operar essa contagem são influenciadoras do índice da criminalidade no Brasil.

Considerando que as taxas de sub-registro são mínimas no que concerne aos crimes contra a vida, que, necessariamente, envolvem registro no Instituto Médico Legal (SANTOS, 2008), é mais verossímil se valer dos dados referentes a esses crimes e buscar, a partir daí, as possíveis motivações desses delitos.

Apesar de as causas que movem um indivíduo a executar um crime patrimonial serem distintas daquelas que o instiga a infligir contra a vida de outrem, não é raro que o agente de um deles influencie ou, até mesmo, cometa o delito da outra alçada. Subsiste uma estreita relação entre os crimes contra a pessoa e os crimes contra o patrimônio. Essa conexão é facilmente visível quando se nota o crime organizado e sua associação (RENE E ANDRE, 2018), diretamente proporcional, ao índice de homicídios, à exemplo das cidades mexicanas fronteiriças aos Estados Unidos (ALBUQUERQUE, 2005).

Essa realidade também é perceptível no Brasil, especialmente no seio das organizações voltadas para o tráfico (SANTOS, 2008), que concorre para a elevação das taxas de homicídio, seja de maneira direta entre os mercadores, seja indiretamente, através dos usuários (ARAUJO;

---

[5] É possível vislumbrar essa prática a partir do exemplo do roubo de um carro. A depender do que se encontrava dentro daquele automóvel, que foi roubado conjuntamente com ele, pode haver mais de um registro policial. Exemplo trazido por (SANTOS, 2008).

FAJNZYLBER, 2001). Se valer do uso ostensivo e intimidador da violência física para manter os trabalhos regulares dentro da própria organização é prática usual (CARNEIRO; LOUREIRO; SACHSIDA, 2005). Além do mais, o cliente que faz uso daquela substância entorpecente se mostra propício a cometer delitos, haja vista os efeitos que a droga causa no organismo humano, tornando-o mais violento e menos racional. Desse modo, o liame entre o mercado de drogas e a criminalidade não-droga[6] demonstra que um dos fatores que contribuem para o aumento dos crimes contra a vida é a persistência de outros crimes.

Além disso, é passível de estudo os efeitos da educação básica sobre o comportamento criminoso. Há indícios de que quanto maior o grau de instrução de determinada pessoa, menor a probabilidade de ela cometer um homicídio doloso (CARNEIRO; LOUREIRO E SACHSIDA, 2005). Em contrapartida, o ensino passa a ser um fator de incremento para o narcotráfico (SANTOS, 2008). Esse resultado sugere que, para um indivíduo instruído, o fator recompensa do crime é crucial. Ele tende a ponderar os ônus e bônus provenientes da atitude que vai escolher. Sendo assim, considerando que o tráfico de drogas traz uma certa rentabilidade financeira momentânea, os ilícitos praticados pelos mais cultos geralmente envolvem esse tipo penal (BECKER, 1968).

Ademais, dentre as possíveis causas da criminalidade, a mais popular é a que estabele uma relação pela idade e sexo. A despeito de a população prisional feminina ter aumentado nos últimos anos no Brasil, 95,06% dos encarcerados do país são indivíduos do sexo masculino jovens

---

[6] Termo utilizado por Kopp (1998) para distinguir crimes de tráfico, uso e porte de drogas das demais categorias de crimes.

(DEPEN, 2019). Para estudiosos do assunto, se houver uma elevada taxa de natalidade em determinado ano, 15 a 20 anos depois é possível notar uma elevação na taxa de crimes (DEPEN, 2019).

Em 2003, o Brasil teve um pico na taxa de aumento populacional de 28,81%. Neste ano a população privada de liberdade correspondia a 308.304 indivíduos (DEPEN, 2019). Em 2018, quinze anos mais tarde, a população prisional atingiu a marca de 744.216 pessoas.

Por esta linha intelectiva, acredita-se que os elevados níveis de criminalidade vivenciados nos Estados Unidos, na década de 1960, possuem um vínculo com a entrada na adolescência da geração *baby boom*[7], pós Segunda Guerra Mundial (HUMPFREY, 2016).

Para mais da investigação da idade como fator do aumento da criminalidade, repara-se que a desigualdade social favorece o cometimento de atividades ilícitas (ANDRADE E LISBOA, 200). Num estudo do crescimento da criminalidade na grande São Paulo, apurou-se que o desemprego e a desigualdade de renda possuem relação positiva com as taxas de crimes (PEREIRA E FERNANDES-CARRERA, 2000).

Há quem investigue mais à fundo (GUTHIERREZ et all, 2005) e sugira que o próprio crime também pode ser um fato gerador da criminalidade, ao passo em que também provoca a desigualdade. É exemplo disso a distribuição de investimentos que tende a ocorrer em áreas não violentas, tornando estas cada vez mais abonadas. Todavia, existe, atualmente, uma tendência de superação da pobreza enquanto fator da criminalidade.

---

[7] Equivale à explosão da taxa de natalidade.

Testes estatísticos, usando a medida de Granger e testes econométricos, realizados por Sapori e Wanderley (2001), usando como base o Rio de Janeiro, São Paulo, Belo Horizonte e Porto Alegre; não constataram indícios suficientes para afirmar que as variações nos índices de desemprego implicassem variações, presentes ou futuras, nas taxas de criminalidade. Ademais, Cano e Santos (2001) afirmam não ser possível identificar clara influência da renda sobre as taxas de homicídio.

Importante mencionar, neste ínterim, que a maior parte dos crimes são cometidos nas cidades com maior número de habitantes e que existem fatores que potencializam as taxas de homicídio, tais como a desestruturação familiar e uma rede de ensino básico deficiente (OLIVEIRA, 2005).

A Escola de Chicago buscou estabelecer um liame entre o crime e a região, numa tentativa de se afastar da concepção retrógrada de fenótipo do criminoso (COULON, 1995). Apesar do esforço, a Escola relacionou a existência dos crimes a determinada região que, coincidentemente, possuía população predominante de estrangeiros, negros e pobres (BECKER, 1996). A chave para dirimir a questão é compreender que, nada obstante o maior índice de delitos ocorra nestas áreas, isto não significa que todo pobre ou desempregado vá delinquir (LÖPER AIRES; COLLISCHONN, 2019).

Uma nova abordagem surge com a teoria das janelas quebradas. Trata-se experimento produzido por Philip Zimbardo em 1969, psicólogo da Universidade de Stanford, que consistiu em abandonar dois automóveis idênticos em dois lugares diferentes (LÖPER AIRES E COLLISCHONN, 2019). Um carro foi estacionado no Bronx, em Nova Iorque – zona pobre – e o outro em Palo Alto, na Califórnia – zona rica. Em poucas horas, o carro deixado no Bronx foi destruído, sendo levadas a maioria de suas peças, enquanto o carro em Palo Alto se manteve intacto por uma semana.

Após o pesquisador quebrar as janelas do carro da zona rica, aconteceu o mesmo que ocorreu na zona pobre. Concluiu-se, então, que não é, propriamente a quantidade de recursos da região que vai definir a sua quantidade de crimes, mas sim a sensação de impunidade. Dessa forma, a desordem e falta de repressão se mostrou diretamente ligada ao cometimento de delitos, de modo que a repressão desses crimes menores, acabam por evitar a criminalidade violenta (ODON, 2016).

Sob um viés do Direito Penal sancionador, é pertinente trazer à lume a doutrina que crer na fixação de sanções como método para redução dos crimes (CORMAN E MOCAN, 2000). Equivaleria, por conseguinte, a uma intimidação ao criminoso em potencial e um desmotivador ao reincidente, gerando efeitos de *deterrence*[8].

Nesse diapasão, a incredulidade na norma também pode ser vista como um fator estimulante à transgressão da lei. Esse é o ponto fulcral da Lei de Gérson, que muito se identifica com a realidade brasileira. Usa-se o exemplo clássico do cidadão honesto que está parado em um grande congestionamento na estrada. Ele percebe que vários carros estão invadindo o acostamento para "furar" a fila dos carros à sua frente. Ele sabe que isso é errado e que estes motoristas deveriam ser multados. Mas cada vez que um carro faz isso, aumenta a lentidão do trânsito e a quantidade de carros que sobem o acostamento vai aumentando com o passar do tempo. Após certo

---

[8] Efeitos de deterrence são fatores intimidadores ao indivíduo criminoso.

tempo, o cidadão honesto percebe que obedecer a lei só está lhe prejudicando, então sobe no acostamento e faz o mesmo que os outros.

Nesse caso, ocorre um controle social informal, em decorrência da incredulidade na norma e nas instituições que, fazendo uso do exemplo supra, não houve qualquer fiscalização por parte das autoridades. Desse modo, percebe-se que a obediência às normas formais de conduta é diretamente proporcional à legitimidade dos governantes e das instituições, conferida pelo povo (LASSALLE, 2006).

1.2 Soluções pragmáticas

Neste tópico, deve haver uma inversão do questionamento acima. Ao invés de buscar o entendimento do por quê certas pessoas transgridem à lei, aqui, o intento é indagar os motivos pelos quais algumas pessoas optam por não delinquir. Assim, é viável progredir para uma análise das soluções para redução da criminalidade.

Partindo da premissa sociológica do indivíduo, enquanto ser social, suscita-se que a razão lógica para não ir contra a lei reside no fato que a humanidade prosperou, justamente, em razão da sociedade. E, para uma vida ordenada em sociedade, é imprescindível o cumprimento das normas. Sem esses laços sociais, a humanidade seria caótica. (DURKHEIM, 1987).

Há também quem use exemplos históricos para embasar a tese da necessidade de ordem social para prosperidade da população. Nesse sentido, convém trazer à lume a queda do regime comunista na União Soviética, em 1989. Após essa ruptura com as antigas normas, percebeu-se um incremento da criminalidade. Entre os anos de 1990 e 1994, a taxa de crimes em Moscou duplicou. Fato semelhante ocorreu na República Checa, em que houve, de

1990 a 1991, um acréscimo de 30,5% na taxa de crimes (INTERESSANTE, 2016).

Para Beccaria, a efetividade das normas se concretizaria no sancionamento do indivíduo transgressor. A certeza de que será punido se cometer o delito seria mais eficiente que a instituição de normas extremamente rígidas, sem, contudo, um sistema que as resguarde (BECCARIA).

Usando uma concepção da prática, que muito se aproxima da essência da teoria das janelas quebradas, é a teoria da tolerância zero em Nova Iorque, implantada na década de 1990. A desordem e a violência naquela cidade se encontrava em estado calamitante, notadamente na área dos metrôs[9], de modo que se fez necessário um controle social dos pequenos atos de delinquência (VALLE, MISAKA E FREITAS, 2018). Essa nova estratégia, liderada pelo policial Willian Bratton, com apoio de George Kelling, implantou prisões nas estações de metrô, como maneira de inibir a prática criminosa, o que, de fato, ocorreu.

Após o emprego dessa política de modo pontual nos metrôs, o recém-eleito prefeito Rudolph Giuliani decidiu estender essa ideia à toda a cidade de Nova Iorque. Para tanto, reestruturou o Departamento de Polícia municipal, incrementando o sistema informatizado, expandindo o número de policiais, bem como firmando um laço estratégico com a população, que passou a desenvolver uma espécie de policiamento comunitário, aumentando a vigilância (VALLE, MISAKA E FREITAS, 2018).

---

[9] Chegou a ponto de as pessoas pularem as catracas dos metrôs, com medo de possíveis assaltos.

É com essa maior vigilância, recuperação dos espaços públicos e repressão dos pequenos crimes, idealizada tanto na teoria das janelas quebradas, como na política de tolerânzia zero de Nova Iorque, que esta cidade evoluiu em termos de segurança (LÖPER AIRES E COLLISCHONN, 2019).

Partindo de viés semelhante, foi desenvolvida a teoria do espaço defensável[10], também conhecida comom teoria da oportunidade do crime. Haveria uma oportunidade voltada à criminalidade quando existissem, concomitantemente, um potencial delinquente, um alvo conveniente, além da deficiência nos meios de controle que torne possível prever ou impedir a concretização do crime (COHEN E FELSON, 1979). Com a convergência desses três fatores, a coexistência local entre a potencial vítima e o criminoso, eleva o risco do cometimento do crime, isso porque a decisão do infrator em delinquir é baseada em uma certa racionalidade, fundamentada na sua provável impunidade.

Por essa premissa, seriam instrumentos de controle do delinquente aqueles que visam proteger a possível vítima (equipamentos de segurança, iluminação, etc.), rede de apoio do possível agressor (família e amigos), a segurança pública ou privada e as instalações arquitetônicas, que podem inibir ou favorecer os crimes.

Sendo assim, o que pretende a teoria do espaço defensável é, essencialmente, reconfigurar locais que, pela sua estrutura, se mostram mais favoráveis ao crime (CUNTY, FUSSY E PEREZ, 2007). Busca-se uma

---

[10] Também tendo Nova Iorque como cenário.

prevenção situacional, com uma alteração das circunstâncias locais, de modo a inibir os delitos.

2. O estado de coisas inconstitucional como consequência da expansão da criminalidade

É facilmente perceptível que a situação dos presídios do Rio Grande do Norte está longe da idealizada pelo nosso Constituinte. A expansão da criminalidade, especialmente em pequenos delitos, gera uma sensação de impunidade, o que propala o agente a se manter nesse estilo de vida – configurando a reincidência – e estimula os demais delinquentes em potencial a arriscar a transgressão à lei.

Em 2017, o Rio Grande do Norte liderou o índice de mortes violentas por habitantes, alcançando o patamar de 62,8 mortes para cada 100 mil pessoas (BBC, 2019). Ressalte-se que o menor número de sub-registros ocorre nesse tipo de crime. Há, ainda, o elevado grau de crimes não violentos que são sub-notificados às autoridades. Se todos esses crimes fossem registrados, processados e, devidamente, punidos os infratores; o sistema prisional entraria em colapso.

Contudo, esse panorama não está distante da realidade atual. Segundo relatório emitido pelo Comitê Nacional de Prevenção e Combate à Tortura (CNPCT) e o Mecanismo Nacional de Prevenção e Combate à Tortura (MNPCT) vinculados ao Ministério dos Direitos Humanos (MDH), menos de 5% das recomendações com vistas a garantir os direitos fundamentais dos custodiados foram cumpridas (SENA, 2018).

Se não houver uma contenção da criminalidade, aliada às reformas estruturais no sistema carcerário norte-riograndense, a experiência mostra que essa situação tende a se agravar.

2.1 A superlotação carcerária e a necessária política de controle à criminalidade

Nada obstante a conclusão do Supremo Tribunal Federal, no recurso extraordinário 580.252 (BRASIL, 2018), pela responsabilidade do estado *à posteriori* devida ao preso em cela superlotada; também é obrigação da Administração para evitar a manutenção desse estado de coisas inconstitucional[11], que deveria preceder a todas, a contenção da expansão do fenômeno da criminalidade.

Essa incubêmcia, em delinear políticas públicas preventivas, se mostra eficaz, partindo-se da conclusão lógica que se existem menos pessoas a delinquir, menos sanções restritivas à liberdade haverão. Saliente-se que, isso não significa que a melhor alternativa é relegar a construção de novas celas e investir tão somente na política preventiva. Tal premissa equivale a um flagrante sofismo.

O que se intenta neste capítulo é exatamente o inverso: esclarecer que não há solução efetiva para a sociedade com o simples mandamento judicial informando da necessidade do incremento nas contruções penitenciárias. Mais que isso, é essencial lançar o olhar para políticas que visem reduzir a criminalidade.

---

[11] Conceito a ser abordado pormenorizadamente em subtópico próprio. Vide tópico 2.2.

Não é necessário ir longe para observar esse fato. A Colômbia, que na *Sentencia de Unificacion* T-153 (LASSALLE, 2006), proferida pela sua Corte Constitucional em 1998, reconheceu o estado de coisas inconstitucional e ordenou que fosse adotada uma série de medidas por parte de diversos órgãos do Poder Público, notadamente, a construção de novos presídios. Anos mais tarde, notou-se que o número de apenados se mostrou superior à quantidade de celas construídas, razão pela qual, o sistema penitenciário colômbiano, ainda, insiste em não comportar a demanda de encarcerados. Há, portanto, uma persistência daquele estado de coisas contrário à Constituição.

Não há como escapar à vista que a Sentença T-153 se esquivou de considerar a complexidade orçamentária e a demografia da população carcerária colombiana. Apesar de terem sido criados mais de 20.000 vagas nos presídios, as obras tardaram e o contingente de apenados expandiu exponencialmente com o decorrer dos anos, necessitando de mais celas, além daquelas.

O posicionamento da Corte careceu de uma interação com os demais órgãos públicos, capaz de estimar a população carceária, além da viabilidade orçamentária para a execução daquele fim. É mister salientar, outrossim, que tal fato não afasta a importância daquela decisão (CAPELLETTI, 2001). Foi a partir dela que se lançou um novo olhar quanto ao papel dos tribunais na apreciação da crise prisional.

Dessa maneira, percebe-se que o que não se esboçou à época da decisão, culmina como uma aparência de Judiciário (NEVES, 2011) ineficiente no seu dever de buscar eficácia material aos seus julgados. A ausência de facticidade e de um estudo aprofundado do tema com a participação da sociedade civil – tão preconizado por Häberle, na sua obra "Sociedade Aberta de Intérpretes da Constituição" (HÄBERLE, 1997) – somada à colaboração dos demais poderes instituídos, findou no fracasso dessa decisão, marco da Teoria do Estado de Coisas Inconstitucional.

Tendo isto em mente, uma nova abordagem dos métodos para reduzir a superlotação carcerária se faz pertinente e necessária. Percebe-se que, mesmo após as remodelações na infraestrutura das penitenciárias norte-riograndenses, em decorrência das rebeliões de 2017 (DO NORTE, 2020), o desrespeito aos direitos fundamentais dos apenados ainda se mantém e a superlotação ainda é um problema.

Sendo assim, a utilização, *in loco*, das teorias do espaço defensável e similares às propostas na política de tolerância zero em Nova Iorque são válidas a serem empregadas no Rio Grande do Norte, que teve um incremento de 333% nos casos de latrocínio, de fevereiro de 2019, comparado a fevereiro de 2020 (DO NORTE, 2020).

Partindo dessa concepção, é imperativo o estabelecimento de uma ordem mais eficiente que vise inibir os pequenos crimes, desestimulando o possível infrator e transmitindo a sensação de que se ele vier a cometer o delito, será prontamente contido.

2.2 O ambiente penitenciário no Rio Grande do Norte como um estado de coisas contrário à constituição

A falta de estrutura do sistema penitenciário brasileiro não é novidade. O contingente de presos é bem superior à quantidade de celas ofertadas, o que finda no problema da superlotação. Consequentemente, o limite de presos por agente penitenciário também é extrapolado

(HOLANDA, 2019). O recomendado pelo Conselho Nacional de Política Criminal é que se mantenha a proporção de um agente penitenciário para cada cinco presos (BRASIL, 2009), mas, a exemplo do que ocorre no Rio de Janeiro com quinze sentenciados por funcionário (HOLANDA, 2019), essa meta está longe de ser atingida.

Seguindo esse fluxo, onde se exala precariedade, não se poderia esperar conclusão diferente quanto ao fornecimento de condições de higiene ou alimentação adequadas. O ambiente carcerário é um antro de proliferação de doenças, com condições insalubres de sobrevivência. Um risco à saúde, além do risco aumentado à própria vida, haja vista a, não rara, forte presença das máfias nas penitenciárias, culminando num ambiente favorecedor de violências, em um mundo paralelo ao sistema legal. Reflexo disso, foram as rebeliões que ocorreram no ano de 2017 no Rio Grande do Norte e também nos presídios do Amazonas, Roraima, São Paulo e Curitiba, em que no total o número de mortes superou as do massacre do Carandiru, de 1992, em São Paulo (BRASIL, 2017).

Tudo isso está a um giro copernicano do que se pretendia obter de um ambiente ressocializador, que deveria ser o presídio. Se mal existem condições mínimas de sobrevivência, que dirá a oferta de meios que oportunizem o ensino e o trabalho do custodiado. Nem sempre há oportunidades para que ele possa optar em trabalhar ou estudar com o propósito de ter sua pena remida.[12]

---

[12] Art. 126. O condenado que cumpre a pena em regime fechado ou semiaberto poderá remir, por trabalho ou por estudo, parte do tempo de execução da pena. (Redação dada pela Lei nº 12.433, de 2011). BRASIL. Lei nº 7.210, de 11 de julho de 1984. Brasília.

O que o sistema se propõe a concretizar quando isola o condenado, ocorre o contrário. Estamos muito longe de alcançar o caráter ressocializador da pena. O que se constata, na prática, é um retrocesso, onde somente se enxerga o caráter retributivo da pena - prevenção especial negativa – e rechaça ao segundo plano – este que só sobrevive na doutrina – a busca pela correção do apenado para que reintegre ao seio social com uma nova conduta (prevenção especial positiva).

Percebe-se, atualmente, que a pena resta banalizada e imbuída de um sentimento de vingança social. Trata-se, pois de um retrocesso incompatível com o atual estágio de Estado Democrático de Direito adotado pelo Brasil. Esse cenário não só contraria o artigo 5º, da Constituição, dentre outros, como também diversos tratados internacionais de direitos humanos, a saber o Pacto Internacional sobre Direitos Civis e Políticos, o Pacto de São José da Costa Rica e a Convenção contra a Tortura e Outros Tratamentos ou Penas Cruéis, Desumanos ou Degradantes.

Considerações Finais

A omissão do estado em fornecer os mínimos padrões nos estabelecimentos prisionais, de modo a conferir aos detentos os seus direitos fundamentais, configura um estado de coisas contrário à constituição. Mais especificadamente, no Rio Grande do Norte, notam-se celas superlotadas, sem alimentação adequada, materiais de higiene precários, falta de assistência à saúde, à educação e laboral. Um ambiente insalubre, propenso a proliferação de doenças e estimulador de ações violentas.

Nesse cenário, a finalidade ressocializadora da pena não é cumprida, sendo constatado o aumento do número de reincidência dos condenados e de rebeliões dentro dos presídios, à exemplo da rebelião na penitenciária de Alcaçuz, neste estado do Rio Grande do Norte, em 2017.

A detenção torna-se uma pena cruel, desumana e degradante, em flagrante violação ao art. 5º, XLVII, "e"; XLVIII; XLIX, todos da Constituição Federal, além dos arts. 10; 11; 12; 40; 85; 87; 88 da Lei 7.210/84 (LEP), da Lei 9.455/97 – crime de tortura; da Lei 12.874/13 – Sistema Nacional de Prevenção e Combate à Tortura, como, também, em fontes normativas internacionais adotadas pelo Brasil, como o Pacto Internacional de Direitos Civis e Políticos das Nações Unidas, de 1966, no tocante aos arts. 2; 7; 10; e 14; a Convenção Americana de Direitos Humanos, de 1969, nos arts. 5º; 11; 25; os Princípios e Boas Práticas para a Proteção de Pessoas Privadas de Liberdade nas Américas – Resolução 01/08; a Convenção da ONU contra Tortura e Outros Tratamentos ou Penas Cruéis, Desumanos ou Degradantes, de 1984; e Regras Mínimas para o Tratamento de Prisioneiros – adotadas no 1º Congresso das Nações Unidas para a Prevenção ao Crime e Tratamento de Delinquentes, de 1955.

É necessária a implementação de políticas que visem não só a melhoria da infraestrutura carcerária, mas que evite a proliferação do problema. Nada obstante a realização de reformas no presídio de Alcaçuz, dois anos após as rebeliões, o problema da superlotação ainda não resta superado. Por esta razão, deve-se buscar conter a expansão do fenômeno da criminalidade, seja com o emprego de técnicas já experimentadas por outros locais – como a teoria do espaço defensável em Nova Iorque – e que alcançaram sucesso, seja por inovações a serem trazidas pelas autoridades, que se mostrem eficazes.

Desse modo, é pertinente valorizar determinadas ações, algumas fáceis de serem implementadas, com vistas a conter a prática delituosa, tais como a instalação de instrumentos de controle da criminalidade e a iluminação em determinados locais onde há maior probabilidade de crimes.

A ampliação de uma rede compartilhada de câmeras de segurança – o que já existe a cargo do Centro Integrado de Operações em Segurança Pública (Ciosp) – é um pontapé promissor nesta linha de raciocínio. O sucesso obtido com o monitoramento exercido é uma amostra de que atitudes como esta devem ser estimuladas.

Sendo assim, há relação entre o fenômeno da criminalidade com a configuração de um estado de coisas contrário à Constituição, já que, por mais que o estado invista na construção de novas celas, não há como acompanhar o ritmo da expansão da criminalidade, à exemplo da Colômbia.

Destaque-se que, isso não significa que a Administração deve relegar uma solução, considerando que se trata de um problema insolucionável. A maior constatação advinda deste trabalho é examente notar que, além desse empenho do Executivo em infraestrutura penitenciária, deve-se investir em políticas de prevenção da criminalidade, considerando este como fator de influência do estado de coisas inconstitucional.

Bibliografia

ADORNO, Sérgio. Exclusão socioeconômica e violência urbana. Sociologias, Porto Alegre , n. 8, p. 84-135, dez. 2002 . Disponível em <http://www.scielo.br/scielo.php?script=sci_arttext&pid=S1517-45222002000200005&lng=pt&nrm=iso>. acessos em 06 jul. 2020. https://doi.org/10.1590/S1517-45222002000200005

ALBUQUERQUE, Pedro H. "Shared Legacies, Disparate Outcomes: Why American South Border Cities Turned the Tables on Crime and Their Mexican Sisters Did Not," Law and Economics 0511002, University Library of Munich, Germany. 2005.

ARAÚJO JUNIOR, A. F. & Fajnzylber, P. O que causa a criminalidade violenta no Brasil? Uma análise a partir do modelo econômico do crime: 1981 a 1996. Belo Horizonte: Universidade Federal de Minas Gerais, CEDEPLAR, 88p. Texto de Discussão 162. 2001.

BECCARIA, Cesare. Dos Delitos e das Penas, São Paulo: 11ª Edição, Hemus, 1995.

BECKER, H. Conferência A Escola de Chicago. In: Mana – estudos de Antropologia Social, vol. 2, n. 2, p. 177-188, out/ 1996, snt.

BRASIL, Bom Dia. Mortes em presídios do país em 2017 já superam o massacre do Carandiru: No dia 1º de janeiro, foram 56 mortos no Complexo Prisional Anísio Jobim. Crise no sistema prisional produziu números assustadores: 133 mortes.. Disponível em: <http://g1.globo.com/bom-dia-brasil/noticia/2017/01/mortes-em-presidios-do-pais-em-2017-ja-superam-o-massacre-do-carandiru.html>. Acesso em: 17 jun. 2019.

BRASIL, Governo Federal da República Federativa do. Governo Federal apresenta os custos econômicos da criminalidade no Brasil. Disponível em: https://www.gov.br/secretariageral/pt-br/noticias/governo-federal-apresenta-os-custos-economicos-da-criminalidade-no-brasil. Acesso em: 25 jun. 2020.

BRASIL. Resolução nº 9, de 13 de novembro de 2009. . Brasília, 16 nov. 2009. Conselho Nacional de Política Criminal e Penitenciária. Disponível em: <https://www.diariodasleis.com.br/legislacao/federal/212948-construcao-de-estabelecimentos-penaisdeterminar-ao-departamento-penitenciario-nacional-que-na-analise-dos-projetos-apresentados-pelos-estados-para-construcao-de-estabeleciment.html>. Acesso em: 17 jun. 2019.

BRASIL. Supremo Tribunal Federal. Recurso Extraordinário nº 580.252. Brasília. Disponível em:

<http://www.stf.jus.br/portal/processo/verProcessoPeca.asp?id=312692053&tipoApp=.pdf>. Acesso em: 20 abr. 2018.

CANO, I. e SANTOS, W. Violência letal, renda e desigualdade social no Brasil. Rio de Janeiro: 7letras, 2001.

CAPELLETTI, Mauro. Repudiando Montesquieu? A Expansão e a Legitimidade da 11 Justiça Constitucional". Revista da Faculdade de Direito da Ufrgs, Porto Alegre, v. 20, p.261-286, out. 2001. Fernando Sá- advogado em Porto Alegre. Disponível em: <http://www.seer.ufrgs.br/revfacdir/article/download/71892/4076 >. Acesso em: 14 maio 2018.

CARNEIRO, F. G., Loureiro, P. R. A., & Sachsida, A. (2005). Crime and social interactions: A developing country case study. The Journal Socio-Economics, 34:311–318.

COHEN L.E.; FELSON M., 1979. Social Change and Crime Rate Trends : A Routine Activity Approach, American Sociological Review, vol. 44, n.4, p. 588-608. https://www.jstor.org/stable/2094589?seq=1#page_scan_tab_contents, acesso em 10 de jun. 2019.

COULON, A. A Escola de Chicago. Campinas, SP: Papirus, 1995.

CRAIG, S. G. (1987). The deterrent impact of police: An examination of a locally provided

CUNTY, Claire; FUSSY, Fabrice; PEREZ, Pascale. Géocriminologie, quand la cartographie permet aux géographes d'investir la criminologie », Cybergeo : European Journal of Geography, Cartographie, Imagerie, SIG, document 378, 2007. https://journals.openedition.org/cybergeo/7058, acesso em 25 de fevereiro de 2019. IBGE.

DO NORTE, Tribuna. Caos de latrocínio sobem mais de 300% no RN. [S. l.], 3 abr. 2020. Disponível em: http://www.tribunadonorte.com.br/noticia/casos-de-latroca-nio-sobem-mais-de-300-no-rn/473721. Acesso em: 3 jul. 2020.

DURKHEIM, E. As regras do método sociológico. 13.ed. São Paulo: Nacional,1987.

FERNANDES, Newton e Valter. Criminologia integrada, 2. ed., São Paulo: Revista dos Tribunais, 2002.

FRAGOSO, Luís Heleno. Lições de Direito Penal, Parte Especial, 1º vol., 9º edição. Rio de Janeiro: Forense, 1987.

HÄBERLE, Peter. Hermenêutica constitucional: a sociedade aberta dos intérpretes da constituição : contribuição para a interpretação pluralista e procedimental da constituição. Porto Alegre: S. A. Fabris, 1997.

HOLANDA, Agência O Globo - Portal do. Cadeias descumprem limite de presos por agentes penitenciários. Disponível em: <https://www.portaldoholanda.com.br/brasil/cadeias-descumprem-limite-de-presos-por-agentes-penitenciarios>. Acesso em: 17 jun. 2019.

HUMPHFREYS, Keith. Young people are committing much less crime. Older people are still behaving as badly as before. The Washington Post, 7 set. 2016. Disponível em: https://www.washingtonpost.com/news/wonk/wp/2016/09/07/young-people-are-committing-much-less-crime-older-people-are-still-behaving-as-badly-as-before/. Acesso em: 6 jul. 2020.

INSTITUTO BRASILEIRO DE GEOGRAFIA E ESTATÍSTICA – IBGE. Censo demográfico 2010. https://cidades.ibge.gov.br/brasil/rs/pelotas/panorama, acesso em 18 de jun. de 2018.

INTERESSANTE, Redação Super. A origem da criminalidade: sem contar as vidas perdidas, o crime custa ao brasil mais de 100 bilhões de reais. para curar essa chega, é preciso primeiro entender como ela é fabricada.. Sem contar as vidas perdidas, o crime custa ao Brasil mais de 100 bilhões de reais. Para curar essa chega, é preciso primeiro entender como ela é fabricada.. Disponível em: https://super.abril.com.br/ciencia/a-origem-da-criminalidade/. Acesso em: 16 jun. 2020.

KELLY, M. (2000). Inequality and crime. The Review of Economics and

Statistics, 82(4):530–539.

LASSALLE, Ferdinand. O que é uma constituição?. 3.ed. São Paulo, SP: Editora Minelli, 2006.

LÖPER AIRES, CINTIA HELENICE; COLLISCHONN, ERIKA. CRIMINALIDADE E ESPAÇO: MAPEAMENTO DE REGISTROS CRIMINAIS E REFERÊNCIAS TEÓRICO METODOLÓGICAS PARA SUA CONTENÇÃO EM PELOTAS (RS). XIII Enampege, São Paulo, p. 1-13, 2 set. 2019. Disponível em: https://www.enanpege2019.anpege.ggf.br/resources/anais/8/1561813781_ ARQUIVO_CRIMINALIDADEEESPACOMAPEAMENTODEREGIST ROSCRIMINAISEREFERENCIASTEORICOMETODOLOGICASPAR ASUACONTENCAOEMPELOTAS(RS).pdf. Acesso em: 2 jul. 2020.

MYERS JUNIOR, S. L. (1980). Why are crimes underreported? What is the crime rate? Does

NACIONAL, Departamento Penitenciário. Levantamento Nacional de Informações Penitenciárias dezembro de 2019. 2019. Disponível em: https://app.powerbi.com/view?r=eyJrIjoiZTlkZGJjODQtNmJlMi00OTJhL WFlMDktNzRlNmFkNTM0MWI3IiwidCI6ImViMDkwNDIwLTQ0NGM tNDNmNy05MWYyLTRiOGRhNmJmZThlMSJ9. Acesso em: 25 jun. 2020.

NEVES, Marcelo. A constitucionalização simbólica. 3. ed. São Paulo: WMF Martins Fontes, 2011.

ODON, Tiago Ivo. Tolerância Zero e Janelas Quebradas: Sobre o risco de se importar teorias e políticas. Brasília: Núcleo de Estudos e Pesquisa/CONLEG/Senado, março/2016. http://www2.senado.leg.br/bdsf/handle/id/519162, acesso em 18 de fevereiro de 2019. Relatório de Custos Econômicos da criminalidade no Brasil, relatório de conjuntura nº4. Esta obra foi impressa pela imprensa Nacional. SIG, Quadra 6, Lote 80070610-460 Brasilia, DF 1.000 exemplares. 2018.

RENÉ, Cabral Torres René e ANDRE, Mollick V. & Saucedo Eduardo. "The Impact of Crime and Other Economic Forces on Mexico's Foreign

Direct Investment Inflows," Working Papers 2018-24, Banco de México. 2018.

SANTOS, Marcelo Justus dos. Uma abordagem econômica do crime no Brasil. Master's thesis, 2006.

SANTOS, Marcelo Justus dos; KASSOUF, Ana Lúcia. Estudos Econômicos das Causas da Criminalidade no Brasil: Evidências e Controvérsias. Revista Economia, Brasília, v. 9, p. 343-372, maio 2008. Disponível em: file:///C:/Users/Sophia%20Morquecho/Documents/Mestrado/Dissertação/Materiais/Estudos_Econ_micos_das_Causas_da_Criminalidade.pdf. Acesso em: 10 jun. 2020.

SAPORI, L. F. e WANDERLEY, C. B. A relação entre desemprego e violência na sociedade brasileira: entre o mito e a realidade. In: A violência do cotidiano. Cadernos Adenauer. São Paulo: Fundação Kinrad Adenauer, 2001, p. 42-73.

SENA, Marília. Dois anos após massacres, presídios mantêm celas superlotadas e precárias. Correio Brasiliense. Disponível em < https://www.correiobraziliense.com.br/app/noticia/brasil/2018/11/28/interna-brasil,721969/apos-massacres-presidios-mantem-celas-superlotadas-e-precarias.shtml>. Acesso em 02 jul. 2020.

VALLE, Nathália do. MISAKA, Marcelo Yukio e FREITAS, Renato Alexandre da Silva. Uma reflexão crítica aos movimentos de lei e ordem – Teoria das janelas quebradas. Revista Juris UniToledo, Araçatuba, SP, v. 03, n. 04, p.146-162, out./dez. 2018. ,http://www.secretariageral.gov.br/estrutura/secretaria_de_assuntos_estrategicos/publicacoes-e-analise/relatorios-de-conjuntura/custos_economicos_criminalidade_brasil.pdf., acesso em 02 de Junho de 2018.

WATCH, Human Rights. Estados Unidos Eventos de 2017. Disponível em: https://www.hrw.org/pt/world-report/2018/country-chapters/312941. Acesso em: 21 jun. 2020.

Obsolescência do modelo prisional brasileiro: um estudo sobre a viabilidade da APAC como nova forma de execução de pena

Maria Beatriz Maciel de Farias[1]

Segundo dados do Ministério da Justiça e do Conselho Nacional de Justiça referentes ao ano de 2019, o Brasil possui um déficit de mais de 300.000 (trezentas mil) vagas no sistema prisional. Aliado a esse cenário, encontra-se uma política de segurança pública nacional que privilegia a denominada Guerra às Drogas.

De acordo com essa política, criada pelo presidente americano Ronald Reagan em 1980 e que se expandiu para vários outros países, medidas severas de "combate ao crime" reduziriam a criminalidade, em especial deveria ser implementado punições mais drásticas àqueles que cometessem o delito de tráfico de drogas. Nessa lógica, quanto mais pessoas presas, menor seria a criminalidade.

No entanto, conforme aponta Davis (2019), a prática de encarceramento em massa decorrente dessa postura punitivista fez pouco ou nenhum efeito sobre as estatísticas oficiais de criminalidade.

Na realidade, apesar de haver um grande déficit de vagas nos estabelecimentos prisionais brasileiros – o que por si só acarreta em

---

[1] Graduada em direito pela Universidade Federal do Rio Grande do Norte (UFRN). Pós-graduanda em Direito Tributado pelos Instituto Brasileiro de Estudos Tributários (IBET). Advogada. Pesquisadora voluntária nos grupos "Criminalidade violenta e diretrizes para uma política de segurança pública no estado do Rio Grande do Norte" e "Direito Criminal como corpo normativo constitutivo do sistema de proteção dos direitos e garantias fundamentais, nas perspectivas subjetiva e objetiva", ambos vinculados à Universidade Federal do Rio Grande do Norte.

violações de direitos humanos com a superlotação desses locais – há um permanente patrocínio para que se prenda cada vez mais.

A prisão é, assim, tida por muitos como um instrumento capaz de reduzir a criminalidade. Contudo, como isso realmente será feito se há um desinteresse público para combater as reais causas que levam a criminalidade? Ou por que o poder público mantém uma lógica prisional que não apresentou resultados expressivos de reinserção social e diminuição da violência?

Tendo tais aspectos em mente é que se desenvolve o presente estudo. Busca-se analisar se outro modelo de prisão, no caso a APAC, é viável – tanto na perspectiva jurídica quanto social - em grande escala no cenário brasileiro.

A metodologia empregada foi a pesquisa exploratória, com pesquisa bibliográfica. Encontra-se baseada, ainda, na análise do discurso empregado pela comunidade jurídico no âmbito do Direito Criminal, e também de estudos sociológicos sobre o tema.

O presente capítulo se desdobrará em três seções: a primeira analisará brevemente o sistema prisional brasileiro, tratando especificamente sobre o surgimento da pena de prisão e das funções das penitenciárias hodiernamente. A segunda seção, por sua vez, abordará a criminalização da pobreza por meio da seletividade penal. Por fim, na terceira seção será discutido a viabilidade da implantação das APAC e a regulamentação legal deste instituto.

1. Sistema Prisional brasileiro

Conforme dados de 2019 fornecidos pelo Departamento Penitenciário Nacional (Depen), o Brasil possui 748.009 (setecentos e quarenta e oito mil, e nove) pessoas encarceradas. Destas, 362.547 (trezentos e sessenta e duas mil, quinhentas e quarenta e sete) encontram-se em cumprimento de pena em regime fechado.

Segundo informações do mesmo relatório, a população carcerária tem crescido de forma expressiva em âmbito nacional. Esse aumento se deu de maior forma a partir de 2003 e até hoje – 17 anos depois – a quantidade de pessoas privadas em liberdade só cresce a cada ano.

Mas o que tem ocorrido para que haja tamanho crescimento da população carcerária? Será que as pessoas passaram a cometer mais crimes? Por que as taxas de reincidência são tão altas no Brasil? O que de fato explica esse fenômeno?

Para entender melhor esse cenário, será desenvolvido no presente tópico a contextualização histórica sobre o surgimento das prisões no mundo, a função da pena no ordenamento pátrio, o objetivo das penitenciárias e o estudo sobre a possível falência do modelo carcerário nacional.

1.1 Contextualização histórica sobre as funções da pena e o surgimento das penitenciárias

Em diapasão com o que fora exposto no tópico anterior, o objetivo neste momento do estudo é analisar como as prisões passaram a serem vistas como instrumentos de punição pela prática de ilícitos criminais.

Nos primórdios da civilização humana (FARIAS, 2017), os conflitos eram resolvidos de forma privada, sem intervenção estatal. As principais características desse período eram a repressão arbitrária e o descompasso entre a lesão a um direito e sua punição (ATAÍDE, 2010). Contudo, com o passar do tempo, o Estado foi se tornando cada vez mais presente quando se tratava de punir os sujeitos em razão da prática de alguma conduta.

Isto posto, a lei de talião é tida como o primeiro marco que delimitou a proporção entre o ilícito cometido e sua devida punição. Assim, tinha-se o começo de uma posição de equilíbrio entre a prática de um ato e a repressão estatal capaz de reprimi-lo (DUARTE, 2009).

Se antes cada um resolvia como bem queria quando achava que o outro havia praticado um ilícito, com o passar dos anos, o Estado passou a regulamentar quando e de que modo seria aplicada uma punição.

É certo que tal transição foi feita de forma gradativa: anteriormente era qualquer indivíduo o aplicador de sanções, em seguida passou a ser o membro mais respeitado do grupo, o sacerdote – marca do período da vingança divina –, em período posterior, o monarca, para tão somente ser o Estado, por meio do sistema judiciário, o sancionador.

Observa-se, assim, que o Estado foi se tornando cada vez mais presente quando se tratava de punir os sujeitos em razão da prática de um ilícito – ou seja, contrária ao direito - de alguma conduta.

Na vingança pública, a dor e agonia eram as finalidades essenciais da pena. Assim, nas palavras de Ataíde (2010), "a pena deveria repetir a dor da vítima no corpo do criminoso". Nesse contexto, é importante relatar passagens teóricas do direito criminal[2].

Ademais, na Idade Antiga o encarceramento era o ato de aprisionar não como caráter da pena, e sim como garantia de manter o sujeito sob o domínio físico, para se exercer a punição.

De acordo com Carvalho Filho (2002), tais locais eram insalubres, sem iluminação ou condições de higiene adequadas. As masmorras são exemplos mais conhecidos deste modelo.

Posteriormente, na Idade Média, o cárcere continuou apenas como local de custódia para conservar quem fosse submetido a castigos corporais e à pena de morte. Dessa forma, assim como no período anterior, não existia um local específico para o encarceramento.

Ademais, nessa época, eram duas as espécies de cárcere: a do Estado – cujo papel era de custódia do indivíduo à espera da punição - e a eclesiástica – destinado aos clérigos rebeldes, que ficavam trancados nos mosteiros, para que, por meio de penitência, se arrependessem do mal e obtivessem a correção.

Neste momento surge o termo "penitenciária," que tem precedentes no Direito Penal Canônico, o qual é a fonte primária das prisões. Além desses conceitos, Davis (2019) relata que essa palavra foi usada pela primeira fez para se referir à estabelecimentos com a finalidade de abrigar "prostitutas arrependidas" ou "penitentes".

---

[2] Salienta-se que no presente trabalho, a expressão direito criminal deve ser entendida como a junção de direito penal, processual penal e criminológico.

Após esse período, com o declínio da Idade Média e começo da Idade Moderna e Contemporânea, há um desenvolvimento dos modelos político, econômico e social organizado sob a lógica do Capitalismo.

A idade moderna é marcada, a princípio, pela representação política da monarquia absoluta. Em razão disso, não havia sequer necessidade de justificar a aspereza das punições aos indivíduos encarcerados. A prisão como pena autônoma continuava desconhecida.

No século XVIII ocorreram duas passagens significativas que influenciaram concomitantemente na história das prisões: o nascimento do iluminismo e as dificuldades econômicas que afetaram a população.

Com o aumento da pobreza, as pessoas passaram a cometer um número maior de delitos patrimoniais. Consequentemente, a pena de morte e o suplício não respondiam mais aos anseios da justiça. Surge daí a pena privativa de liberdade, cujo objetivo principal era ser um controle eficaz da sociedade.

No período iluminista começou-se a ecoar a voz da indignação com relação às penas desumanas que estavam sendo aplicadas sob a falsa bandeira da legalidade.

A natureza e a finalidade destas instituições foi modificada a partir do século XVIII quando então as prisões tornaram-se a essência do modelo punitivo, assumindo um caráter de estabelecimento público de privação de liberdade.

Ademais, passando para a função da pena, tem-se como a primeira Escola a Clássica, cujo precursor pioneiro foi Beccaria, por meio de sua obra Dos Delitos e das Penas (1764). Esse estudioso é considerado o "pai" do direito criminal, isso porque parte majoritária da doutrina considera que o direito penal propriamente dito só se iniciou com o Estado Moderno, após a Revolução Francesa e a publicação da obra supramencionada.

O direito penal começa a ser desenvolvido como forma de limitar o poder estatal frente as punições que os indivíduos sofriam. Com o amadurecimento desse ramo, tem-se que as punições deixaram de ser espetáculos públicos, nos quais se esperava a dor e o sofrimento do réu, e passaram a ter regras rígidas, não sendo mais glorioso "ter o corpo como alvo principal da repressão penal" (FOUCAULT, 2013).

O condenado deixou de ser o principal alvo de espetáculo para se tornar um sujeito com rotina regrada de trabalho e educação básica. Nesse período, foi incentivada a redação de regulamentos para as casas de detenção, prevendo a rotina de um apenado.

Além disso, se antes as punições eram verdadeiros *shows* de sofrimento – com esquartejamentos públicos, amputações –, na era contemporânea, passou-se a evitar o sofrimento, ao menos corporal, de forma exagerada. O corpo supliciado foi trocado por punições curtas, pela morte que dura poucos minutos.

Nota-se, pois, a mudança de paradigma sofrida no direito criminal: antes os rituais de execução duravam horas, tratando-se de um verdadeiro teatro, hoje o judiciário não mais demonstra publicamente a violência com a qual está ligada as suas punições (FARIAS, 2017).

Fundamentando tal posicionamento, Beccaria (1764) discorre que "o assassinato que nos é apresentado como um crime horrível, vemo-lo sendo cometido friamente, sem remorso". Isso quer dizer que o próprio Estado cometia um dos crimes mais repugnantes, todavia o fazia sob o pretexto de exemplo para que as demais pessoas não realizassem o mesmo ato do criminoso.

Em verdade, tem-se que a época dos grandes castigos foi substituída na Europa e nos Estados Unidos por novas leis, teorias e justificações do direito de punir. Novos códigos foram surgindo, fazendo com que a punição se tornasse a parte mais velada do processo penal.

Ocorre que o processo de ruptura do parâmetro de sofrimento para uma sanção humanitária, resguardando direitos fundamentais, não se deu de forma linear. Isso quer dizer que a passagem de uma Escola criminológica para a outra não foi feita de maneira brusca. Muito pelo contrário. O processo penal brasileiro, por exemplo, ainda apresenta traços do sistema inquisitivo (SILVA JUNIOR, 2012) e das primeiras escolas.

Ainda sobre a Escola Clássica, a mesma trouxe, em certa medida, a religião, mais especificamente o pensamento cristão, para o direito criminal.

Para alguns, o classicismo acabou por se distanciar da realidade, tornando-se uma abstração teórica incapaz de propor uma resposta ao cometimento de crimes (GALDINO, 1947).

Não é demasiado salientar essa Escola não apresenta uma forte coerência de opiniões (BRUNO, 2002), tendo este trabalho apenas delimitado os aspectos mais relevantes.

Com o aumento da criminalidade na metade do século XIX, surgiu a necessidade de mudança da postura penal. A desconfiança que prevalecia do povo com o governante não mais existia. Dessa forma, seria justificável uma maior intervenção estatal na prevenção e inibição da prática de crimes.

Em meio aos anseios da época, Cesare Lombroso adotou como ponto de partida o positivismo comtiano, fazendo com que ganhasse força a chamada Escola Positiva. Essa fundamentava-se, pois, no estudo da fisiologia com a organização social.

De uma forma mais prática, os positivistas acreditavam que, ao analisar as características físicas de um sujeito, poderiam delimitar a pré-disposição que este teria para cometer um crime.

Quem cometia crimes deixou de ser tido como um sujeito normal e passou a ser visto e estudado como possuidor de anomalias psíquicas, com padrões orgânicos e com a intenção de cometer ilícitos.

Ainda sob a influência dessa Escola, a pena objetivava a repressão para que o criminoso não mais delinquisse e isso impedisse a delinquência de outros sujeitos com suposta disposição para a criminalidade.

Não é demasiado destacar que ainda encontramos atualmente resquícios das teorias lombrosianas. Seja por comentários ditos em conversa de bar ou na mídia de forma geral, ainda paira sobre o imaginário comum que o sujeito que comete crimes possui um biotipo específico. Quando algum "bandido"[3] foge dessas características racistas, logo alguém afirma "ele nem tinha cara de delinquente".

Desse pensamento é possível extrair que a escolha política de algumas ações como delitivas, a seleção e estigmatização dos criminosos são as reais funções do sistema criminal.

Adentrando na terceira mudança de paradigma, tem-se que, no final do século XIX, por sua vez, as teorias que justificassem o poder punitivo do estado começam a ganhar força. Uma Escola de bastante expressão desse período foi a Histórica, tendo defendido que o direito atende

---

[3] Termo utilizado de forma crítica.

"particularidades do espaço e tempo", assim como delimitava os valores dos costumes como fonte fundamental do direito (FERRAZ JUNIOR, 2009).

Já a Escola Moderna, ao separar o direito penal, a política criminal e a criminologia, fez com que fosse tida uma prevenção individual – assim como a Escola Positiva. Isso quer dizer que o direito penal deveria atuar diretamente sobre o indivíduo.

No início do século XX, a separação entre Escolas foi tida como desnecessária, perdendo assim a finalidade de se alcançar uma verdade absoluta sobre a finalidade da punição penal.

As teorias mistas – retribuição e prevenção penal – ganharam força, o que, segundo Ataíde (2010) revela que "a pena está mais flexível à política pública, de tal modo que a sua função passa a depender diretamente do modelo de Estado que prevalece em cada momento histórico".

A partir do que fora esboçado acerca das Escolas e de como o estudo sobre o punitivismo se desenvolveu, resta claro que não houve uma ruptura por completo entre as variadas formas de pensar o direito criminal.

Ultrapassado o histórico acerca do punitivismo, urge questionar quem seriam os alvos das punições estatais hodiernamente, quem seriam, afinal, aqueles que sofriam, sofrem e sofrerão as punições pela práticas de ilícitos penais?

Diante de tais indagações, tem-se que a ciência criminal não se encontra isenta de influência sociais[4]. Assim, os "alvos", em menor ou

---

[4] "Para Scott (1995) 'gênero' é definido como uma categoria de análise histórica, pois identifica as experiências históricas masculinas e femininas e a relação entre estas e as vivências atuais". *Apud* FRANÇA, Marlene Helena de Oliveira. Criminalidade e prisão feminina: uma análise da questão de gênero. **Revista Ártemis**, v. 18, p. 212-227, jul. 2014. Disponível em: < http://periodicos.ufpb.br/ in

maior escala, do sistema penal possuem cor, escolaridade e gênero definidos.

Exemplos disso não faltam. As escolhas penais em punir ou não determinada prática, casos de extinção de punibilidade, aumento ou redução de pena são apenas instrumentos utilizados para manter a desigualdade socioeconômica e de gênero.

De toda sorte, a título ilustrativo, a extinção da punibilidade nos casos de crime contra a ordem tributária quando há o pagamento do crédito antes do recebimento da denúncia demonstra que o interesse penal em sancionar quem pratica os ilícitos descritos na Lei nº 8.137/ 1990 não é o mesmo de quem pratica um furto, por exemplo, e devolve o bem.

Nesse segundo caso, o acusado não poderá ser beneficiado com a extinção de punibilidade, podendo, no máximo, ter sua pena reduzida em razão do arrependimento posterior, exposto no art. 16 do Código Penal[5].

Expõe-se que a grande importância de trazer a contextualização histórica das funções da pena e do surgimento das prisões é mostrar que o direito criminal possui um objetivo. Ele não é um ramo afastado da sociedade, não é imparcial, pelo contrário: defende-se aqui que o direito criminal é instrumento de manutenção do status quo.

Assim, a aplicação da pena e a construção de presídios acabam por servir a uma lógica de dominação da classe mais alta nas mais baixas.

---

dex.php/artemis/article/viewFile/22547/12510>. Acesso em: 5 out. 2017.bÉ nesse sentido que gênero será abordado no presente trabalho.

[5] Art. 16 - Nos crimes cometidos sem violência ou grave ameaça à pessoa, reparado o dano ou restituída a coisa, até o recebimento da denúncia ou da queixa, por ato voluntário do agente, a pena será reduzida de um a dois terços.

Argumenta-se, portanto, que não há como propor um estudo sobre direito criminal sem indagar como tantos brasileiros e brasileiras foram parar em uma prisão sem houvesse maiores debates sobre a real eficácia do encarceramento, dos modelos atuais de prisão ou até da existência de penitenciárias.

Dito isto, passa-se para a análise da seletividade do direito criminal.

2. Seletividade do direito criminal e a falência do modelo prisional

De acordo com o mesmo relatório do Depen exposto na seção anterior, a maior quantidade de crimes cometidos que resulta no cumprimento de pena são aqueles contra o patrimônio. Em segundo lugar, são os delitos expostos na a lei de drogas – lei número 11.343 /2006.

Tal aspecto não é por acaso: a maior quantidade de pessoas que é presa por cometer esse tipo de delito tem classe e cor certas, são pessoas de classe mais baixa e pretas. Há, dessa forma, uma seletividade na punição. Mas o que exatamente isso quer dizer?

Explica-se: o sistema penal brasileiro é arquitetado de tal forma para punir com maior intensidade pessoas específicas de determinadas camadas sociais.

Isso não quer dizer que pessoas brancas ou de classes mais abastadas não cometem crimes. Os ilícitos são cometidos, contudo, como exposto no tópico 1.1, há uma escolha normativa e jurisprudencial para que essas pessoas acabem por não cumprir penas em prisões – seja em decorrência da possibilidade de extinção de punibilidade ou por práticas discriminatórias nas próprias sentenças de primeiro grau.

Qual seria a explicação lógica que fundamenta a posição jurisprudencial tanto do Superior Tribunal de Justiça como do Supremo Tribunal Federal em estabelecer como limite máximo para aplicação do princípio da insignificância no caso de crimes tributários o montante de vinte mil reais, mas no caso de furto simples esse valor ser extremamente menor?

Note-se que no caso de crime contra a ordem tributária, há a violação de bens coletivos. O Estado é a vítima, mas indiretamente, a coletividade é atingida em cheio. No caso do furto simples – sem qualquer majorante -, a vítima é um indivíduo específico, há violação de um sujeito, direta ou indiretamente.

Contudo, como os crimes tributários são praticados, em sua maioria, por pessoas de classe mais alta, há uma escolha – nesse caso jurisprudencial – de não punir de forma tão severa esse tipo de ilícito.

Tal aspecto é só um exemplo de como o direito criminal não é isento de preconceitos. Pelo contrário: é instrumento que fortalece a criminalização da pobreza.

É certo que esses pontos possuem explicação dogmática. Ocorre hodiernamente a aplicação velada da Teoria do Labeling Approach, também chamada de teoria do etiquetamento. Seu objeto de estudo deixa de ser o crime propriamente e passa a ser o "desviante", o "criminoso".

Há a análise da formação de estigmatização daquele que pratica determinados tipos de ilícitos penais. Aprofunda-se: segundo Sergio Salomão Shecaira, tendo como base obra "Outsiders" de Howard S. Becker, aquele que viola alguma regra em vigor pode ser interpretado como uma pessoa não confiável para a vivência em um grupo e que "pode alcançar um traficante de drogas ou alguém que bebeu em excesso em uma festa e que se porta de maneira inconveniente". Assim, "surgindo a intolerância, haverá uma espécie de estigmatização desse agente".

Nesse processo de etiquetamento, há a exclusão de determinados indivíduos. De acordo com Alessandro Baratta, como a reação social ou a punição sobre uma primeira conduta desviante gera um estigma, ou seja, "uma tendência a permanecer no papel social no qual a estigmatização o introduziu". Posto de outra forma, isso quer dizer que quem comete crimes tem uma tendência de reiterar esse comportamento, segundo essa teoria.

De acordo com Eugenio Raúl Zaffaroni, "estes estereótipos permitem a catalogação dos criminosos que combinam com a imagem que corresponde à descrição fabricada, deixando de fora outros tipos de delinquentes (delinquência de colarinho branco, dourada, de trânsito, etc.)".

Percebe-se, pois, que a conduta desviante é uma construção social, não se tratando propriamente da qualidade da pessoa que comete o ato ilícito, mas sim da decorrência da aplicação pelos outros de regras e sanções.

Consequentemente, as pessoas que cometem crimes são afastadas da sociedade e tidas como "anormais". Segundo Davis (2019) a prática do encarceramento em massa acaba por funcionar ideologicamente como depósito de indesejados, retirando da sociedade a responsabilidade de reflexão sobre as verdadeiras questões que afligem as comunidades das quais os prisioneiros são oriundos.

É certo que a coletividade, e fala-se aqui para além das fronteiras brasileiras, se acostumou com a ideia de prisão nos moldes que conhecemos.

Entretanto, o que temos no Brasil é um modelo de sistema penitenciário falido.

Seja por não mesmo com o maior encarceramento a criminalidade não ter diminuído, seja pela ausência de infraestrutura adequada das penitenciárias. O fato é que acreditar na solução que penitenciárias abarrotas de pessoas sendo abarcadas em um estado constante de inconstitucionalidade não fará com que as taxas de violência ou cometimento de crimes diminua.

Definir as penitenciárias brasileiras como estado de coisas inconstitucional – como foi feito pelo Supremo Tribunal Federal na Arguição de Descumprimento de Preceito Fundamental número 347/DF- é, defende-se aqui, o cúmulo do absurdo. O Estado brasileiro, por meio do judiciário, chegar ao ponto do reconhecimento que nem ele mesmo é capaz de cumprir suas próprias leis e assegurar as garantias fundamentais mínimas de quem ele está custodiando é o reconhecimento da falência punitivista.

De acordo com Adam Jay Hirsch, há uma crença de que as penitenciárias reabilitam detentos. Contudo, o regime nessas instituições se assemelha de forma gritante ao de um *plantation*[6], a ponto de ambas serem equiparadas com frequência. Funcionando como um sistema de escravidão, como a prisão realmente poderia funcionar para reabilitar presos?

Outrossim, dois em cada três presos no Brasil são negros (RIBEIRO, 2019). Dessa forma, não há como se pensar uma política criminal sem adentrar no racismo velado que permeia o judiciário e o legislativo brasileiros.

---

[6] *Plantation* foram sistema agrícolas utilizados durante a colonização das Américas. Suas principais características foram a monocultura e a utilização de mão de obra escava.

É certo que a confusão da negritude com o crime não é algo natural, intrínseco às relações sociais. Conforme expõe Michelle Alexander, essa ideia foi construída pelas elites por meio da Guerra às Drogas.

É fundamental destacar também o papel da mídia na perpetuação da ideia de que a criminalidade está fora de controle. Segundo Beiser (2001), de 1990 a 1998 as taxas de homicídio caíram nos Estados Unidos, contudo, as histórias de homicídio nas três principais redes de televisão aumentaram quase quatro vezes.

Dessa forma, deve-se sempre procurar distanciar o discurso exposto pela grande mídia de que "bandido bom é bandido morto" para realmente se avaliar o que está acontecendo na realidade.

Conclui-se, portanto, que o atual modelo de prisão brasileiro é racista, classista e está falido. Não se propõe a de fato cumprir com seus objetivos principais de redução da criminalidade e reabilitação dos seus detentos. Chega-se a indagação do que pode ser feito. Com esse questionamento, passa-se para a análise de um modelo prisional que vem crescendo no Brasil: as APACs. Será estudado, então, a sua efetividade e sua possibilidade legal.

3. APAC: mais do mesmo ou solução viável?

A sigla APAC significa Associação de Proteção e Assistência aos Condenados e surgiu com o objetivo principal de reformular o sistema de execução de penas por meio da humanização de sua aplicação. Foi idealizado por Mário Ottoboni e aplicado pela primeira vez na cidade de São José dos Campos, em 1972.

A APAC possui natureza jurídica de entidade civil de direito privado, sem fins lucrativos, com patrimônio e personalidade jurídica próprios. Cada unidade da Associação possui autonomia jurídica, administrativa e financeira.

Inicialmente, foi intitulado com o nome com o nome de "Amando ao Próximo Amarás a Cristo", tendo sido aplicado greve na cidade que levou o juiz de Direito da comarca a entregar alguns presidiários para ficarem sob a guarda de 15 voluntários. Acontecimento, diga-se de passagem, que não estava amparado por nenhuma legislação nacional.

De forma geral, pode-se dizer que o método foi desenvolvido para seguir as diretrizes de uma recuperação social efetiva, na qual, dado o "amor" e o amparo religioso, assim como a disciplina rigorosamente estabelecida, o preso – aqui chamado de reeducando – consegue "matar o criminoso e salvar o homem".

Outrossim, o método se caracteriza pelo estabelecimento de uma disciplina rígida, baseada no respeito, na ordem, no trabalho e no envolvimento da família do recuperando.

Pode-se destacar como uma das principais diferenças entre a APAC e o sistema prisional comum é que, no primeiro os próprios presos são corresponsáveis por sua recuperação.

Por essa metodologia, o reeducando possui várias responsabilidades. Ainda, eles seguem um esquema de recompensação e progressão interna de regime, as quais são exponencialmente motivadoras da transformação moral-social.

Estão presentes doze elementos fundamentais que auxiliam na recuperação e justificam a humanização pautada nesse método alternativo de pena privativa de liberdade. São eles: a participação da comunidade, integração família - recuperando, trabalho voluntariado, trabalho dentro e fora da instituição, ajuda mútua entre os recuperandos, mérito, Centro de Reintegração Social (CRS), assistência jurídica, assistência à saúde, valorização humana, religião e jornada de libertação em Cristo.

Por entender que a problemática da execução da pena é algo complexo que afeta a família e a comunidade em volta do preso, a APAC possui departamentos que auxiliam os familiares daquele que está cumprindo pena e possibilita que o reeducando cumpra suas responsabilidades legais próximo do seu núcleo familiar.

Ademais, há uma preocupação não só enquanto o mesmo esteja recluso, mas sobretudo a metodologia aplicada busca dar apoio também quando a pena é concluída, almejando uma real reinserção social.

Fala-se ainda que o trabalho do voluntariado é de suma importância no método. Para exercer suas funções, o mesmo deve passar por curso de formação de, em média, 42 aulas, de forma a entrar em contato com a metodologia e desenvolver os atributos necessários para desenvolver o trabalho cuidadosa e solidariamente (VILHENA; PAIVA, 2011).

A valorização humana é a ponto central do método. A APAC é voltada para atividades que buscam o autoconhecimento e a valorização de si mesmo. O que é bem diferente da proposta das penitenciárias comuns, em que o medo e a insegurança são usados como instrumento estatal de controle.

Acerca do uso da religião, tem-se que não há a imposição de uma específica. O que ocorre, em verdade, é uma prática de amar e ser amado, sem imposição de credos.

Alguns estudiosos sobre o tema criticam a religiosidade da APAC. Segundo eles, tal aspecto acabaria por violar a liberdade de crença especialmente entre aqueles que não possuem nenhuma. Contudo, apesar de pertinente, entende-se que tal crítica não deve prosperar.

A APAC usa a religião como mecanismo balizador de comportamentos éticos e morais. Não impõe, como já fora exposto, que seja aplicada nenhuma crença específica que não a do amor e respeito ao próximo. Ademais, defende-se neste estudo que a metodologia empregada encontra respaldo na laicidade do Estado brasileiro, a qual possibilita e fomenta a religiosidade da pessoas, mas não impõe que as mesmas sigam nenhuma religião específica.

Entende-se, portanto, que mesmo quem não possua nenhuma crença possa utilizar o método como forma de guia moral e tal aspecto não entra em reta de colisão com os direitos fundamentais assegurados na Constituição Federal.

Destaca-se, ainda, que o método tem surtido bons resultados, com índices de reincidência, segundo o Conselho Nacional de Justiça, abaixo de 10% nas unidades prisionais que o adotam (VASCONCELLOS, 2015). Quando comparada aos números do sistema convencional (que giram em torno de 70% e 85%), percebe-se a efetividade do modelo em estudo.

Uma segunda crítica feita a esse modelo destaca que os resultados apresentados pelo método são direcionados, visto que, para ser aceito na APAC, os detentos passam por uma rigorosa análise comportamental, de modo que aqueles que realmente apresentam um comportamento desviante acentuado raramente conseguem acesso a esse método alternativo. Assim, os indisciplinados, violentos e líderes de facções criminosas dificilmente são aceitos.

Contudo, insta-se que a grande maioria dos condenados nas penitenciárias brasileiras cometeram crimes contra o patrimônio – como já fora exposto no primeiro tópico. Crimes estes que, em sua maioria, não possuem uma execução demasiadamente complexa, especialmente ao se comparar com ações de chefes de facções criminosas. Esses líderes cumprem pena pela prática de vários delitos e são, muitas vezes, encaminhados para penitenciárias federais, as quais possuem um regime diferente das penitenciárias estaduais[7].

Nota-se, assim, que não é ilegal a análise prévia feita para a aceitação ou negação de algum detento para a APAC. A própria legislação brasileira prevê outros estabelecimentos para cumprimento de pena de forma excepcional em razão da gravidade de crimes cometidos por alguns.

Entender que tal aspecto da APAC é segregador é visto neste estudo de forma incorreta. Isso porque segundo o princípio da igualdade material, deve-se tratar os desiguais na medida das suas desigualdades. Assim, quando ocorre o sentenciamento em razão de crime com maior grau de periculosidade e complexidade – números absolutos do Conselho Nacional de Justiça revelam que isso é exceção no cenário brasileiro -, esta pessoa, com o objetivo de desarticular a rede de criminalidade, deve ser tratada de forma diferente.

---

[7] No Brasil, mesmo aqueles que são sentenciados pelo cometimento de crimes federais, cumprem sua pena em estabelecimentos estaduais. Isso porque as penitenciárias federais possuem como objetivo, definido na Portaria do Depen de número 103, o combate ao crime organizado, por meio de um rigoroso e eficaz regime de execução penal.

A impossibilidade do chefe de tráfico, por exemplo, não poder ser aceito em uma APAC decorre do tentativa do Estado em desarticular uma rede criminosa. E isso não deve ser visto como mitigação irrazoável de princípios constitucionais – os quais, diga-se de passagem, não são absolutos e podem sim sofrer mitigações.

Insta-se destacar que aqui não está sendo defendido que a APAC é um modelo sem defeitos. Contudo, algumas críticas revelam-se infundadas.

Ainda, para a constituição de uma APAC, alguns processos devem ser seguidos: implementação, recuperação, recursos humanos e apoio.

O processo de implementação revela a necessidade de realização de uma audiência pública na comarca em que será, possivelmente, construído o estabelecimento em estudo. Visa-se passar para a sociedade civil os objetivos da metodologia e a importância na comunidade no processo de ressocialização.

Após, há a criação do estatuto padrão para a APAC e a constituição jurídica da entidade. A quatro meses da inauguração do Centro de Reintegração Social, inicia-se o processo de celebração de convênio de custeio entre a APAC e o Poder Executivo. O objetivo do repasse é a subvenção social usada para despesas de alimentação, de material de consumo, pagamento de funcionários e outras finalidades descritas no convênio.

Acerca do processo de recuperação, tem-se que o mesmo é dividido em duas etapas: a fase inicial da vida do recuperando na APAC, chamada de adaptação, e a fase posterior, que é o cumprimento da pena em um dos regimes (fechado, semiaberto trabalho intramuros, semiaberto trabalho extramuros e aberto).

Ademais, deve-se ter em mente que, segundo o Conselho Nacional de Justiça, a média nacional de custo de um preso para os cofres públicos é de R$ 2.400 (dois mil e quatrocentos reais) por mês nas penitenciárias estaduais. Já nos presídios federais, esse montante sobe para R$ 3.472,22 (três mil, quatrocentos e setenta e dois reais e vinte e dois centavos).

Por mais alto que esses valores pareçam ser, é válido destacar que na grande maioria dos casos, a família também mantém financeiramente esse preso. Seja levando alimentos ou materiais de limpeza e higiene. Temos um cenário de ausência de infraestrutura adequada nesses estabelecimentos, como já fora mencionado. Dessa forma, os dados desses gastos devem ser analisados de forma crítica.

Destacou-se esse aspecto em razão de no caso das APACs o valor que o Estado gasta com cada reeducando é de, em média, um salário mínimo. O montante, nesse caso, é mais baixo por esse método não utilizar policiais e agentes penitenciários, mas sim voluntários e apoio da sociedade civil. O Estado se encarrega, dessa forma, apenas do custeio da alimentação, energia elétrica e água.

Não é demasiado relatar que o valor destinado para quem está privado de liberdade vem do Fundo Penitenciário, o qual pode ser nacional ou estadual. Contudo, por mais que a administração das unidades prisionais seja responsabilidade dos estados federativos – excepcionando os estabelecimentos federais –, os altos custos do sistema penitenciário dificultam a administração desses estabelecimentos sem apoio do Governo Federal.

O que se vê ao analisar os estabelecimentos prisionais é que, de forma geral, não há um ambiente adequado seja para os apenados que ali se encontram ou para os agentes penitenciários. A ausência de atividades de aprendizagem ou mais iniciativas de trabalho cria nesses ambientes o ócio.

Passadas a análise de tais pontos, mostra-se pertinente o avanço da discussão desse instituto sob o olhar jurídico. Avança-se, assim, para o próximo tópico do presente capítulo.

3.1 Regulamentação legal: discussão sobre a constitucionalidade da APAC

Um dos aspectos que possui mais polêmica no que diz respeito à APAC é seu amparo legal.

Juridicamente, as APACs possuem todo amparo legal-constitucional para seu funcionamento, tal como ressaltam Ana Luísa Silva Falcão - Subsecretaria de Administração Prisional/Secretaria de Estado de Defesa Social (SEDS/MG) – e Marcus Vinícius Gonçalves da Cruz em seu artigo "O Método APAC – Associação de Proteção e Assistência aos Condenados: análise sob a perspectiva da alternativa penal":

Outrossim, de acordo com Uliana Lemos (2012), é imprescindível a existência de uma lei estadual nos locais onde as APACs serão instaladas com a finalidade de captação de recursos e realização de convênios.

Isto posto, sabe-se que conforme art. 24, I, da Constituição Federal[8], é competência concorrente da União, dos estados e do Distrito Federal legislar sobre direito penitenciário. Ainda, não é demasiado relatar que não há nenhuma menção específica ao funcionamento desse tipo de entidade na LEP, o que acarreta problemáticas quanto a sua constitucionalidade.

---

[8] Art. 24. Compete à União, aos Estados e ao Distrito Federal legislar concorrentemente sobre: I - direito tributário, financeiro, penitenciário, econômico e urbanístico.

Outrossim, não há uma lei federal capaz de regulamentar os aspectos gerais dessas instituições em âmbito nacional, com a finalidade de uniformizar esses estabelecimentos. Urge, nesse diapasão, a necessidade de formulação de tal lei. Em que pese a competência concorrente sobre temas penitenciários, entende-se que deve haver uma lei federal nacional com o objetivo de traçar diretrizes uniformes para todo o território nacional sobre o funcionamento desse tipo de instituição – seja para estabelecer quais critérios de recebimento de um preso ou como deve se dar a atuação dos voluntários.

Deve-se frisar também que a Lei de Execução Penal possui um eficácia social bastante pequena. Não à toa, foi considerado o estado de coisas inconstitucional no qual estão inseridos os apenados no Brasil, conforme já destacado nesse capítulo.

Ademais, não pode-se perder de vista que o objetivo da APAC é promover a humanização das prisões, sem desviar dos anseios legais. Seu propósito é evitar a reincidência no crime e oferecer alternativas para o condenado se recuperar.

Portanto, a APAC apresenta-se como auxiliar da justiça e da sociedade, cumprindo estritamente a finalidade da pena, tendo como objetivo fundamental a valorização humana como base para a recuperação do egresso.

Segundo as palavras de Ottoboni, "não existem condenados irrecuperáveis, mas tão somente, os que não receberam tratamento adequado".

Tratando especificamente da situação no Rio Grande do Norte, tem-se que há uma lei estadual de número 9.273/2009 que possibilita a atuação de associações civis fundamentadas na metodologia apaqueana. Legitimando, assim, a atuação na execução penal.

Associada à essa lei, há uma portaria conjunta – número 004/2014-TJ – a qual estabelece normas para a transferência de apenados em cumprimento de pena privativa de liberdade para os Centros de Reintegração geridos pelas APACs.

De acordo com essa regulamentação, qualquer preso, independentemente do crime cometido, pode cumprir pena no estabelecimento penal supra indicado. Contudo, estabelece em seu art. 2º, inciso III que o apenado deve ser relacionado pela Comissão de Seleção.

Não há nessa portaria nenhuma indicação de quem compõe a Comissão de Seleção nem dos critérios utilizados pela mesma com o objetivo de verificar se o candidato está apto ou não a cumprir pena nesse estabelecimento.

Nessa seara, nota-se uma grande carga subjetiva na seleção de algo que deveria ser disponível e ofertado para todos os apenados do sistema prisional. Há, assim, uma mitigação dos princípios constitucionais como da igualdade e dignidade da pessoa humana.

Faz-se importante destacar no presente estudo que houve uma Ação Direta de Inconstitucionalidade (ADI) número 2013.002758-7 a qual foi requerente a Procuradora Geral de Justiça Adjunta pleiteando a inconstitucionalidade da lei número 9.273/2009 sob o fundamento de que tal normativa ofenderia o art. 90 da Constituição Potiguar[9], em razão de

---

[9] Art. 90. A segurança pública, dever do Estado, direito e responsabilidade de todos, é exercida para a preservação da ordem pública e da incolumidade das pessoas e do patrimônio, através dos seguintes órgãos: I – Polícia Civil; II – Polícia Militar; e III – Corpo de Bombeiros Militar

tornar possível a delegação de um serviço público que deveria ser prestado exclusivamente pelo Estado.

Entretanto, o mérito da ADI não foi avaliado, em razão do Tribunal de Justiça do Rio Grande do Norte ter entendido que a procuradora adjunta não é legitimada para propor tal ação. O feito, consequentemente, foi extinto sem julgamento de mérito.

No presente estudo, chega-se à conclusão de ser constitucional o desempenho das atividades execução da pena pelas APACs, todavia, conforme já destacado, deve haver uma regulamentação por meio de lei federal sobre o tema, com o fito de se estabelecer uma diretriz nacional. Em seguida, uma lei estadual pode e deve regulamentar naquele que for de interesse regional sobre a entidade.

Considerações Finais

O Sistema Penitenciário brasileiro apresenta inúmeras falhas. Em verdade, segundo Foucault (1979), o movimento de reforma prisional, no mundo todo, é contemporâneo ao surgimento das próprias prisões.

Isto posto, urge repensar o cumprimento da pena no sistema nacional, seja por um viés mais humanitário como se propõe a APAC, ou até por meio da redução da aplicação do direito penal, culminando na abolição das prisões.

O sistema prisional brasileiro encontra-se falido. Os índices de reincidência continuam elevados, assim como a criminalidade violenta e o encarceramento.

Diante da seletividade penal, as penas acabam por incidir em um grupo social específico, qual seja: jovens, pretos ou pardos e de classes mais baixas.

Tal aspecto não quer dizer que jovens, brancos e ricos não cometam crimes – conforme já mencionado -, muito pelo contrário, contudo, há uma seleção no sistema judiciário e legislativo nacional que funciona para penalizar de forma mais severa e intensa o primeiro grupo. Fazendo com que ocorra, assim, a criminalização da pobreza.

A APAC se propõe a ser uma nova forma de cumprimento de pena. Deve-se ter em mente que o presente estudo não objetivou findar com todos os questionamentos sobre os temas propostos, mas sim trazer à tona o debate urgente da reformulação do sistema penitenciário.

Portanto, a APAC possui viabilidade financeira e, em que pese o forte aspecto religioso, tem mostrado resultados expressivos ao diminuir a reincidência dos seus reeducandos.

No caso do Rio Grande do Norte, já há legislação estadual sobre o tema, contudo, se faz necessária a sua regulamentação legal por meio de uma lei federal para que tal instituto se adeque ao ordenamento jurídico nacional.

Bibliografia

A história das prisões e dos sistemas de punições. Disponível em: <http://www.espen.pr.gov.br/modules/conteudo/conteudo.php?conteudo=102>. Acesso em: 6 jul. 2020.

ALEXANDER, Michelle. A nova segregação: racismo e encarceramento em massa. São Paulo: Boi Tempo, 2018.

ATAÍDE, Fábio. Colisão entre Poder Punitivo do Estado e Garantia Constitucional da Defesa. Curitiba: Juruá, 2010.

BARATTA, Alessandro. Criminologia Crítica e Crítica do Direito Penal: Introdução à Sociologia do Direito Penal. 3 ed. Rio de Janeiro: Revan, 2002. p. 89.

BECCARIA, Cesare Bonesana. Dos delitos e das penas. Tradução J. Cretella Júnior, Agnes Cretrella. 2. ed. ver. e ampl., 2. tir. São Paulo: Revista dos Tribunais.

BECKER, Howard S. Outsiders: estudos de sociologia do desvio. Rio de Janeiro: Zahar, 2008.

BRASIL. Constituição (1988). Constituição Federal, de 1988. Constituição Federal. Brasília, Disponível em: http://www.planalto.gov.br/ccivil_03/constituicao/constituicao.htm. Acesso em: 20 jul. 2020.

BRUNO, Aníbal. Direito Penal: Parte Geral. Rio de Janeiro: Forense, 2002.p.54

CARVALHO FILHO, José dos Santos. Manual de direito administrativo. 24ªed. Rio de Janeiro: LUMEN JURIS, 2002. CARVALHO, FL. A Prisão. Publifolha. São Paulo, 2002.

COMTE, Auguste. Reorganizar a Sociedade. Tradução de Antônio Geraldo da Silva. São Paulo: Escala. S.d., p.18

CONSELHO DA COMUNIDADE DE CWB. Preso da APAC custa menos do que o do presídio, afirma FBAC. 18 abr. 2017. Disponível em: <https://conselhodacomunidadecwb.com.br/2017/04/18/preso-da-apac-custa-menos-do-que-o-do-presidio-afirma-fraternidade-brasileira -de-assistencia-aos-condenados/#: ~:text=Na%20Apac%20de%20Barrac%C3%A3o%2C%20cada,Gazeta%20do%20Povo%2C%20em%202014>. Acesso em: 1 jul. 2020.

DAVIS, Angela. Estarão as prisões obsoletas? 3 ed. Tradução: Marina Vargas. Rio de Janeiro: Difel, 2019.

DE PAIVA, Uliana Lemos. A MATERIALIZAÇÃO DOS PRINCÍPIOS DA DIGNIDADE DA PESSOA HUMANA E O CUMPRIMENTO DAS PENAS PRIVATIVAS DE LIBERDADE. Orientadora: Maria dos Remédios Fontes Silva. 2012. Dissertação em Direito (Mestrado em direito).

DEPARTAMENTO PENITENCIÁRIO NACIONAL. Levantamento Nacional de Informações Penitenciárias. In: Levantamento Nacional de Informações Penitenciárias. 2019. Disponível em: https://app.powerbi.com/view?r=eyJrIjoiZTlkZGJjODQtNmJlMi00OTJhL WFlMDktNzRlNmFkNTM0MWI3IiwidCI6ImViMDkwNDIwLTQ0NG MtNDNmNy05MWYyLTRiOGRhNmJmZThlMSJ9. Acesso em: 1 jul. 2020.

DIAS, Fábio Freitas, DIAS, Felipe da Veiga, MENDONÇA, Tábata Cassenote. CRIMINOLOGIA MIDIÁTICA E A SELETIVIDADE DO SISTEMA PENAL. Congresso Internacional de Direito e Contemporaneidade, 4 jun. 2013. Disponível em: <http://coral.ufsm.br/congressodireito/anais/2013/3-7.pdf>. Acesso em: 2 jul. 2020.

DUARTE, Melina. A Lei de Talião e o princípio de igualdade entre crime e punição na Filosofia do Direito de Hegel. 2009. Disponível em: <http://www.hegelbrasil.org/Reh10/melina.pdf>. Acesso em: 10 jul. 2020. p. 4.

FARIAS, Maria Beatriz Maciel de. Crime, prisão e feminismo: um estudo sobre o processo emancipatório da mulher presa. Orientador: Walter Nunes da Silva Júnior. 2017. Trabalho de conclusão de curso (Graduação em direito).

FERRAZ JÚNIOR, Tércio Sampaio. Estudos de Filosofia do Direito. 3 ed. São Paulo: Atlas, 2009. p. 28.

FOUCAULT, Michel. Vigiar e Punir: história da violência nas prisões. Tradução de Raquel Ramalhete. 41. ed Petrópolis: Vozes, 2013.

GOFFMAN, E. Manicômios, prisões e conventos. 6°ed. São Paulo: Perspectiva, 2006.

HIRSH, Adam Jay. The rise of penitentiary: prisons and punishment in early America. New Haven/ Londres: Yale University Press, 1992.

MEZGER, Edmundo. Tratado de Derecho Penal. 2 ed. Sem tradutor mencionado. Madrid: Revista de Derecho Privado. 1946. t. I, p. 78-79.

POLITIZE! EDUCAÇÃO POLÍTICA. Quanto custa um preso no Brasil. 2017. Disponível em: <https://politize.jusbrasil.com.br/artigos/431281471/quanto-custa-um-preso-no-brasil#:~:text=Segundo%20o%20Conselho%20Nacional%20de,m%C3%A9dica%20e%20jur%C3%ADdica%2C%20entre%20outros>. Acesso em: 2 jul. 2020.

RIBEIRO, Djamila. Pequeno manual antirracista. 1 ed. São Paulo: Companhia das Letras, 2019.

RIO GRANDE DO NORTE (Estado). Constituição do Estado do Rio Grande do Norte. Disponível em: http://www.al.rn.leg.br/portal/_ups/legislacao/constituicaoestadual.pdf. Acesso em: 20 jul. 2020.

RIO GRANDE DO NORTE. Lei (2009). Lei n° 9.273, de 24 de dezembro de 2009. Estabelece normas para o funcionamento de associação de proteção e assistência a apenados, quando conveniados com o Estado do Rio Grande do Norte e dá outras providências. Natal, RN.

RIO GRANDE DO NORTE. Constituição (2014). Portaria Conjunta n° 004/2014-TJ, de 24 de dezembro de 2009. Natal, RN.

RIO GRANDE DO NORTE. Tribunal de Justiça do Rio Grande do Norte. Ação de Declaração de Inconstitucionalidade n° 2013.002758-7. Ministério Público do Rio Grande do Norte. Natal, RN, 17 de setembro de 2014. Rio Grande do Norte.

SILVA JÚNIOR, Walter Nunes da. Reforma Tópica do processo penal: inovações aos procedimentos ordinário e sumário, com o novo regime de provas, principais modificações do júri e as medidas cautelares pessoais (prisão e medidas diversas da prisão). 2ª ed. Rio de Janeiro: Renovar, 2012.

SIQUEIRA, Galdino. Tratado de Direito Penal. Rio de Janeiro: José Konfino, 1947. T. III, 4v.

SUPREMO TRIBUNAL FEDERAL. Informativo STF. Disponível em:<http://www.stf.jus.br/arquivo/informativo/documento/informativo 798.htm>. Acesso em: 2 jul. 2020.

VEYL, Raul Salvador Blasi. Entre o Fato e o Discurso: o Método APAC e sua Efetividade no Cenário Brasileiro. 2016. Disponível em: <https://www.ufjf.br/periodicoalethes/files/2018/07/periodico-alethes-edicao-11.pdf#page=72>. Acesso em: 6 jul. 2020.

O processamento e julgamento dos crimes violentos e seus reflexos na Segurança Pública: uma análise do cenário do Nordeste

Bárbara Rhaíssa Pinheiro de Lima[1]

Gustavo Henrique de Araújo Oliveira[2]

O estudo do aumento das mortes violentos intencionais – MVI[3] no Brasil, faz surgir um tópico intrigante, a percepção deste fenômeno no Norte e Nordeste do país iniciado nas duas últimas décadas. As regiões, que outrora não apresentavam números alarmantes sobre a os crimes violentos letais intencionais, agora são responsáveis pelo aumento dos índices nacionais.

As causas de tal problemática são variadas, mas ecoa como um dos fatores determinantes para o novo cenário de violência a alteração na rota do tráfico de entorpecentes em caráter internacional e a disputa das facções criminosas por estas regiões[4]. De outra forma, o aumento no número de

---

[1] Graduanda em Direito pela Universidade Federal do Rio Grande do Norte (UFRN). Aluna voluntária de Iniciação Científica no projeto O Direito Criminal como corpo normativo construtivo do sistema de proteção dos direitos e garantias fundamentais, nas perspectivas subjetiva e objetiva.

[2] Graduando em Direito pela Universidade Federal do Rio Grande do Norte (UFRN). Aluno voluntário de Iniciação Científica no projeto Criminalidade violenta e diretrizes para uma política de segurança pública no Estado do Rio Grande do Norte.

[3] O conceito de Morte Violenta Intencional adotado nesta obra está em consonância com o Protocolo de Bogotá sobre a qualidade dos dados de homicídio na América Latina e Caribe de 2015 e refere-se "la muerte de una persona provocada por una agresión intencional de otra(s). En esse sentido, se excluyen los homicidios no intencionales, los accidentales y las tentativas de homicídio" (Câmara de Comércio de Bogotá, 2015).

[4] "O racha do PCC com o CV produziu novos arranjos entre os grupos, o que aumentou a instabilidade nos estados. Isso teve efeito no cotidiano das cidades, assustando moradores antes livres desses problemas, principalmente no Norte e no Nordeste." (Manso & Dias, 2018).

casos de MVI não se resume ao dito, vai além. A criminalidade violenta intencional[5] em sua forma mais repugnante está posta em índices incompatíveis com a garantia do direito à segurança aos cidadãos, enquanto dever estatal[6].

O capítulo que segue propõe uma análise sobre os dados estatísticos pertinentes aos número de MVI na região Nordeste do Brasil, notadamente dos estados do Rio Grande do Norte, Ceará, Maranhão, Pernambuco, Paraíba, Alagoas e Sergipe, apresentados, à exceção do estado potiguar, nos capítulos anteriores, e a resposta jurisdicional a estes crimes, com seus reflexos nos marcadores das mortes violentas intencionais.

Neste desiderato, analisar-se-á, no primeiro tópico os índices de violência dos estados nordestinos, aproveitando os dados coletados para a confecção desta obra; os dados inerentes à população carcerária de cada estado da federação; e as informações pertinentes ao Tribunal do Júri de cada estado.

Transposta a descrição e análise das estatísticas, o tópico segundo trará uma análise correlata entre os dados acrescentando-lhes informações junto à literatura especializada. No terceiro tópico deste capítulo, será operada uma análise mais acurada do estado do Rio Grande do Norte, a fim de, comparando-o ao panorama do Nordeste, propor ações capazes de contribuir com a realidade potiguar. Encaminhando este capítulo para a conclusão da pesquisa.

---

[5] Cumpre destacar que o uso do termo criminalidade neste capítulo e predominantemente nesta obra refere-se às Mortes Violentas Intencionais – MVI.
[6] A Constituição de 1988 elenca a segurança como direito individual e social, respectivamente nos caputs dos arts. 5º e 6º, além de dispor expressamente sobre a segurança pública, art. 144, enquanto dever estatal e responsabilidade de todos.

Ainda em sede introdutória, convém apontar que o estudo não sugere que o início e o exaurimento do tratamento dados aos crimes violentos letais intencionais, sob a ótica da Segurança Pública, ocorre exclusivamente com o processamento e julgamento dos ilícitos. De outro modo, a efetivação do deireito à segurança envolve a adoção de políticas públicas de estado que objetivam à prevenção dos ilícitos, sendo a persecução penal parte deste processo, com procedimentos que asseguram o direito a um julgamento justo somado a um conjunto de instituições responsáveis por aplicar as medidas preventivas e as sanções determinadas pelos juízes (Szabó; Risso, 2018, p. 14)[7].

Portanto, o processamento e julgamento dos crimes violentos, em uma visão garantista se vinculam a averiguação dos efeitos da resposta jurisdicional, a partir da função mediata do processo penal quanto à pacificação social.

1. As Mortes Violentas Intencionais no Nordeste

Para o desenvolvimento do ponto central deste capítulo faz-se necessário a descrição dos dados estatísticos dos estados referentes aos números de MVIs no Nordeste, à população carcerária e aos números ínsitos ao Tribunal do Júri de cada estado, no intuito de traçar um panorama geral da região. Destacando-se, antes, a exposição das fontes bibliográficas.

---

[7] As autoras acrescentam, ainda, como elementos inerentes ao direito à Segurança, as leis e as políticas públicas de promoção de direitos e prevenção de atos violentos como meios de proporcionar a segurança, nos termos do art. 5°, caput, da Constituição Federal.

As estatísticas atinentes às MVIs[8] foram colecionadas a partir do Atlas da Violência de 2019 (IPEA; FBSP, 2019) e do Anuário Brasileiro de Segurança Pública de 2019 (FBSP, 2019), cujos números apresentados possuem identidade metodológica, e divergência insignifcante para efeitos da pesquisa, mais interessando aqui a diferença entre os recortes temporais de cada publicação. A análise da população carcerária, por sua vez, foi realizada junto aos dados do Levantamento Nacional de Informações Penitenciárias – INFOPEN, divulgados em sítio eletrônico do Departamento Penitenciário Nacional – DEPEN. Por fim, os números referentes ao funcionamento do Tribunal do Júri, procedimento válido para o processamento e julgamento dos crimes responsáveis pelas MVIs, foi obtido a partir das publicações do Conselho Nacional de Justiça – CNJ, especialmente o Diagnóstico das Ações Penais de Competência do Tribunal do Júri (Conselho Nacional de Justiça, 2019).

1.1 O crescimento no número de Mortes Violentas Intencionais

O ano de 2017 é emblemático para a compreensão da Segurança Pública no Brasil, isso considerando que nesse ano foi registrada a marca de 64.021 mortes decorrentes da violência letal intencional, a maior da série histórica. Nesse cenário o Nordeste destaca-se como a região onde ocorreu o maior número de mortes, precisamente 27.288 (FBSP, 2019, p. 16).

A expressividade do ocorrido no ano de 2017 torna-se ainda mais impactante quando comparado com os registros de 2007, quando a região

---

[8] A definição de Mortes Violentas Intencionais (MVI) utilizadas pelo Anuário Brasileiro de Segurança Pública contabiliza as vítimas de homicídio doloso, latrocínio, lesão corporal seguida de morte e mortes decorrentes de intervenções policiais em serviço e fora. (FBSP, 2019, p. 11).

contabilizou 15.470 mortes, frente ao número total nacional de 48.219 MVIs. A região Nordeste, junto à região Norte, destaca-se como o espaço onde mais ocorreu o aumento de crimes violentos letais intencionais, tanto em números absolutos, quanto nas taxas por cem mil habitantes. O novo cenário coloca-se em descompasso com o centro-sul do país, onde são percebidas reduções significativas das MVI. Exemplificando, na região Sudeste o número de mortes violentas intencionais reduziu de 18.990 em 2007 (IPEA; FBSP, 2019, p. 24) para 15.462 em 2018 (FBSP, 2019, p. 16).

A comparação entre as taxas (mortes por cem mil habitantes) de MVI acentua ainda mais a divergência entre os dados de 2007 e 2018 das regiões Nordeste e Sudeste. Precisamente, enquanto no ano de 2007 o Sudeste possuía uma taxa de 32,8 MVI por cem mil habitantes, o Nordeste registrava a média de 26,83, estando ambas acima da média nacional de 25,5 (IPEA; FBSP, 2019, p. 23). Já no ano de 2018, quando a média nacional é de 27,5, o Nordeste anotou uma taxa de 41,4 contra 17,6 da região da megalópole brasileira (FBSP, 2019, p. 17).

Individualmente, entre os estados nordestinos destaca-se o Rio Grande do Norte que no ano de 2017 atingiu a taxa de 67,2 MVI no conjunto de cem mil habitantes. O índice é um dos maiores do recorte temporal de 2011 a 2018 no Brasil, sendo inferior somente aos registrados no estado, também nordestino, de Alagoas no anos de 2011 a 2013 (FBSP, 2019, p. 17).

Saindo dos extremos, no ano seguinte, 2018, os estados do Nordeste, em ordem decrescente, apresentaram as seguintes taxas de MVI: Rio Grande do Norte (55,4), Ceará (52,8), Sergipe (49,5), Alagoas (45,8), Pernambuco (43,9), Bahia (42,8), Paraíba (30,6), Maranhão (25,2) e Piauí

(18,9). Destacando-se que, à exceção dos dois últimos, todos os estados estão com índices acima da média nacional daquele ano.

De forma global, percebe-se que a curva das taxas de criminalidade no Nordeste atingiu um pico entre os anos de 2015 e 2017, com uma singela oscilação, decaindo no ano de 2018. Destacando-se os estados do Rio Grande do Norte, Ceará, Sergipe, Alagoas e Pernambuco como os responsáveis pelo aumento da curva no período. Em outro contexto, entretanto, a Paraíba, o Piauí, o Maranhão e a Bahia já apresentaram a redução na taxa de MVI no ano de 2017, quando comparado ao ano anterior. Destaca-se, entre estes, o estado da Paraíba, que desde o ano de 2013, quando registrou a marca de 40,4 MVI, ano a ano reduziu esse número, alcançando, em 2018 a taxa de 30,3 MVI por cem mil habitantes.

1.2 População carcerária

Uma resposta imediatista aos alarmantes índices dos crimes violentos letais intencionais apresentados envolveria a expectativa do pronto aumento do número de indivíduos cumprindo penas privativas de liberdade, tanto no cenário nacional, como, dentro do objeto da pesquisa, no Nordeste. De fato, a população carcerária no Brasil no ano de 2007 era de 422.590 presos[9] e registrou um aumento de 77% de presos até o ano de 2019.

Em números, em dezembro de 2019 o Brasil registrou a marca de 748.009 presos, incluindo todos os regimes de reclusão, as medidas de segurança, tratamento ambulatorial e os presos provisórios, e uma taxa de

---

[9] O termo preso é utilizado de forma genérica e contabiliza todas as pessoas que estejam cumprindo pena no sistema penitenciário brasileiro, seja estadual ou federal e as prisões policiais, incluído os três regimes possíveis de cumprimento da pena, as medidas de segurança e as prisões preventivas.

359,4 presos pelo conjunto de cem mil habitantes. Nesse universo, os crimes de homicídio simples e qualificado e latrocínio representam 16,2% dos tipos penais ensejadores da custódia[10]. Importante destacar que a maior parte dos delitos que ensejam o encarceramento são os crimes contra o patrimônio, representando mais da metade dos tipos penais motivadores das condenações (INFOPEN, dezembro/2019).

Sem maiores detalhes sobre a população carcerária do ano de 2007, convém destacar apenas que o número total de presos, considerando todas as modalidades de penas e de regimes, incluindo o sistema Estadual e Federal, registrou a marca de 422.590 (INFOPEN, dezembro/2007). A partir de 2011, entretanto, os dados do INFOPEN passam a discriminar a incidência dos tipos penais, permitindo uma análise mais acurada dos dados.

O destaque não é de grande relevância para este trabalho, conquanto que, conforme já destacado, mais da metade dos tipos penais que ensejaram a custódia são relativos aos delitos patrimoniais. Por outro lado, os dados obtidos através do INFOPEN não revelam com precisão de detalhes os crimes violentos letais intencionais, já que a contagem do delitos não distingue os crimes tentados dos consumados e não põe em destaque as lesões corporais seguidas de mortes, cujo cômputo é operado com as outras modalidades do art. 129 do Código Penal. Feito o destaque metodológico, convém descrever um panorama geral sobre a população carcerária do Nordeste.

---

[10] O número refere-se exclusivamente ao tipo penal e não à quantidade da população carcerária que cometeu tais delitos. A impossibilidade de individualizar o número de presos pela prática de MVI se dá pela contabilização do INFOPEN a partir dos tipos penais (989.263), em detrimento do número de presos (740.271), e o cômputo do crime de lesão corporal ocorrer de forma indistinta entre suas modalidades, sem a distinção da lesão corporal seguida de morte, não sendo por isso utilizado para o cômputo destas estatísticas.

Frente ao cenário nacional, o Nordeste apresenta o número de presos provisórios sempre superior ao de pressos em regime fechado, sendo exceção os estados de Alagoas, Rio Grande do Norte, Paraíba e Piauí. No triênio de 2017 a 2019, a região alcançou a marca de mais de 40.000 presos provisórios, maior até então não registrada. Destacando-se o ano de 2018 o qual registrou o maior número de presos provisórios da série analisada, de 45.005, quando o número de presos no regime fechado era de 28.990 (INFOPEN, dezembro/2019).

Ainda, em que pese a variação na qualidade das informações fornecidas ao INFOPEN, os ano de 2018 e 2019, na região, apresentaram o acumulado de 31.082 (INFOPEN, dezembro/2018) e 32.047 (INFOPEN, dezembro/2019) delitos de homicídio simples, qualificado e latrocínio como ensejadores da custódia. O relevo deve-se ao fato de que nos quatro anos anteriores o número esteve abaixo de 15.000, excetuando-se o ano de 2015, quando foi delineado 17.090 incidências dos tipos penais destacados (INFOPEN, dezembro/2017)[11].

1.3 O Tribunal do Júri em números

A análise dos números do Tribunal do Júri se mostra como um importante dado para a compreensão da correlação entre os crimes violentos letais intencionais e a resposta jurisdicional.

O procedimento processual, se faz necessário uma vez que o direito à vida é considerado o bem jurídico mais valioso no ordenamento jurídico pátrio, de modo que a Lei Maior estabeleceu a competência do Tribunal do

---

[11] Os anos de 2011 e 2013 também mostraram-se acima da média de incidências dos tipos penais, com 19.532 (INFOPEN, dezembro/2011) e 23.963 (INFOPEN, julho/2013).

Júri para processar e julgar os crimes dolosos contra a vida incluindo-o no rol de direitos garantias individuais no art. 5º, inciso XXXVIII da Constituição Federal.

Diante disso, num contexto de aumento da ocorrência dos crimes violentos contra a vida, é importante que o judiciário esteja preparado a responder eficazmente às demandas. Assim, segue a sua missão social de preservar o modelo de Estado Democrático de Direito, no qual o judiciário de forma participativa e construtiva atua como agente político, independente e imparcial, abrindo-se à participação popular nas decisões, como ocorre no Tribunal do Júri.

O presente estudo irá analisar os dados disponíveis acerca do tribunal do júri, principalmente os contidos na base Replicação Nacional, a qual considera os percentuais dos tempos médios de trâmite dos procedimentos, responsável por enviar todos os processos em curso ao Conselho Nacional de Justiça, sendo parte para a premiação do "Justiça em Números", restando atestada a qualidade dos registros processuais (CNJ, 2019, p. 7). Foram organizados os dados numa perspectiva regional, dando ênfase ao Nordeste e ao estado do Rio Grande do Norte.

O Tribunal do Júri é o órgão com competência constitucional para julgar os crimes dolosos contra a vida[12], arrolados no Código de Processo Penal[13], termo que coincide em parte com os crimes violentos letais

---

[12] Art. 5º, XXXVIII, d) a competência para o julgamento dos crimes dolosos contra a vida;
[13] Art. 74. A competência pela natureza da infração será regulada pelas leis de organização judiciária, salvo a competência privativa do Tribunal do Júri. § 1º Compete ao Tribunal do Júri o julgamento dos crimes previstos nos arts. 121, §§ 1º e 2º, 122, parágrafo único, 123, 124, 125, 126 e 127 do Código Penal, consumados ou tentados.

intencionais, destacadamente, os homicídios dolosos, latrocínios e as lesões corporais seguidas de morte.

Em um diagnóstico elaborado pelo Conselho Nacional de Justiça no ano de 2019, com referência aos dados de 2018, foi possível perceber a pluralidade de cenários distintos do procedimento entre os diferentes estados da federação, com destaque para os números postos distantes da média nacional.

Inicialmente, foi consultado o Diagnóstico das ações penais de competência do tribunal do júri (CNJ, 2019) do ano de 2019, o qual compilou dados referentes ao intervalo entre os anos de 2015 a 2018, concentrando suas pesquisas no âmbito dos Tribunais de Justiça, uma vez constatada a impossibilidade de coletar dados dos Tribunais Regionais Federais de forma satisfatória (CNJ, 2019, p. 8). Além disso, como se verá ao longo do presente estudo, ainda assim existiram deficiências no que se refere às informações pertinentes ao Tribunal do Júri mesmo no contexto dos Tribunais de Justiça.

Cumpre informar que os dados obtidos na publicação do Conselho Nacional de Justiça, compreendeu um universo de 28.984 de casos decididos sob o rito do Júri, entretanto, o referido valor não representa a totalidade dos procedimentos em trâmite, uma vez que alguns Tribunais de Justiça não realizaram corretamente os registros das movimentações processuais conforme as Tabelas Processuais Unificadas (TPUs) (CNJ, 2019, p. 10), de acordo com a Portaria nº 69/2017[14]. Dessa forma, em termos

---

[14] Art. 1º, VIII - entreguem ao Conselho Nacional de Justiça os dados referentes a processo e julgamento de crimes dolosos contra a vida, segundo parâmetro de informações das Tabelas Unificadas do Poder Judiciário e do lançamento adequado dos registros das classes, assuntos e movimentos nos sistemas eletrônicos processuais, que permitam identificação dos casos da

de coletas insatisfatórias de dados, no âmbito da região nordeste o Tribunal de Justiça do Estado de Sergipe – TJSE foi o que forneceu menos dados.

O relatório apresentou dados do relatório do Mês Nacional do Júri, no qual haviam, em novembro de 2018, um total de 186 mil processos em tramitação no país, sendo destes 43 mil (23%) com sentença de pronúncia já proferida. No âmbito do Nordeste do total de 50.740 ações, o Tribunal de Justiça de Pernambuco – TJPE registrou o maior número, 17.617, e o Tribunal de Justiça do Rio Grande do Norte o menor da região, com 812 processos em trâmite (CNJ, 2019, p. 10-11).

O relatório também apresenta números que apontam um crescimento no número de novas ações de competência do Tribunal do Júri, de 2015 a 2017, especificamente um crescimento de 4% entre 2015 e 2016 (26.910 – 27.881) e de 6% entre 2016 e 2017 (27.881 – 29.587). O crescimento, como esperado, não acompanha precisamente o número de MVIs, ao considerarmos o tempo de duração da investigação policial e o fato de que nem todo caso de MVI possui Inquérito Policial respctivo com a indicação da autoria e/ou é ralatado no mesmo ano do fato.

Na análise da taxa de homicídios por cem mil habitantes ocorridos em 2016 e de novos casos da competência do tribunal do júri em 2017, também por cem mil habitantes tem-se que, na perspectiva regional, o Tribunal de Justiça do Rio Grande do Norte – TJRN apresentou a maior proporção entre novos processos por cem mil habitantes em 2017, na marca

---

classe ação penal de competência do júri, de designação e realização das sessões de júri, dos movimentos de julgamento do processo e as soluções adotadas em juízo e da qualificação das partes.

de 46 ações penais por número de MVI em 2016, registrada em 53 por cem mil habitantes

Na região, o estado de Sergipe figurou com maioria para novos casos de homicídios em 2016 (65). O Estado do Nordeste que possui a menor taxa de novos homicídios por cem mil habitantes em 2016 é o Piauí (22), porém com 16 novos casos de competência do Tribunal do Júri em 2017, ao passo que o Estado do Maranhão, com uma taxa de 35 homicídios por cem mil habitantes em 2016, apresentou apenas 7 novos casos de competência do Tribunal do Júri, sendo a menor incidência do Nordeste nesta categoria.

1.3.1 Desfechos processuais mais comuns

O desfecho das ações penais do Tribunal do Júri analisadas no levantamento, revelaram que, no período de 2015 a 2018, 52% das ações não culminaram em condenação do réu, das quais 32% findaram com o reconhecimento da extinção da punibilidade e 20% com a absolvição dos réus. Dentre os Tribunais de Justiça com maiores percentuais de extinção da punibilidade, figuram o TJPE e TJRN, com respectivamente 97% e 76% dos desfechos das ações sob o rito do Tribunal do Júri (CNJ, 2019, p. 16).

No Nordeste, o Tribunal de Justiça do Maranhão – TJMA é o que apresenta maior percentual de condenações, registrando este desfecho em 56% dos processos no período entre 2015 e 2018, sendo registado, 22% para os casos de extinção da punibilidade e absolvição (CNJ, 2019, p. 16).

Especificando-se os casos em que há a declaração da extinção da punibilidade, enquanto a média nacional anotada foi de 14%, no período, o estado de Pernambuco apresentou a taxa de 42%, a maior do cenário nacional, seguido na região pelos estados da Bahia, Alagoas, Rio Grande do Norte e Ceará, cujas taxas apresentam-se superiores à média nacional (CNJ, 2019, p. 17).

Inevitável chegar-se à conclusão de que nos TJs com maior caso de extinção da punibilidade, e, consequentemente, de prescrição na competência do tribunal do júri, podem estar relacionadas a uma certa frustração na aplicação da lei penal, segundo inferiu o diagnóstico.

1.3.2 Tempo de tramitação nas ações do Tribunal do Júri

Outro aspecto relevante para a compreensão do processamento e julgamento dos crimes violentos letais intencionais envolve o tempo de tramitação das ações de competência do Tribunal do Júri. Nesse sentido, o Conselho Nacional de Justiça coletou dados dos processos já arquivados e dos processos em trâmite no âmbito do Tribunais de Justiça.

O compilado apresentou que tempo médio dos processos em trâmite é de 6 anos e 8 meses, enquanto que o tempo médio dos autos baixados é de 6 anos e 1 mês, no âmbito nacional. Destacam-se no Nordeste, o TJPE com o maior tempo médio de tramitação tanto dos processos em curso – 8 anos e 8 meses –, quanto para o tempo médio das ações arquivadas – 9 anos e 9 meses. O TJRN, por sua vez, apresentou média de 5 anos e 5 meses para o acervo e 5 anos e 3 meses para os processos baixados, sendo as menores taxas do Nordeste (CNJ, 2019, p. 19).

No que se refere a proporção dos processos por tempo de tramitação dos processos, por faixas, na região Nordeste, o TJPE obteve o maior tempo de duração das ações penais, onde menos de 23% dos processos com tramitaram em até quatro anos, sendo que 33% levaram de 4 a 8 anos para tramitar e 44% mais de oito anos. O TJRN, por outro lado, obteve os menores índices de tempo de tramitação em até 1 ano, de 1 a 2 anos, de 2 a 4 anos, de 4 a 8 anos e de mais de 8 anos, dividindo os índices em, respectivamente, 14%, 12%, 22%, 31%, 20% (CNJ, 2019, p. 20).

1.3.2.1 Redistribuições

Relativamente às redistribuições ocorridas na esfera do Tribunal do Júri no Nordeste, o TJRN apresenta o maior percentual de redistribuições, registrando a marca de 50%, enquanto o Tribunal de Justiça da Bahia – TJBA anotou percentual de 1% de redistribuição nos processos de 2015 a 2018, o menor índice da região, junto ao TJPE (CNJ, 2019, p. 22).

Pode ser que haja uma relação entre o número de redistribuições e as sentenças de pronúncia ou, até mesmo, a desclassificação do tipo penal que requer esse tipo específico de ação penal. Havendo competência geral na vara que processou a primeira fase do processo, mesmo com a desclassificação de crime doloso, não seria caso para redistribuição (CNJ, 2019, p. 23).

Um alto índice de redistribuição para ações do Tribunal do Júri em tramitação a mais de quatro anos pode ser um indício de que se trate de sentenças proferidas no momento da pronúncia, o que acarreta na redistribuição do feito, onde a primeira fase do julgamento estaria seguindo os moldes do procedimento ordinário, tem em média 3 anos e 9 meses de duração (CNJ, 2019, p. 23).

1.3.2.2 Multiplicidade de sessões

No que se refere à multiplicidade de sessões na região Nordeste do país, o Tribunal de Justiça do Maranhão – TJMA contou com 84% e o Tribunal de Justiça do Piauí – TJPI, com 24%, representando os extremos entre os estados nordestinos. O Rio Grande do Norte apresentou uma taxa média de 36% dos processos nos quais ocorreram mais de uma sessão do Tribunal do Júri.

A pluralidade de sessões no processamento dos crimes dolosos contra a vida, por sua vez, influencia na ampliação do lapso temporal de duração do julgamento. De acordo com o Diagnótico elaborado pelo Conselho Nacional de Justiça, enquanto o tempo médio de duração dos processos entre a decisão de pronúncia e a realização da primeira sessão de julgamento é de quatro anos e dois meses, quando o marco final é a última sessão o curso temporal soma 5 meses de diferença (CNJ, 2019, p. 26).

1.3.2.3 O resultado conforme o tempo de tramitação

O compilado permite ainda distinguir o tempo de tramitação dos processos de competência do Tribunal do Júri quanto ao resultado, seja a sentença condenatória, absolutória ou a declaração da extinção de punibilidade.

Para efeitos de condenação, o tempo médio entre o início da ação e a sentença, no Nordeste é de, aproximadamente, 4 anos e 1 mês. Nesse contexto, o TJBA possui um tempo médio de 5 anos e 7 meses, enquanto o TJPE, 3 anos e 6 meses, representando os extremos. O TJRN possui tempo médio para efeitos de condenação de 4 anos e 8 meses (CNJ, 2019, p. 28).

Nos casos de decisões absolutórias, na média nacional estas ocorrem após 5 anos e 1 mês, de tramitação do processo. No Nordeste após 5 anos em média, sendo o registro mais prolongado o do TJPI de 6 anos e 8 meses, e a decisão mais célere do TJRN, o qual registra 4 anos e 8 meses (CNJ, 2019, p. 31).

No que se refere a faixa de tempo de tramitação que resultou em absolvição no tribunal do júri na região Nordeste, o TJPI apresentou o maior número de absolvições em processos com duração de mais de oito anos, contabilizando 33%. Os TJs de Alagoas (34%), Pernambuco (44%), Maranhão (39%), Rio Grande do Norte (34%), Ceará e Paraíba (32%), por sua vez, apresentaram maior percentual de absolvições em processos com quatro até oito anos de duração. Especificamente, o estado do Rio Grande do Norte obteve os menores índices no que se refere às absolvições ocorridas em até um ano, na marca de 5% e em tempo superior a oito anos, quando registrou 15% do acervo com este desfecho (CNJ, 2019, 32).

1.3.2.4 Decisões pela extinção da punibilidade

A extinção da punibilidade prevista no art. 107 do Código Penal se dá, em termos práticos, na análise dos crimes violentos letais intencionais nos casos de morte do agente ou da prescrição, hipóteses dos incisos I e IV do dispositivo. Em média, na região Nordeste, o tempo entre o início da ação e a declaração da extinção da punibilidade foi de 9 anos. O Tribunal de Justiça que apresentou maior média de extinção da punibilidade na região Nordeste foi do estado de Alagoas com o marco de 12 anos e 5 meses, e o que apresentou menor média, nesse aspecto, foi o TJRN, com 6 anos e 2 meses de duração dos processos com o reconhecimento da extinção da punibilidade (CNJ, 2019, p. 34). Nota-se uma maior concentração de processos com mais de oito anos de duração nessa modalidade, diferente do que ocorre no caso de decisões condenatórias (CNJ, 2019, p. 29) e absolutórias (CNJ, 2019, p. 32).

Considerando as hipóteses de prescrição, a maior parte dos processos só tiveram a declaração da extinção da punibilidade após o curso de oito anos. Este foi o tempo de tramitação, por exemplo, de 58% dos processos sob a jurisdição do Tribunal de Justiça da Paraíba – TJPB. O Rio Grande do Norte por sua vez apresentou a taxa de que apenas 24% nos quais houve a extinção da punibilidade após mais de 8 anos de trâmite processual (CNJ, 2019, p. 35).

O documento do Conselho Nacional de Justiça destacou que 42% dos processos nos quais há a extinção da punibilidade o fato ensejador é o da prescrição, o que, por via reversa, aponta que em 58% dos casos a extinção ocorre por morte do agente (CNJ, 2019, p. 35).

Com relação a distribuição em percentual do tempo de julgamento das prescrições no âmbito do Tribunal do Júri, percebeu-se que a maior porcentagem de prescrições se deu em relação a processos com duração superior a oito anos, estando a maior porcentagem com o TJPI, o qual registou o índice de 86% e a menor com o TJRN, na faixa de 56% (CNJ, 2019, p. 37).

Na região Nordeste, em média, o Tribunal do Júri, entre os anos de 2015 a 2018, apresentou como desfecho para 34,13% dos processos as decisões condenatórias, as absolvições em 17,13% dos casos e o reconhecimento da extinção de punibilidade nos outros 48,74%.

Nesse cenário, destacam-se negativamente o TJPE e o TJRN cujos percentuais de decisões condenatórias são de, respectivamente, 2% e 12%, enquanto das decisões absolutórias, na mesma ordem, é de 1% e 12%. Os números mostram a ineficiência da persecução penal através dos processos de competência do Tribunal do Júri, imperando, nos Tribunais destacados a extinção da punibilidade como o desfecho processual preponderante, face às decisões condenatórias e absolutórias.

2. A compreensão dos dados

A partir dos dados apresentados é possível perceber a alteração do cenário da região Nordeste com o aumento no número de mortes violentas intencionais e do encarceramento por crimes violentos, notadamente homicídio e latrocínio. Sendo este um indício da resposta jurisdicional aos crimes dolosos contra a vida.

Merece destaque, dentre os estados do Nordeste, a Paraíba, cujos índices de criminalidade violenta mostraram-se na contramão da tendência de crescimento da região e do Brasil. A justificativa para a redução deve-se à implementação de programas voltados à segurança pública, como já demonstrado no capítulo próprio, mas também, merece destaque os índices de processamento e julgamento dos crimes dolosos contra a vida.

O estado é o segundo da região com o menor tempo de tramitação das ações penais de competência do Tribunal do Júri, com 4 anos entre a data da instauração da ação penal e a sentença condenatória, sendo que destas 32% da ações são concluídas em até dois anos (CNJ, 2019, p. 28-29). Ainda, apenas 25% das ações do Tribunal do Júri apresentam como desfecho a extinção da punibilidade, sendo, junto ao estado do Piauí o segundo menor índice do Nordeste, enquanto que o primeiro, o estado do Maranhão, registra a marca de 22% (CNJ, 2019, p. 16).

Outro destaque cabível ao estado paraibano refere-se à mudança do perfil do sistema penitenciário. O número de apenados no sistema penitenciário no ano de 2014 era de 10.450 presos (INFOPEN, dezembro/14), registrando 13.361 no ano de 2019 (INFOPEN, dezembro/2019). Dentro do número global, entretanto, é perceptível uma alteração qualitativa quanto ao número de presos por crimes violentos letais intencionais, de 1.130 em 2014 para 2.854 em 2019, no mesmo período no qual os índices de MVI decaem no estado.

O número de presos provisórios, na Paraíba, sempre se mostrou abaixo, ainda que próximo, dos números de presos em regime fechado. Esse dado é alterado apenas no ano de 2016, quando são registrados 3.256 pessoas aprisionadas a título de prisão preventiva, frente aos 2.490 de presos em regime fechado (INFOPEN, dezembro/16). Trata-se de alteração pontual, haja vista que já no ano de 2017 computa-se 3.552 detentos cumprindo a pena em regime fechado versus 2.654 detentos provisórios (INFOPE, dezembro/17), diferença essa mantida nos anos seguintes.

Desde então, é possível inferir que a resolutividade do judiciário paraibano, nos últimos seis anos (2014-2019) foi capaz de alterar significativamente o perfil carcerário com o aumento do número de presos por crimes violentos letais intencionais, podendo ser considerado com um dos fatores – somado à implementação de políticas de segurança pública – para a redução de MVI em sentido contrário ao passado no Brasil e, de forma mais acentuada, no Nordeste.

O estado do Ceará, cuja taxa de MVI no ano de 2017 foi a segunda maior do Nordeste – atrás apenas do Rio Grande do Norte –, apresenta uma dinâmica variável quantos ao índices de MVI. Entre o período de 2011 a 2018, houve uma curva crescente de crimes violentos letais intencionais até o ano de 2014, quando foi registrado a taxa de 50,8 mortes por cem mil habitantes, nos dois anos seguintes há uma redução no índice, alcançando a marca de 39,8 em 2016. Ocorre que, no ano de 2017, quando houve o pico nacional, o estado anotou uma taxa de 59,1, reduzida, no ano seguinte para 52,8 (FBSP, 2019, p. 17).

A população carcerária do Ceará, por sua vez, a segunda maior do Nordeste, também apresentou uma variação no período destacado, chamando a atenção a proporção entre presos em regime fechado e presos provisórios. Isso porque, na série histórica, o estado sempre apresentou um número superior de presos provisórios frente aos apenados em regime fechado. No ano de 2014 essa proporção chegou a marca de 2,24 presos provisórios, para cada um preso cumprindo a pena em regime fechado (INFOPEN, dezembro/14).

Interessante destacar que no ano de 2018, seguido ao ápice dos números da violência no ano anterior, houve um significativo aumento no número de presos por crimes violentos letais intencionais, saindo do número de 4.918 em 2017 (INFOPEN, dezembro/17) para 7.406 no ano subsequente (INFOPEN, dezembro/18). Quando consideramos o ano de 2019, é perceptível ainda, que, mesmo havendo uma redução no número de incidências dos crimes violentos letais intencionais para 6.667 (INFOPEN, dezembro/19), houve um significativo aumento no número de presos em regime fechado que saltou de 6.618 em 2017 (INFOPEN, dezembro/16) para 7.698 – o maior já registrado no estado – em 2019 (INFOPEN, dezembro/2019).

A tramitação dos processos de competência do Tribunal do Júri no estado apresenta um cenário de 39% de condenações e 43% de processos onde há a declaração de extinção da punibilidade (CNJ, 2019, p. 16). Dentre as ações, destaca-se ainda, que 53% dessas tramitam por mais de 4 anos (CNJ, 2019, p. 20). Aqui, por mais que 29% das ações que resultam em condenação pelo Júri sejam concluídas em até 2 anos – índice próximo ao estado da Paraíba, tem-se que 42% das ações condenatórias têm a duração superior a 4 anos (CNJ, 2019, p. 29).

Em síntese, é possível observar que a diminuição nos índices de violência é acompanhada da mudança de perfil do sistema carcerário de cada estado, dado que relacionado ao funcionamento do Tribunal do Júri, permite inferir a vinculação da atuação jurisdicional como resposta à criminalidade violenta. Nesse escopo, o tópico seguinte traçará um perfil mais atento ao estado do Rio Grande do Norte, a partir das três variáveis estudadas.

3. O estado do Rio Grande do Norte

Assentando-se no objeto principal deste trabalho mostrar-se-á nos subtópicos seguintes uma análise mais acurada do estado potiguar, o qual apresentou no ano de 2017 a maior taxa de Mortes Violentas Intencionais no país.

3.1 Número de Mortes Violentas Intencionais

Conforme já apresentado, o estado potiguar apresentou no ano de 2017 a taxa de 67,2 mortes violentas intencionais por cem mil habitantes (FBSP, 2019). No recorte temporal entre 2011 a 2018, o estado apresentou a taxa de mortalidade superior à média nacional, registrando os marcos de 33,4; 12,0[15]; 48,1; 51,7; 48,2; 57,0; 67,2; e 55,4, respectivamente, enquanto que a maior média nacional foi de 30,8, no ano de 2017 (FBSP, 2019).

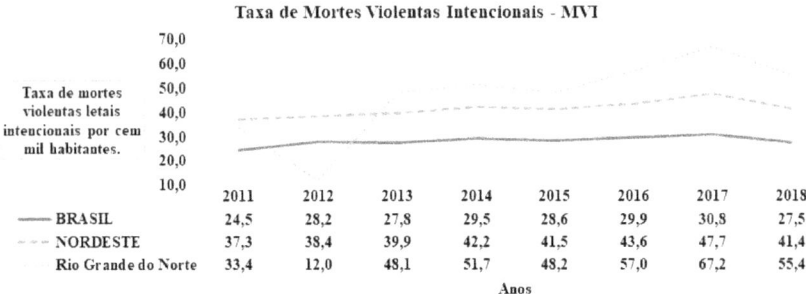

A escalada dos índices de MVI no estado do Rio Grande do Norte, como apresentado no gráfico acima, superou a média da região Nordeste a partir do ano de 2013, colocando-se desde então sempre superior à média da região.

---

[15] O registro do ano de 2012, apesar de não constar nenhuma observação específica no Anuário Brasileiro de Segurança Pública de 2019 (FBPS, 2019), sugere uma deficiência no cômputo dos dados, ao contrário de uma significativa redução. No Diagnóstico da situação da Segurança Pública no Rio Grande do Norte, elaborado pelo executivo estadual, através da Secretaria de Planejamento e das Finanças do RN, registra que no ano de 2012 a taxa de 37,7 CVLI, com base em dados do CIOSP/RN (RIO GRANDE DO NORTE, 2015, p. 9). O índice, apesar de não colocar a taxa estadual em patamar maior do que a regional, confirma a tendência de crescimento, aproximando-as.

3.2 População carcerária

A partir dos dados informados pelo INFOPEN, é possível perceber que o estado do Rio Grande do Norte apresenta uma taxa variável de presos por cem mil habitantes. Entre os anos de 2011 a 2013, o índice inicial de 210,98, com um aumento de 14,42 pontos no ano seguinte, e a marca de 186,61 no ano de 2013.

No triênio seguinte, as marcas aproximam-se da registrada no ano de 2012, regsitrando 224,10 (INFOPEN, dezembro/14) e 225,4 (INFOPEN, dezembro/15). Ocorre que, similar ao passado no ano de 2013, registrou-se, nova queda na taxa no ano de 2016, chegando ao patamar de 192,8 presos por cem mil habitantes. O número é ainda menor no ano seguinte, 2017, de 188,68.

Desde 2018, entretanto, traça-se uma curva crescente com o maior número de encarceramento da série histórica no estado ano de 2019, quando a taxa registrada foi de 290,29, e o número total de apenados no estado alcança a marca de 10.180. Graficamente, a taxa de presos por cem mil habitantes no estado apresenta-se nos seguintes termos, comparado ao quadro nacional[16]:

---

[16] A impossibilidade de aferir a taxa na região Nordeste justifica-se pela ausência da informação disponibilizada pelo DEPEN de qual foi o número da população local da cada estado da região contabilizada em cada ano. Dessa forma, não sendo cabível a média aritmética da soma das taxas, o cálculo da taxa para a região da pesquisa restou prejudicado.

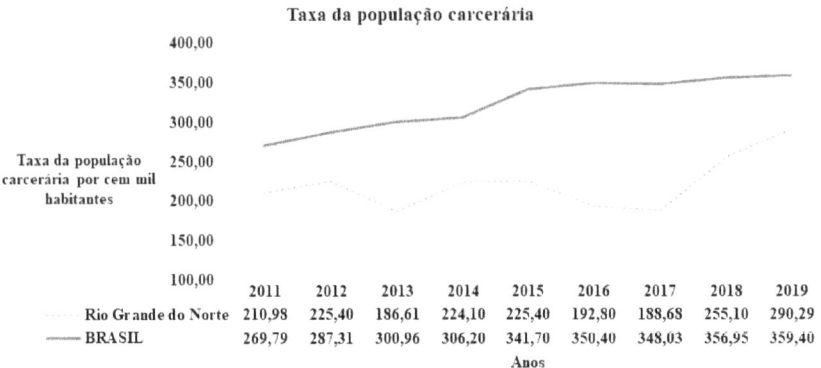

Um dado inerente ao sistema penitenciário e o aumento no número de crimes violentos letais intencionais no estado interessante de ser demonstrado é o aumento do número de presos em regime fechado, que desde o ano de 2016, quando atingiu a marca de 3.107, apresentou uma crescente até o ano de 2019, com ao patamar de 4.296 apenados cumprindo a pena em regime fechado.

O número específico de apenados por crimes violentos letais intencionais do estado, necessário para compreensão da resposta judiciária ao índice de criminalidade de 2017, não possui boa confiabilidade, conforme destaca o próprio INFOPEN. Isto se deve- ao fato de que apenas 36% dos estabelecimentos prisionais repassam essa informação detalhada. Exemplificando a baixa confiabilidade dos dados, enquanto o estado de Alagoas apresenta o número de 1.597 incidências dos tipos penais ligados aos crimes violentos letais intencionais, em 2019, o Rio Grande do Norte, contabiliza, oficialmente apenas 381.

Ainda assim, ausentes os dados de presos por crimes violentos letais intencionais, os dados do Rio Grande do Norte permitem visualizar uma relação entre o número de presos e os índices de MVI. Destaque-se que a inferência não se faz para valorar o encarceramento como medida eficaz na redução do número de crimes violentos, mas, estritamente, uma análise relacional entre a criminalidade violenta.

No gráfico abaixo é possível vislumbrar que a taxa de MVI (linha contínua), à exceção do ano de 2012, cujo valor foi explicitado anteriormente, apresenta uma desaceleração ou mesmo uma redução quando há o movimento contrário na linha de presos em regime fechado (linha tracejada); de outro modo, o número de presos provisórios (linha pontilhada) mostra-se desconexa com os índices de criminalidade, como visto entre os anos de 2014 a 2018.

Reafirmando-se a percepção de que o encarceramento não é instrumento idôneo para a redução da criminalidade violenta, o gráfico apresenta, de forma mais evidente que o processamento e julgamento dos crimes de forma completa, apta a ensejar a medida segregadora mais grave é sim um ponto a ser considerado na análise da criminalidade. Com isso, passa-se à análise do Tribunal do Júri no estado potiguar.

3.2 Tribunal do Júri no estado do Rio Grande do Norte

Os processos jugados pelo Tribunal do Júri no Rio Grande do Norte possuem o menor tempo de duração quando comparado a outros estados. O Diagnóstico elaborado pelo Conselho Nacional de Justiça apontou que as ações em trâmite possuem um tempo médio de 5 anos e 5 meses, enquanto os processos baixados tramitaram pelo período de 5 anos e 3 meses (CNJ, 2019, p. 19).

Convém destacar, ainda, que o TJRN, classificado como de pequeno porte pelo CNJ, possui 72% das Comarcas com uma única unidade judiciária possuindo, portanto, seja de competência mista (CNJ, 2020, p. 11).

Nas sentenças condenatórias o tempo médio de duração do procedimento é de 4 anos e 8 meses, próximo à média nacional cujo lapso temporal é 4 meses a menos (CNJ, 2019, p. 28). O tempo é o mesmo para as decisões absolutórias (CNJ, 2019, p. 31). Por fim, nos processos nos quais há a declaração da extinção da punibilidade, a média do trâmite é de 6 anos e 2 meses (CNJ, 2019, p. 34), ao passo que a prescrição é reconhecida, em média, após 11 anos da instauração da ação penal (CNJ, 2019, p. 36).

O índice mais crítico do Tribunal do Júri no estado do Rio Grande do Norte, entretanto, tange os processos onde há a extinção da punibilidade, os quais representam 76% de todos os processos do estado. Este é o segundo pior índice nacional, na frente, somente, do estado do Pernambuco, cujo registro é de 97%.

Considerações Finais

O trabalho buscou correlacionar os índices dos crimes violentos letais intecionais com os dados da população carcerária e os números do Tribunal do Júri. Pelo material colhido foi possível observar que a processamento e julgamento dos crimes violentos letais intencionais, sob o rito do Tribunal do Júri, apesar de se tratar de resposta repressiva aos delitos, está relacionado com a redução dos índices de mortes violentas letais intencionais.

O processo penal, enquanto instrumento de garantias, mostra-se como meio de efetivação da segurança pública, sendo-lhe, imprescindível, a observância do tempo razoável de tramitação das ações penais e a importância da investigação acurada na esfera policial junto ao melhor manejo da prova na instrução processual.

No cenário potiguar, apesar do tempo de tramitação das ações penais ser inferior à média nacional, dados como a porcentagem de casos em que há a extinção da punibilidade tange um cenário de impunibilidade. Sem desconsiderar a estrutura de organização judiciária do Tribunal de Justiça do Rio Grande do Norte, a exemplo do grande número de Comarcas com único Juízo com competência cível e criminal.

O fator mais crítico refere-se ao alto índice de processos com a declaração da extinção da punibilidade, declarada pela prescrição ou com a morte do agente, o que ocorreu em 76% dos processos encerrados entre os anos 2015 a 2018, propõe-se ao Tribunal de Justiça do Rio Grande do Norte, na sua competência para dispor sobre a organização judiciária no âmbito da Lei Complementar Estadual nº 643/2018, a criação de Varas com competência exclusiva para processar e julgar os crimes de competência do Tribunal do Júri em outras Comarcas, além da Comarca de Natal, no mesmo sentido em que dispõe a Recomendação nº 55 de 08 de outubro de 2019 do Conselho Nacional de Justiça.

Ainda, considerando a diferença entre o tempo médio de tramitação das ações penais sob o rito do Tribunal do Júri no estado, de 5 anos de 3 meses (dos processos já baixados) e 5 anos e 5 meses (dos processos em curso) com o tempo médio de trâmite das ações que findam com o reconhecimento da prescrição, de 11 anos, propor que os feitos de competência do Tribunal do Júri com mais de 5 anos de instauração sejam considerados prioritários.

Bibliografia

BRASIL. Conselho Nacional de Justiça (CNJ). Diagnóstico das Ações Penais de Competência do Tribunal do Júri. Brasília: CNJ, 2019.

_____._____. Dados estatísticos de estrutura e localização das unidades judiciárias com competência criminal. Brasília: CNJ, 2020.

_____. Departamento Penitenciário Nacional (DEPEN). Levantamento Nacional de Informações Penitenciárias. Disponível em: <http://depen.gov.br/DEPEN/depen/sisdepen/infopen>. Acesso em: 25 maio. 2020.

CÂMARA DE COMÉRCIO DE BOGOTÁ (CCB); FISCALÍA GENERAL DE LA NACÍON - COLÔMBIA (FGN); MINISTERIO DE LA JUSTICIA Y DEL DERECHO - COLÔMBIA (MJD); OPEN SOCIETY FOUNDATION (OSF). Protocolo de Bogotá sobre calidad de los datos de homicidio en América Latina y el Caribe, 2015.

FÓRUM BRASILEIRO DE SEGURANÇA PÚBLICA (FBSP). Anuário Brasileiro de Segurança Pública 2019. São Paulo: Fórum Brasileiro de

Segurança Pública, 2019. Ano 13.

INSTITUTO DE PESQUISA ECONÔMICA APLICADA (IPEA); FÓRUM BRASILEIRO DE SEGURANÇA PÚBLICA (FBSP). Atlas da Violência. Brasília: Rio de Janeiro: Fórum Brasileiro de Segurança Pública, 2019.

MANSO, Bruno Paes; DIAS, Camila Nunes. A Guerra: a ascensão do PCC e o mundo do crime no Brasil. 1ª ed. São Paulo: Todavia. 2018.

RATTON, José Luiz (Coord.). Diagnóstico da situação da Segurança Pública no Rio Grande do Norte: Sumário Executivo Documento de Trabalho. Natal. 2015.

RISSO, Milena; SZABÓ, Ilona. Segurança Pública para virar o jogo. 1ª ed. Rio de Janeiro: Zahar, 2018.

www.ingramcontent.com/pod-product-compliance
Lightning Source LLC
Chambersburg PA
CBHW070615220526
45466CB00001B/10